Darûd Tâj

qaw-sayni matlû'buhû wal-matlûbu-maqsûduhû wal-maqsûdu mawjûduhû Sayyidil-mursalîna Khâtamin-nabiyyîna shafî'il-muznibîna Anîsil-gharîbîna rahmatil-lil'âlamîn Râhatil-'âshiqîn Murâdil-mushtâqîn shamsil-'ârifîn sirâjis-sâlikîn misbâhil-muqarrabîn muhibbil-fuqarâ'i wal-ghurabâ'i wal-masâkîn sayyidith-thaqalain nabiyyil-haramain imâmil-qiblatain wasîlatinâ fid-dârain sâhibi qâba qawsain mahbûbi rabbil-mashriqaini Wa rabbil-maghribaini Jaddil-hasani wal-husaini mawlâna wa maw-lath-thaqalaini abil-qâsimi muhammadi bin 'abdillâhi nûrim-min nûrillâhi Yâ-ay-yuhal-mushtâqûna bi-nûri jamâlihî sallû-'alayhi wa-âlihi wa-ashâbihî wasallimû-taslîman.

16 SURAHS

A Collection of Sixteen-Surahs from Qur'ânul Kareem

Translated by
Abdullah Yusuf Ali

Transliteration by
M. A. H. Elyasee

Islamic Book Service

© *All Rights Reserved.*

16-SURAHS
Translated by Abdullah Yusuf Ali
Transliteration by M. A. H. Elyasee

ISBN: 81-7231-177-X

Revised Edition- 2004

Published by *Abdul Naeem* for
Islamic Book Service
2241, Kucha Chelan, Darya Ganj, New Delhi-110 002
Ph.: 23253514, 23265380, 23286551, Fax: 23277913
E-mail: ibsdelhi@del2.vsnl.net.in
　　　　islamic@eth.net
Website: http//www.islamic-india.com

Printed at: *Noida Printing Press*, C-31, Sector-7, Noida (Ghaziabad) U.P.

CONTENTS

Sûrah Fatiha 1
Sûrah Yâ-Sîn 3
Sûrah Al-Fath 23
Sûrah Ar-Rahman 39
Sûrah Al-Wâqi'ah 53
Sûrah Al-Mulk 65
Sûrah Nûh 75
Sûrah Jinn 81
Sûrah Muzzammil 89
Sûrah Kehef 95
Sûrah Maryam 139
Sûrah As-Sajdah 167
Sûrah Al-Ikhlâs 177
Sûrah Al-Falaq, An-Nâs 179
Sûrah Baqar 181
Haikal-I & II 185
Haikal-III 186
Haikal-IV & V, ... 187
Haikal-VI 188
Haikal-VII 189
Key-I & II 189
Key III, IV, V & VI 190
Du'a-e-Aman 191
Du'a Dafa-e-Waba 191
Ganjul Arsh 191
Du'a'-e-Habîb 198
Names of Allâh the Greatest 200
Names of the Prophet Muhammad (SAW) 202
Musabbâte 'Ashra 204
Du'a-e-Sunnat Asra 208
Aurad Asbu-e-Sharîf 209
Holy Darûd Mustaghâs 221
Darûd Kibri-Te-Ahmar 234
Darûd-e-Akbar 243
Darûd Aksîr-e-Azam 261
Darûd Tâj 275

سُورَةُ الْفَاتِحَةِ مَكِّيَّةٌ وَهِيَ سَبْعُ آيَاتٍ

(١) سُورَةُ الْفَاتِحَةِ مَكِّيَّةٌ (٥)

بِسْمِ اللهِ الرَّحْمٰنِ الرَّحِيْمِ

اَلْحَمْدُ لِلّٰهِ رَبِّ الْعٰلَمِيْنَ ۙ١ۙ الرَّحْمٰنِ الرَّحِيْمِ ۙ٢ۙ مٰلِكِ يَوْمِ الدِّيْنِ ؕ٣ؕ اِيَّاكَ نَعْبُدُ وَاِيَّاكَ نَسْتَعِيْنُ ؕ٤ؕ اِهْدِنَا الصِّرَاطَ الْمُسْتَقِيْمَ ۙ٥ۙ صِرَاطَ الَّذِيْنَ اَنْعَمْتَ عَلَيْهِمْ ۙ٦ۙ غَيْرِ الْمَغْضُوْبِ عَلَيْهِمْ وَلَا الضَّآلِّيْنَ ۧ٧ۧ

SÛRAH FÂTIHAH
Bismillâhir-Rahmânir-Rahîm
In the Name of Allâh, Most Gracious, Most Merciful.

Translation

1. Praise be to Allâh, the Cherisher and Sustainer of the Worlds;
2. Most Gracious, Most Merciful;
3. Master of the Day of Judgment.
4. You do we worship, and Your aid do we seek.
5. Show us the straight way.
6. The way of thos on whom You have bestowed Your Grace, those whose (portion) is not wrath, and who do not go astray.

Transliteration

1. *Alhamdu lillâhi Rabbil-'âlamîn*
2. *Ar-rahmânir-rahîm*
3. *Mâliki Yaumid-dîn*
4. *Iyyaka-na'budu wa iyyaka nasta'în*
5. *Ihdinas-sirâtal-mustaqîm*
6. *Sirâtal-lazîna an'amta alaihim ghairil-maghzûbi 'alaihim walaz-zâllîin.*

سُورَةُ يٰسٓ مَكِّيَّةٌ (٣٦)

بِسْمِ اللهِ الرَّحْمٰنِ الرَّحِيْمِ

يٰسٓ ۚ ۝ وَالْقُرْاٰنِ الْحَكِيْمِ ۙ ۝ اِنَّكَ لَمِنَ الْمُرْسَلِيْنَ ۙ ۝ عَلٰى صِرَاطٍ مُّسْتَقِيْمٍ ۭ ۝ تَنْزِيْلَ الْعَزِيْزِ الرَّحِيْمِ ۙ ۝ لِتُنْذِرَ قَوْمًا مَّاۤ اُنْذِرَ اٰبَاۤؤُهُمْ فَهُمْ غٰفِلُوْنَ ۝ لَقَدْ حَقَّ الْقَوْلُ عَلٰۤى اَكْثَرِهِمْ فَهُمْ لَا يُؤْمِنُوْنَ ۝ اِنَّا جَعَلْنَا فِيْۤ اَعْنَاقِهِمْ اَغْلٰلًا فَهِيَ اِلَى الْاَذْقَانِ فَهُمْ مُّقْمَحُوْنَ ۝ وَجَعَلْنَا مِنْۢ بَيْنِ اَيْدِيْهِمْ سَدًّا وَّمِنْ خَلْفِهِمْ سَدًّا فَاَغْشَيْنٰهُمْ فَهُمْ لَا يُبْصِرُوْنَ ۝ وَسَوَاۤءٌ عَلَيْهِمْ ءَاَنْذَرْتَهُمْ اَمْ لَمْ تُنْذِرْهُمْ لَا يُؤْمِنُوْنَ

SÛRAH YÂ-SÎN

Bismillâhir-Rahmânir-Rahîm
In the Name of Allâh, Most Gracious, Most Merciful.

Translation	*Transliteration*
1. Yâ-Sîn.	1. Yâ-Sîn.
2. By the Qur'ân, full of Wisdom,—	2. Wal-Qur'ânil-Hakîm.
3. Thou art indeed one of the messengers,	3. Innaka la-minal-mursalîn,
4. On a Straight Way.	4. 'Alâ Sirâtim-Musta-qîm.
5. (It is a Revelation) sent down by (Him), the Exalted in Might, Most Merciful.	5. Tanzîlal-'Azîzir-Rahîm,
6. In order that thou mayest warn a people, whose fathers were not warned, and who therefore remain heedless (of the Signs of Allâh).	6. Li-tunzira qawmam-mâ 'unzira 'aabâ'-uhum fahum ghâfilûn.
7. The Word is proved true against the greater part of them: for they do not believe.	7. Laqad haqqal-Qawlu 'alâ 'aktharihim fahum lâ yu'-minûn.
8. We have put yokes round their necks right up to their chins, so that they cannot bow their heads.	8. Innâ ja-'alnâ fî a'nâqihim 'aghlâlan fahiya ilal-'azqâni fahum-muqmahûn.
9. And We have put a bar in front of them and a bar behind them, and further, We have covered them up; so that they cannot see.	9. Wa ja-'alnâ mim-bayni 'aydîhim saddanw wa min khalfihim saddan-fa-aghshay-nâhum fahum lâ yubsirûn.
10. The same is to them whether thou admonish them or thou do not admonish them: they will not believe.	10. Wa sawâ-un 'alayhim 'a-'anzartahum 'am lam tunzir-hum lâ yu'minûn.

إِنَّمَا تُنذِرُ مَنِ اتَّبَعَ الذِّكْرَ وَخَشِيَ الرَّحْمَٰنَ بِالْغَيْبِ ۖ فَبَشِّرْهُ بِمَغْفِرَةٍ وَأَجْرٍ كَرِيمٍ ۝ إِنَّا نَحْنُ نُحْيِي الْمَوْتَىٰ وَنَكْتُبُ مَا قَدَّمُوا وَآثَارَهُمْ ۚ وَكُلَّ شَيْءٍ أَحْصَيْنَاهُ فِي إِمَامٍ مُّبِينٍ ۝ وَاضْرِبْ لَهُم مَّثَلًا أَصْحَابَ الْقَرْيَةِ إِذْ جَاءَهَا الْمُرْسَلُونَ ۝ إِذْ أَرْسَلْنَا إِلَيْهِمُ اثْنَيْنِ فَكَذَّبُوهُمَا فَعَزَّزْنَا بِثَالِثٍ فَقَالُوا إِنَّا إِلَيْكُم مُّرْسَلُونَ ۝ قَالُوا مَا أَنتُمْ إِلَّا بَشَرٌ مِّثْلُنَا وَمَا أَنزَلَ الرَّحْمَٰنُ مِن شَيْءٍ إِنْ أَنتُمْ إِلَّا تَكْذِبُونَ ۝ قَالُوا رَبُّنَا يَعْلَمُ إِنَّا إِلَيْكُمْ لَمُرْسَلُونَ ۝

11. Thou canst but admonish such a one as follows the Message and fears the Most Gracious, unseen: give such a one, therefore, good tidings of Forgiveness and a Reward most generous.

11. Innamâ tunziru manittaba-'az-Zikra wa khashiyar-Rahmâna bilghayb: fabash-shirhu be-Maghfiratin- Wa 'Ajrin-Karîm.

12. Verily We shall give life to the dead, and We record that which they send before and that which they leave behind, and of all things have We taken account in a clear Book (of evidence).

12. Innâ Nahnu nuhyil-mawtâ wa naktubu mâ qaddamû wa 'âathârahum: wa kulla shay-'in 'ah-saynâhu fî 'Imâmim-mubîn.

13. Set forth to them, by way of a parable, the (story of) the Companions of the City. Behold, there came messengers to it.

13. Wadhrib lahum-mathalan As-hâbal-Qaryah 'Iz jâ'a-hal-mursalûn.

14. When We (first) sent to them two messengers, they rejected them: but We strengthened them with a third: they said, "Truly, we have been sent on a mission to you."

14. 'Iz 'arsalnâ 'ilayhimuth-nayni fakazzabûhumâ fa-'azzaznâ bi-thâlithin faqâlû innâ ilaykum-mursalûn.

15. The (people) said: "Ye are only men like ourselves; and The Most Gracious sends no sort of revelation: ye do nothing but lie."

15. Qâlû mâ 'antum 'illâ basharum-mithlunâ wa mâ 'anzalar-Rahmânu min-shay-'in 'in 'antum 'illâ takzibûn.

16. They said: "Our Lord doth know that we have been sent on a mission to you.

16. Qâlû Rabbunâ ya'-lamu 'innâ 'ilaykum la-mursalûn:

وَمَا عَلَيْنَآ اِلَّا الْبَلٰغُ الْمُبِيْنُ ۝ قَالُوْۤا اِنَّا تَطَيَّرْنَا بِكُمْ ۚ لَئِنْ لَّمْ تَنْتَهُوْا لَنَرْجُمَنَّكُمْ وَلَيَمَسَّنَّكُمْ مِّنَّا عَذَابٌ اَلِيْمٌ ۝ قَالُوْا طَآئِرُكُمْ مَّعَكُمْ ؕ اَئِنْ ذُكِّرْتُمْ ؕ بَلْ اَنْتُمْ قَوْمٌ مُّسْرِفُوْنَ ۝ وَجَآءَ مِنْ اَقْصَا الْمَدِيْنَةِ رَجُلٌ يَّسْعٰى قَالَ يٰقَوْمِ اتَّبِعُوا الْمُرْسَلِيْنَ ۙ ۝ اِتَّبِعُوْا مَنْ لَّا يَسْـَٔلُكُمْ اَجْرًا وَّهُمْ مُّهْتَدُوْنَ ۝ وَمَا لِيَ لَاۤ اَعْبُدُ الَّذِيْ فَطَرَنِيْ وَاِلَيْهِ تُرْجَعُوْنَ ۝ ءَاَتَّخِذُ مِنْ دُوْنِهٖۤ اٰلِهَةً اِنْ يُّرِدْنِ الرَّحْمٰنُ بِضُرٍّ لَّا تُغْنِ عَنِّيْ شَفَاعَتُهُمْ شَيْئًا وَّلَا يُنْقِذُوْنِ ۝

17. "And our duty is only to deliver the clear Message."

18. The (people) said: "For us, we augur an evil omen from you: if ye desist not, we will certainly stone you, and a grievous punishment indeed will be inflicted on you by us."

19. They said: "Your evil omens are with yourselves: (Deem ye this an evil omen). If ye are admonished? Nay, but ye are a people transgressing all bounds!"

20. Then there came running, from the farthest part of the City, a man, saying, "O my People! obey the messengers:

21. "Obey those who ask no reward of you (for themselves), and who are themselves guided.

22. "Why should not I serve Him Who created me, and to Whom ye shall (all) be brought back.

23. "Shall I take (other) gods besides Him? If The Most Gracious should intend some adversity for me, of no use whatever will be their intercession for me, nor can they deliver me.

17. Wa mâ 'alaynâ 'illal-Balâghul-mubîn.

18. Qâlû 'innâ tatayyarnâ bikum: la-'illam tantahû lanar-jumannakum wa laya-massan-nakum-minnâ 'azâbun 'alîm.

19. Qâlû tâ-'irukum-ma-'akum: a-'in zukkirtum? Bal 'antum qawmum-musrifûn!

20. Wa jâ-'a min 'aqsal-Madînati rajuluny-yas-'â qâla yâ-qawmittabi-'ul-mursalîn:

21. 'Ittabi-'û mallâ yas-'alukum 'ajranw wa hum-muhtadûn.

22. **Wa Mâ Liya** lâ 'a'-budullazî fataranî wa 'ilayhi turja-'ûn.

23. 'A-'attakhizu min-dûnihî 'âlihatan 'iny-yuridnir-Rahmânu bizurril-lâ tughni 'annî shafâ-'atuhum shay-anw walâ yunqizûn.

اِنِّىٓ اِذًا لَّفِىْ ضَلٰلٍ مُّبِيْنٍ ۞ اِنِّىٓ اٰمَنْتُ بِرَبِّكُمْ فَاسْمَعُوْنِ ۞ قِيْلَ ادْخُلِ الْجَنَّةَ ۖ قَالَ يٰلَيْتَ قَوْمِىْ يَعْلَمُوْنَ ۞ بِمَا غَفَرَ لِىْ رَبِّىْ وَجَعَلَنِىْ مِنَ الْمُكْرَمِيْنَ ۞ وَمَآ اَنْزَلْنَا عَلٰى قَوْمِهٖ مِنْۢ بَعْدِهٖ مِنْ جُنْدٍ مِّنَ السَّمَآءِ وَمَا كُنَّا مُنْزِلِيْنَ ۞ اِنْ كَانَتْ اِلَّا صَيْحَةً وَّاحِدَةً فَاِذَا هُمْ خٰمِدُوْنَ ۞ يٰحَسْرَةً عَلَى الْعِبَادِ ۚ مَا يَاْتِيْهِمْ مِّنْ رَّسُوْلٍ اِلَّا كَانُوْا بِهٖ يَسْتَهْزِءُوْنَ ۞ اَلَمْ يَرَوْا كَمْ اَهْلَكْنَا قَبْلَهُمْ مِّنَ الْقُرُوْنِ اَنَّهُمْ اِلَيْهِمْ لَا يَرْجِعُوْنَ ۞ وَاِنْ كُلٌّ لَّمَّا جَمِيْعٌ لَّدَيْنَا مُحْضَرُوْنَ ۞

24. "I would indeed, then be in manifest Error.

25. "For me, I have faith in the Lord of you (all): listen, then, to me!"

26. It was said: "Enter thou the Garden." He said: "Ah me! Would that my people knew (what I know)!

27. "From That my Lord has granted me Forgiveness and has enrolled me among those held in honour!"

28. And We sent not down against his People, after him, any hosts from heaven, nor was it needful for Us so to do.

29. It was no more than a single mighty Blast, and behold! they were (like ashes) quenched and silent.

30. Ah! alas for the servants! there comes not a messenger to them but they mock him!

31. See they not how many generations before them We destroyed? Not to them will they return:

32. But each one of them all- will be brought before Us (for judgement).

---

24. 'Innî 'izal-lafî Zalâlim-mubîn.

25. 'Innî 'âmantu bi-Rabbikum fasma-'ûn!

26. Qîlad-khulil-Jannah. Qâla yâ-layta Qawmî ya'-la-mûn,

27. Bimâ ghafara lî Rabbî wa ja-'alanî minal-mukramîn!

28. Wa mâ 'anzalnâ 'alâ Qawmihî mim-ba'-dihî min jundim-minassamâ-'i wa mâ kunnâ munzilîn.

29. 'In kânat 'illâ sayhatanw-wâhidatan-fa-'izâ hum khâmidûn.

30. Yâ-hasratan 'alal-'ibâd! Mâya'-tîhim-mir-rasûlin 'illâ kânû bihî yastahzi-'ûn!

31. 'Alam yaraw kam 'ahlaknâ qablahum-minal-qurûni 'annahum 'ilayhim lâ yarji-'ûn?

32. Wa'in kullul-lammâ jamî-'ul-ladaynâ muhdharûn.

وَاٰیَةٌ لَّهُمُ الْاَرْضُ الْمَیْتَةُ ۚ اَحْیَیْنٰهَا وَاَخْرَجْنَا مِنْهَا حَبًّا فَمِنْهُ یَاْكُلُوْنَ ۝ وَجَعَلْنَا فِیْهَا جَنّٰتٍ مِّنْ نَّخِیْلٍ وَّاَعْنَابٍ وَّفَجَّرْنَا فِیْهَا مِنَ الْعُیُوْنِ ۝ لِیَاْكُلُوْا مِنْ ثَمَرِهٖ ۙ وَمَا عَمِلَتْهُ اَیْدِیْهِمْ ۚ اَفَلَا یَشْكُرُوْنَ ۝ سُبْحٰنَ الَّذِیْ خَلَقَ الْاَزْوَاجَ كُلَّهَا مِمَّا تُنْۢبِتُ الْاَرْضُ وَمِنْ اَنْفُسِهِمْ وَمِمَّا لَا یَعْلَمُوْنَ ۝ وَاٰیَةٌ لَّهُمُ الَّیْلُ ۚ نَسْلَخُ مِنْهُ النَّهَارَ فَاِذَا هُمْ مُّظْلِمُوْنَ ۝ وَالشَّمْسُ تَجْرِیْ لِمُسْتَقَرٍّ لَّهَا ؕ ذٰلِكَ تَقْدِیْرُ الْعَزِیْزِ الْعَلِیْمِ ۝ وَالْقَمَرَ قَدَّرْنٰهُ مَنَازِلَ حَتّٰی عَادَ كَالْعُرْجُوْنِ الْقَدِیْمِ ۝

33. A Sign for them is the earth that is dead: We do give it life, and produce grain therefrom, of which ye do eat.

34. And We produce therein orchards with date-palms and vines, and We cause spring to gush forth therein:

35. That they may enjoy the fruits of this (artistry): it was not their hands that made this: will they not then give thanks?

36. Glory to Allâh, Who created in pairs all things that the earth produces, as well as their own (human) kind and (other) things of which they have no knowledge.

37. And a Sign for them is the Night: We withdraw therefrom the Day, and behold they are plunged in darkness;

38. And the Sun runs unto a resting place, for him: that is the decree of (Him), the Exalted in Might, the All-Knowing.

39. And the Moon,–We have measured for her stations (to traverse) till she returns like the old (and withered) lower part of a date-stalk.

33. Wa 'Aayatul-lahumul-'ardhul-maytah: 'ahyaynâhâ wa 'akhrajnâ minhâ habban faminhu ya'-kulûn.

34. Wa ja-'alnâ fîhâ jannâtim-min-nakhîlinw-wa a'nâ-binw-wa fajjarnâ fîhâ minal-'uyûn:

35. Liya'-kulû min samarihî, wa mâ 'amilat-hu 'aydîhim: 'afalâ yash-kurûn?

36. Subhânallazî khalaqal 'azwâja kullahâ mimmâ tumbitul-'ardhu wa min 'anfusihim wa mimmâ lâ ya'-lamûn.

37. Wa 'Aayatul-lahumul-Laylu naslakhu minhun-Nahâra fa'izâ hum-muzlimûn;

38. Wash-Shamsu tajrî limusta-qarril-lahâ: zâlika taqdîrul-'Azîzil-'Alîm.

39. Wal-Qamara qaddarnâhu manâzila hattâ 'âda kal-'urjûnil-qadîm.

لَا الشَّمْسُ يَنۢبَغِىۡ لَهَآ اَنۡ تُدۡرِكَ الۡقَمَرَ وَلَا الَّيۡلُ سَابِقُ النَّهَارِؕ وَكُلٌّ فِىۡ فَلَكٍ يَّسۡبَحُوۡنَ ۝ وَاٰيَةٌ لَّهُمۡ اَنَّا حَمَلۡنَا ذُرِّيَّتَهُمۡ فِى الۡفُلۡكِ الۡمَشۡحُوۡنِ ۝ وَخَلَقۡنَا لَهُمۡ مِّنۡ مِّثۡلِهٖ مَا يَرۡكَبُوۡنَ ۝ وَاِنۡ نَّشَاۡ نُغۡرِقۡهُمۡ فَلَا صَرِيۡخَ لَهُمۡ وَلَا هُمۡ يُنۡقَذُوۡنَ ۝ اِلَّا رَحۡمَةً مِّنَّا وَمَتَاعًا اِلٰى حِيۡنٍ ۝ وَاِذَا قِيۡلَ لَهُمُ اتَّقُوۡا مَا بَيۡنَ اَيۡدِيۡكُمۡ وَمَا خَلۡفَكُمۡ لَعَلَّكُمۡ تُرۡحَمُوۡنَ ۝ وَمَا تَاۡتِيۡهِمۡ مِّنۡ اٰيَةٍ مِّنۡ اٰيٰتِ رَبِّهِمۡ اِلَّا كَانُوۡا عَنۡهَا مُعۡرِضِيۡنَ ۝ وَاِذَا قِيۡلَ لَهُمۡ اَنۡفِقُوۡا مِمَّا رَزَقَكُمُ اللّٰهُۙ قَالَ الَّذِيۡنَ كَفَرُوۡا لِلَّذِيۡنَ اٰمَنُوۡۤا اَنُطۡعِمُ

40. It is not permitted to the Sun to catch up the Moon, nor can the Night outstrip the Day: each (just) swims along in (its own) orbit (according to Law).

41. And a Sign for them is that We bore their race (through the Flood) in the loaded Ark;

42. And We have created for them similar (vessels) on which they ride.

43. If it were Our Will, We could drown them: then would there be no helper (to hear their cry), nor could they be delivered.

44. Except by way of Mercy from Us, and by way of (worldly) convenience (to serve them) for a time.

45. When they are told, "Fear ye that which is before you and that which will be after you, in order that ye may receive Mercy." (they turn back).

46. Not a Sign comes to them from among the Signs of their Lord, but they turn away therefrom.

47. And when they are told, "Spend ye of (the bounties) with which Allâh has provided you," the Unbelievers say to those who believe: "Shall we then feed

---

40. Lash-Shamsu yambaghî lahâ 'an tudrikal-Qamara wa lal-Laylu sâbiqun-Nahâr: wa kullun-fî falakiny-yasbahûn.

41. Wa 'Aayatul-lahum 'annâ hamalnâ zurriyyatahum fil-fulkil-mash-hûn;

42. Wa khalaqnâ lahum-mim-mislihî mâ yarkabûn.

43. Wa 'in-nasha' nughriqhum falâ sarîkha lahum wa lâ hum yunqazûn,

44. 'Illâ Rahmatam-minnâ wa matâ-'an 'ilâ hîn.

45. Wa 'izâ qîla lahumuttaqû mâ bayna 'aydîkum wa mâ khalfakum la-'allakum turhamûn.

46. Wa mâ ta'-tîhim-min 'Aayatim-min 'Aayâti Rabbihim 'illâ kânû 'anhâ mu'-rizin.

47. Wa 'izâ qîla lahum 'anfiqû mim-mâ razaqakumul lâhu qâlallazîna kafarû lillazîna 'âmanû 'anut-'imu

مَنْ لَوْ يَشَاءُ اللَّهُ أَطْعَمَهُ ۖ إِنْ أَنتُمْ إِلَّا فِي ضَلَالٍ مُبِينٍ ۝ وَيَقُولُونَ مَتَىٰ هَـٰذَا الْوَعْدُ إِن كُنتُمْ صَادِقِينَ ۝ مَا يَنظُرُونَ إِلَّا صَيْحَةً وَاحِدَةً تَأْخُذُهُمْ وَهُمْ يَخِصِّمُونَ ۝ فَلَا يَسْتَطِيعُونَ تَوْصِيَةً وَلَا إِلَىٰ أَهْلِهِمْ يَرْجِعُونَ ۝ وَنُفِخَ فِي الصُّورِ فَإِذَا هُم مِّنَ الْأَجْدَاثِ إِلَىٰ رَبِّهِمْ يَنسِلُونَ ۝ قَالُوا يَا وَيْلَنَا مَن بَعَثَنَا مِن مَّرْقَدِنَا ۜ ۗ هَـٰذَا مَا وَعَدَ الرَّحْمَـٰنُ وَصَدَقَ الْمُرْسَلُونَ ۝ إِن كَانَتْ إِلَّا صَيْحَةً وَاحِدَةً فَإِذَا هُمْ جَمِيعٌ لَّدَيْنَا مُحْضَرُونَ ۝ فَالْيَوْمَ لَا تُظْلَمُ نَفْسٌ شَيْئًا وَلَا تُجْزَوْنَ إِلَّا مَا كُنتُمْ تَعْمَلُونَ ۝

those whom, if Allâh had so willed, He would have fed, (Himself)?—Ye are in nothing but manifest error."

mallaw yashâ-'ullâhu 'at-'amah?–'In 'antum 'illâ fî dhalâlim-mubîn.

48. Further, they say, "When will this promise (come to pass), if what ye say is true?"

48. Wa yaqûlûna matâ hâzal-wa'-du 'in-kuntum sâdiqîn?

49. They will not (have to) wait for aught but a single Blast: it will seize them while they are yet disputing among themselves!

49. Mâ yan-zurûna 'illâ Sayha-tanw-wâhidatan ta'-khuzuhum wa hum yakhissimûn!

50. No (chance) will they then have, by will, to dispose (of their affairs), nor to return to their own people!

50. Falâ yastatî-'ûna tawsi-yatanw walâ 'ilâ 'ahlihim yarji-'ûn!

51. The trumpet shall be sounded, when behold! from the sepulchres (men) will rush forth to their Lord!

51. Wa nufikha fis-Sûri fa-'izâ hum-minal-'ajdâthi 'ilâ Rabbihim yansilûn!

52. They will say: "Ah! woe unto us! Who hath raised us up from our beds of repose?"... (A voice will say:) "This is what The Most Gracious had promised. And true was the word of the messengers!"

52. Qâlû yâ-waylanâ mam-ba-'athana mim-marqadi-nâ Hâzâ mâ wa-'adar-Rahmânu wa sadaqal-mursalûn!

53. It will be no more than a single Blast. when lo! they will all be brought up before Us!

53. 'In-kânat 'illâ Sayhatanw-wâhidatan fa-'izâ hum jamî-'ul-ladaynâ muhdharûn!

54. Then, on that Day, not a soul will be wronged in the least, and ye shall but be repaid the meeds of your past Deeds.

54. Fal-Yawma lâ tuzlamu nafsun shay-'anw-wa lâ tuj-zawna 'illâ mâ kuntum ta'-malûn.

إِنَّ أَصْحَابَ الْجَنَّةِ الْيَوْمَ فِي شُغُلٍ فَاكِهُونَ ۝ هُمْ وَأَزْوَاجُهُمْ فِي ظِلَالٍ عَلَى الْأَرَائِكِ مُتَّكِئُونَ ۝ لَهُمْ فِيهَا فَاكِهَةٌ وَلَهُم مَّا يَدَّعُونَ ۝ سَلَامٌ قَوْلًا مِّن رَّبٍّ رَّحِيمٍ ۝ وَامْتَازُوا الْيَوْمَ أَيُّهَا الْمُجْرِمُونَ ۝ أَلَمْ أَعْهَدْ إِلَيْكُمْ يَا بَنِي آدَمَ أَن لَّا تَعْبُدُوا الشَّيْطَانَ ۖ إِنَّهُ لَكُمْ عَدُوٌّ مُّبِينٌ ۝ وَأَنِ اعْبُدُونِي ۚ هَٰذَا صِرَاطٌ مُّسْتَقِيمٌ ۝ وَلَقَدْ أَضَلَّ مِنكُمْ جِبِلًّا كَثِيرًا ۖ أَفَلَمْ تَكُونُوا تَعْقِلُونَ ۝ هَٰذِهِ جَهَنَّمُ الَّتِي كُنتُمْ تُوعَدُونَ ۝ اصْلَوْهَا الْيَوْمَ بِمَا كُنتُمْ تَكْفُرُونَ ۝ الْيَوْمَ نَخْتِمُ عَلَىٰ أَفْوَاهِهِمْ وَتُكَلِّمُنَا أَيْدِيهِمْ وَتَشْهَدُ أَرْجُلُهُم

55. Verily the Companions of the Garden shall that Day have joy in all that they do;

56. They and their associates will be in pleasant shade, reclining on raised couches;

57. (Every) fruit will be there fore them; they shall have whatever they call for;

58. "Peace!–a Word (of salutation) from a Lord Most Merciful!

59. "And O ye in sin! Get ye apart this Day!

60. "Dit I not enjoin on you, O ye children of Adam, that ye should not worship Satan; for that he was to you an enemy avowed?

61. "And that ye should worship Me, (for that) this was the Straight Way?

62. "But he did lead astray a great multitude of you. Did ye not, then, understand?

63. "This is the Hell of which ye were promised.

64. "Embrace ye the (Fire) this Day, for that ye (persistently) rejected (Truth)."

65. That Day shall We set a seal on their mouths. But their hands will speak to Us, and their feet bear

55. 'Inna 'As-hâbal-Jannatil-Yawma fî shughulin-fâkihûn;

56. Hum wa 'azwâjuhum fî zilâlin 'alal-'arâ-'iki muttaki'ûn;

57. Lahum fîhâ fâkihatunw-wa lahum-mâ yadda-'ûn;

58. "Salâm!" -Qawlam-mir Rabbir-Rahîm!

59. Wamtâzul-Yawma 'ayyuhal-mujrimûn!

60. 'Alam'a'had 'ilaykum yâ-Banî-'Aadama 'allâ ta'budush-Shaytân; 'innahû lakum 'aduwwum-mubîn?–

61. Wa'ani'-budûnî. Hâzâ Sirâtum-Mustaqîm.

62. Wa laqad 'adhalla minkum jibillan-kasîrâ. 'Afalam takûnû ta'qilûn?

63. Hâzihi Jahannamullatî kuntum tû-'adûn!

64. 'Islaw-hal-Yawma bimâ kuntum takfurûn.

65. 'Al-Yawma nakhtimu 'alâ 'afwâhihim wa tukallimunâ 'aydîhim wa tash-hadu 'arjulu-hum-

بِمَا كَانُوْا يَكْسِبُوْنَ ۝ وَلَوْ نَشَآءُ لَطَمَسْنَا عَلٰۤى
اَعْيُنِهِمْ فَاسْتَبَقُوا الصِّرَاطَ فَاَنّٰى يُبْصِرُوْنَ
وَلَوْ نَشَآءُ لَمَسَخْنٰهُمْ عَلٰى مَكَانَتِهِمْ فَمَا
اسْتَطَاعُوْا مُضِيًّا وَّلَا يَرْجِعُوْنَ ۝
وَمَنْ نُّعَمِّرْهُ نُنَكِّسْهُ فِى الْخَلْقِ ؕ اَفَلَا يَعْقِلُوْنَ
وَمَا عَلَّمْنٰهُ الشِّعْرَ وَمَا يَنْۢبَغِيْ لَهٗ ؕ اِنْ هُوَ
اِلَّا ذِكْرٌ وَّقُرْاٰنٌ مُّبِيْنٌ ۝ لِّيُنْذِرَ مَنْ كَانَ
حَيًّا وَّيَحِقَّ الْقَوْلُ عَلَى الْكٰفِرِيْنَ ۝
اَوَلَمْ يَرَوْا اَنَّا خَلَقْنَا لَهُمْ مِّمَّا عَمِلَتْ
اَيْدِيْنَآ اَنْعَامًا فَهُمْ لَهَا مٰلِكُوْنَ ۝ وَذَلَّلْنٰهَا
لَهُمْ فَمِنْهَا رَكُوْبُهُمْ وَمِنْهَا يَأْكُلُوْنَ ۝ وَلَهُمْ
فِيْهَا مَنَافِعُ وَمَشَارِبُ ؕ اَفَلَا يَشْكُرُوْنَ ۝

witness, to all that they did.

66. If it had been Our Will, We could surely have blotted out their eyes; then they should have raced to the Path, but how could they have seen?

67. And if it had been Our Will, We could have transformed them in their places; then should they have been unable to move about, nor could they have returned (after error).

68. If We grant long life to any, We cause him to be reversed in nature: will they not then understand?

69. We have not instructed the (Prophet) in Poetry, nor is it meet for him: this is no less than a Message and a Qur'ân making things clear:

70. That it may give admonition to any (who are) alive, and that the word may be proved true against those who reject (Truth).

71. See they not that it is We Who have created for them—among the things which our hands have fashioned—cattle, which are under their dominion?–

72. And that We have subjected them to their (use)? Of them some do carry them and some they eat:

73. And they have (other) profits from them (besides), and they get (milk) to drink, Will they not then be grateful?

bimâ kânû yaksibûn.

66. Wa law nashâ-'u latamasnâ 'alâ 'a'yunihim fastabaqus-Sirâta fa-'annâ yubsirûn?

67. Wa law nashâ-'u lamasakhnâhum 'alâ makânatihim famasta-tâ-'û mudhiy-yanw-walâ yarji-'ûn.

68. Wa man-nu-'ammirhu nunakkis-hu fil-khalq: 'afalâ ya'-qilûn?

69. Wa mâ 'allamnâhush-Shi'ra wa mâ yambaghî lah: 'in huwa 'illâ Zikrunw-wa Qur'ânum-Mubîn:

70. Liyunzira man kâna hayyanw-wa yahiqqalqawlu 'alal-kâfirîn.

71. 'Awalam yaraw 'annâ khalaqnâ lahum-mimmâ 'amilat 'aydînâ 'an-'âman fahum lahâ mâlikûn?

72. Wa zallalnâhâ lahum faminhâ rakûbuhum wa minhâ ya'-kulûn:

73. Wa lahum fîhâ manâfi'u wa mashâribu 'Afalâ yashkurûn?

وَاتَّخَذُوا مِنْ دُونِ اللَّهِ آلِهَةً لَعَلَّهُمْ يُنْصَرُونَ ۝ لَا يَسْتَطِيعُونَ نَصْرَهُمْ وَهُمْ لَهُمْ جُنْدٌ مُحْضَرُونَ ۝ فَلَا يَحْزُنْكَ قَوْلُهُمْ ۘ إِنَّا نَعْلَمُ مَا يُسِرُّونَ وَمَا يُعْلِنُونَ ۝ أَوَلَمْ يَرَ الْإِنْسَانُ أَنَّا خَلَقْنَاهُ مِنْ نُطْفَةٍ فَإِذَا هُوَ خَصِيمٌ مُبِينٌ ۝ وَضَرَبَ لَنَا مَثَلًا وَنَسِيَ خَلْقَهُ ۖ قَالَ مَنْ يُحْيِي الْعِظَامَ وَهِيَ رَمِيمٌ ۝ قُلْ يُحْيِيهَا الَّذِي أَنْشَأَهَا أَوَّلَ مَرَّةٍ ۖ وَهُوَ بِكُلِّ خَلْقٍ عَلِيمٌ ۝ الَّذِي جَعَلَ لَكُمْ مِنَ الشَّجَرِ الْأَخْضَرِ نَارًا فَإِذَا أَنْتُمْ مِنْهُ تُوقِدُونَ ۝ أَوَلَيْسَ الَّذِي خَلَقَ السَّمَاوَاتِ وَالْأَرْضَ بِقَادِرٍ

74. Yet they take (for worship) gods other than Allâh, (hoping) that they might be helped!

75. They have not the power to help them: and they are a host brought up before them.

76. Let not their speech, then, grieve thee. Verily We know what they hide as well as what they disclose.

77. Doth not man see that it is We Who created him from sperm? Yet behold! he (stands forth) as an open adversary!

78. And he makes comparisons for Us, and forgets his own (origin and) Creation: He says, "Who can give life to (dry) bones and decomposed ones (at that)?"

79. Say, "He will give them life Who created them for the first time! For He fully knows all creation.

80. "The same Who produces for you fire out of the green tree, when behold! Ye kindle therewith (your own fires)!

81. "Is not He Who created the heavens and the earth able

74. Wattakhazû min-dûnillâhi 'âlihatal-la-'allahum yunsarûn!

75. Lâ yastatî-'ûna nasra-hum wa hum lahum jundum-muhḍharûn.

76. Falâ yahzunka qawluhum. 'Innâ na'-lamu mâ yusirrûna wa mâ yu'-linûn.

77. 'Awalam yaral-'insânu 'annâ khalaqnâhu min-nutfatin fa-'izâ huwa khasîmum-mubîn!

78. Wa ḍharaba lanâ masa-lanw wa nasiya khalqah: qâla many-yuhyil-'iẓâma wa hiya ramîm?

79. Qul yuhyîhallazî 'ansha-'ahâ 'awwala marrah! Wa Huwa bi-kulli khalqin 'Alîm!

80. 'Allazî ja'ala lakum-mi-nash-shajaril-'akhḍhari nâran fa-'izâ 'antum-minhu tûqidûn!

81. 'Awa laysallazî khalaqas-samâwâti wal-'arḍha bi-Qâdirin

عَلَىٰ أَن يَخْلُقَ مِثْلَهُم ۚ بَلَىٰ وَهُوَ الْخَلَّٰقُ الْعَلِيمُ ۞ إِنَّمَا أَمْرُهُ إِذَا أَرَادَ شَيْئًا أَن يَقُولَ لَهُ كُن فَيَكُونُ ۞ فَسُبْحَٰنَ الَّذِي بِيَدِهِ مَلَكُوتُ كُلِّ شَىْءٍ وَإِلَيْهِ تُرْجَعُونَ ۞

سُورَةُ الْفَتْحِ مَدَنِيَّةٌ

بِسْمِ اللَّهِ الرَّحْمَٰنِ الرَّحِيمِ

إِنَّا فَتَحْنَا لَكَ فَتْحًا مُّبِينًا ۞ لِّيَغْفِرَ لَكَ اللَّهُ مَا تَقَدَّمَ مِن ذَنۢبِكَ وَمَا تَأَخَّرَ وَيُتِمَّ نِعْمَتَهُ عَلَيْكَ وَيَهْدِيَكَ صِرَٰطًا مُّسْتَقِيمًا ۞ وَيَنصُرَكَ اللَّهُ نَصْرًا عَزِيزًا ۞ هُوَ الَّذِىٓ أَنزَلَ السَّكِينَةَ فِى قُلُوبِ الْمُؤْمِنِينَ لِيَزْدَادُوٓا إِيمَٰنًا مَّعَ إِيمَٰنِهِمْ

to create the like thereof?"—Yea, indeed! For He is the Creator Supreme, of skill and knowledge (infinite)!

82. Verily, when He intends a thing, His Command is, "Be", and it is!

83. So glory to Him in Whose Hands is the dominion of all things: and to Him will ye be all brought back.

'alâ 'anyyakhluqa mithlahum?-Balâ! wa Huwal-Khallâqul-'Alîm!

82. 'Innamâ 'Amruhû 'izâ 'arâda shay-'an 'anyyaqûla lahû "Kun" fayakûn!

83. Fa-Subhânallazi biyadihî Malakûtu kulli shay-'inw wa 'ilayhi turja-'ûn.

SÛRAH AL-FATH (OR VICTORY)

Bismillâhir-Rahmânir-Rahîm
In the Name of Allâh, Most Gracious, Most Merciful.

Translation	Transliteration
1. Verily We have granted thee a manifest Victory:	1. 'Innâ fatahnâ laka Fatham-Mubînâ,
2. That Allâh may forgive thee thy faults of the past and those to follow; fulfil His favour to thee; and guide thee on the Straight Way;	2. Liyaghfira lakallâhu mâ taqaddama min-zambika wa mâ ta-'akh-khara wa yutimma ni'-matahû 'alayka wa yahdi-yaka Sirâtam-Mustaqîmâ,
3. And that Allâh may help thee with powerful help.	3. Wa yansurakallâhu Nasran 'Azîzâ.
4. It is He Who sent down Tranquillity into the hearts of the Believers, that they may add Faith to their Faith;—	4. Huwallazi anzalas-Sakînata fî qulûbil-Mu'-minîna liyazdâdû 'îmânamma-'a 'îmânihim;

وَلِلَّهِ جُنُودُ السَّمٰوٰتِ وَالْأَرْضِ ۚ وَكَانَ اللَّهُ عَلِيمًا حَكِيمًا ۞ لِيُدْخِلَ الْمُؤْمِنِينَ وَالْمُؤْمِنَاتِ جَنَّاتٍ تَجْرِي مِنْ تَحْتِهَا الْأَنْهَارُ خَالِدِينَ فِيهَا وَيُكَفِّرَ عَنْهُمْ سَيِّئَاتِهِمْ ۚ وَكَانَ ذٰلِكَ عِنْدَ اللَّهِ فَوْزًا عَظِيمًا ۞ وَيُعَذِّبَ الْمُنَافِقِينَ وَالْمُنَافِقَاتِ وَالْمُشْرِكِينَ وَالْمُشْرِكَاتِ الظَّانِّينَ بِاللَّهِ ظَنَّ السَّوْءِ ۚ عَلَيْهِمْ دَائِرَةُ السَّوْءِ ۖ وَغَضِبَ اللَّهُ عَلَيْهِمْ وَلَعَنَهُمْ وَأَعَدَّ لَهُمْ جَهَنَّمَ ۖ وَسَاءَتْ مَصِيرًا ۞ وَلِلَّهِ جُنُودُ السَّمٰوٰتِ وَالْأَرْضِ ۚ وَكَانَ اللَّهُ عَزِيزًا حَكِيمًا ۞ إِنَّا أَرْسَلْنَاكَ شَاهِدًا وَمُبَشِّرًا وَنَذِيرًا ۞

for to Allâh belong the Forces of the heavens and the earth; and Allâh is Full of Knowledge and Wisdom.

wa lillâhi Junûdus-samâwâti wal-'ardh; wa kânallâhu 'Alîman Hakîmâ,

5. That He may admit the men and women who believe, to Gardens beneath which rivers flow, to dwell therein for ever, and remove their sins from them;—and that is, in the sight of Allâh, the grand triumph,

5. Li-yud-khilal-Mu'-minîna wal-Mu'-minâti Jannâtin-taj-rî min-tahtihal-'anhâru khâlidîna fîhâ wa yukaffira 'an-hum sayyi-'âtihim; – wa kâ-na zâlika 'indallâhi fawzan 'azîmâ,–

6. And that He may punish the Hypocrites, men and women, and the Polytheists, men and women, who think an evil thought of Allâh. On them is a round of Evil: the Wrath of Allâh is on them: He has cursed them and got Hell ready for them: and evil is it for a destination.

6. Wa yu-'azzibal-Munâfi-qîna wal-Munâfiqâti wal-Mushri-kîna wal-Mushri-kâtiz-zân-nîna billâhi zannas-saw'. 'Alay-him dâ-'iratus-saw': wa ghaziballâhu 'alay-him wa la-'anahum wa'a-'adda lahum Jahannam: wa sâ-'at masî-râ.

7. For to Allâh belong the Forces of the heavens and the earth; and Allâh is Exalted in Power, Full of Wisdom.

7. Wa lillâhi Junûdussamâ-wâti wal-'ardh: wa kânallâhu 'Azîzan Hakîmâ.

8. We have truly sent thee as a witness, as a bringer of Glad Tidings, and as a warner:

8. 'Innâ 'arsalnâka Shâhidanw-wa Mubash-shiranw-wa Nazîrâ:

لِّتُؤْمِنُوْا بِاللّٰهِ وَرَسُوْلِهٖ وَتُعَزِّرُوْهُ وَتُوَقِّرُوْهُ ۚ وَتُسَبِّحُوْهُ بُكْرَةً وَّاَصِيْلًا ۝ اِنَّ الَّذِيْنَ يُبَايِعُوْنَكَ اِنَّمَا يُبَايِعُوْنَ اللّٰهَ ۗ يَدُ اللّٰهِ فَوْقَ اَيْدِيْهِمْ ۚ فَمَنْ نَّكَثَ فَاِنَّمَا يَنْكُثُ عَلٰى نَفْسِهٖ ۚ وَمَنْ اَوْفٰى بِمَا عٰهَدَ عَلَيْهُ اللّٰهَ فَسَيُؤْتِيْهِ اَجْرًا عَظِيْمًا ۝ سَيَقُوْلُ لَكَ الْمُخَلَّفُوْنَ مِنَ الْاَعْرَابِ شَغَلَتْنَاۤ اَمْوَالُنَا وَاَهْلُوْنَا فَاسْتَغْفِرْ لَنَا ۚ يَقُوْلُوْنَ بِاَلْسِنَتِهِمْ مَّا لَيْسَ فِيْ قُلُوْبِهِمْ ۗ قُلْ فَمَنْ يَّمْلِكُ لَكُمْ مِّنَ اللّٰهِ شَيْئًا اِنْ اَرَادَ بِكُمْ ضَرًّا اَوْ اَرَادَ بِكُمْ نَفْعًا ۗ بَلْ كَانَ اللّٰهُ بِمَا تَعْمَلُوْنَ خَبِيْرًا ۝

9. In order that ye (O men) may believe in Allâh and His Messenger, that ye may assist and honour Him, and celebrate His praises morning and evening.

9. Litu'-minû billâhi wa Rasûlihî wa tu-'azzirûhu wa tuwaqqirûh, wa tusabbihûhu bukratanw-wa 'asîlâ.

10. Verily those who plight their fealty to thee plight their fealty in truth to Allâh: the Hand of Allâh is over their hands: then anyone who violates his oath, does so to the harm of his own soul, and anyone who fulfils what he had covenanted with Allâh, —Allâh will soon grant him a great Reward.

10. 'Innallazîna yubâ-yi-'ûnaka 'innamâ yubâyi-'ûnal-lâh: Yadullâhi fawqa 'aydî-him: faman-nakatha fa-'innamâ yankuthu 'alâ nafsih; wa man awfâ bimâ 'âhada 'alay-hullâha fasayu'-tîhi 'aj-ran 'azîmâ.

11. The desert Arabs who lagged behind will say to thee: "We were engaged in (looking after) our flocks and herds, and our families: do thou then ask forgiveness for us." They say with their tongues what is not in their hearts. Say: "Who then has any power at all (to intervene) on your behalf with Allâh, if His Will is to give you some loss or to give you some profit? But Allâh is well acquainted with all that ye do.

11. Sayaqûlu lakal-mukhalla-fûna minal-'A'-râbi shaghalat-nâ 'amwâlunâ wa 'ahlû-nâ fastaghfir lanâ. Yaqûlûna bi-'alsinatihim-mâ laysa fî qulûbihim. Qul famany-yam-liku lakum-minallâhi shay-'an 'in 'arâda bikum dharran 'aw 'arâda bikum naf-'â? Bal kânallâhu bimâ ta'-malû-na khabîrâ.

بَلْ ظَنَنْتُمْ اَنْ لَّنْ يَّنْقَلِبَ الرَّسُوْلُ وَ الْمُؤْمِنُوْنَ اِلٰۤى اَهْلِيْهِمْ اَبَدًا وَّ زُيِّنَ ذٰلِكَ فِيْ قُلُوْبِكُمْ وَ ظَنَنْتُمْ ظَنَّ السَّوْءِ ۚ وَ كُنْتُمْ قَوْمًۢا بُوْرًا ۝ وَ مَنْ لَّمْ يُؤْمِنْۢ بِاللّٰهِ وَ رَسُوْلِهٖ فَاِنَّاۤ اَعْتَدْنَا لِلْكٰفِرِيْنَ سَعِيْرًا ۝ وَ لِلّٰهِ مُلْكُ السَّمٰوٰتِ وَ الْاَرْضِ ؕ يَغْفِرُ لِمَنْ يَّشَآءُ وَ يُعَذِّبُ مَنْ يَّشَآءُ ؕ وَ كَانَ اللّٰهُ غَفُوْرًا رَّحِيْمًا ۝ سَيَقُوْلُ الْمُخَلَّفُوْنَ اِذَا انْطَلَقْتُمْ اِلٰى مَغَانِمَ لِتَاْخُذُوْهَا ذَرُوْنَا نَتَّبِعْكُمْ ۚ يُرِيْدُوْنَ اَنْ يُّبَدِّلُوْا كَلٰمَ اللّٰهِ ؕ قُلْ لَّنْ تَتَّبِعُوْنَا كَذٰلِكُمْ قَالَ اللّٰهُ مِنْ قَبْلُ ۚ فَسَيَقُوْلُوْنَ بَلْ تَحْسُدُوْنَنَا ؕ بَلْ كَانُوْا لَا يَفْقَهُوْنَ

12. 'Nay ye thought that the Messenger and the Believers would never return to their families; this seemed pleasing in your hearts, and ye conceived an evil thought, for ye are a people doomed to perish."

12. Bal zanantum 'allany-yanqalibar-Rasûlu wal-Mu'-minûna 'ilâ 'ahlîhim 'abadanwwa zuyyina zâlika fî qulûbikum wa zanantum zannas-saw-'i wa kuntum qaw-mambûrâ.

13. And if any believe not in Allâh and His Messenger, We have prepared, for those who reject Allâh, a Blazing Fire!

13. Wa mal-lam yu'-mimbillâhi wa Rasûlihî fa-'innâ 'a'-tadnâ lil-kâfirîna Sa-'î-râ!

14. To Allâh belongs the dominion of the heavens and the earth: He forgives whom He wills, and He punishes whom He wills: but Allâh is Oft-Forgiving, Most Merciful.

14. Wa lillâhi Mulkus-samâwâti wal-'ardh: yaghfiru limany-yashâ-' wa yu-'azzibu manyyashâ': wa kânal-lâhu Ghafûrar-Rahîmâ.

15. Those who lagged behind (will say), when ye set forth to acquire booty (in war): "Permit us to follow you." They wish to change Allâh's word: say "Not thus will ye follow us: Allâh has already declared (this) beforehand": then they will say, "But ye are jealous of us." Nay, but little do they understand

15. Sayaqûlul-mukhallafûna 'izan-talaqtum 'ilâ maghânima lita'-khuzûhâ zarûnâ nattabi'-kum: yurîdûna 'any-yubaddilû Kalâ-mal-lâh. Qul-lan-tattabi-'ûnâ ka-zâlikum qâlallâhu min-qabl: fasayaqûlûna bal tahsudûnanâ. Bal kânû lâ yaf-qah-ûna

اِلَّا قَلِيلًا ۩ قُلْ لِلْمُخَلَّفِينَ مِنَ الْأَعْرَابِ سَتُدْعَوْنَ اِلٰى قَوْمٍ أُولِي بَأْسٍ شَدِيدٍ تُقَاتِلُونَهُمْ أَوْ يُسْلِمُونَ ۚ فَإِنْ تُطِيعُوا يُؤْتِكُمُ اللهُ أَجْرًا حَسَنًا ۚ وَإِنْ تَتَوَلَّوْا كَمَا تَوَلَّيْتُمْ مِنْ قَبْلُ يُعَذِّبْكُمْ عَذَابًا أَلِيمًا ۩ لَيْسَ عَلَى الْأَعْمٰى حَرَجٌ وَلَا عَلَى الْأَعْرَجِ حَرَجٌ وَلَا عَلَى الْمَرِيضِ حَرَجٌ ۗ وَمَنْ يُطِعِ اللهَ وَرَسُولَهُ يُدْخِلْهُ جَنَّاتٍ تَجْرِي مِنْ تَحْتِهَا الْأَنْهَارُ ۚ وَمَنْ يَتَوَلَّ يُعَذِّبْهُ عَذَابًا أَلِيمًا ۩ لَقَدْ رَضِيَ اللهُ عَنِ الْمُؤْمِنِينَ اِذْ يُبَايِعُونَكَ تَحْتَ الشَّجَرَةِ فَعَلِمَ مَا فِي قُلُوبِهِمْ فَأَنْزَلَ السَّكِينَةَ عَلَيْهِمْ وَ

(such things).

'illâ qalîlâ.

16. Say to the desert Arabs who lagged behind: "Ye shall be summoned (to fight) against a people given to vehement war: then shall ye fight, or they shall submit. Then if ye show obedience, Allâh will grant you a goodly reward, but if ye turn back as ye did before, He will punish you with a grievous Chastisement."

16. Qul-lil-mukhallafina minal-'A'-râbi satud-'awna 'ilâ qawmin 'ulî ba'-sin-shadîdin-tuqâtilûnahum 'aw yuslimûn. Fa-'in-tutî-'û yu'ti-kumullâhu 'ajran hasanâ; wa 'in-tatawallaw kamâ tawallay-tum-min-qablu yu-'azzibkum 'azâban 'alîmâ.

17. No blame is there on the blind, nor is there blame on the lame, nor on one ill (if he joins not the war): but he that obeys Allâh and His Messenger,— (Allâh) will admit him to Gardens beneath which rivers flow; and he who turns back, (Allâh) will punish him with a grievous Chastisement.

17. Laysa 'alal-'a'-mâ hara-junw-wa lâ 'alal-'a'-raji hara-junw-wa lâ 'alal-marîdhi haraj. Wa many-yuti-'illâha wa Rasûlahû yudkhilu Jannâ-tin-tajrî min-tahtihal-'anhâr; wa many-yatawalla yu-'azzibhu 'azâban 'alîmâ.

18. Allâh's Good Pleasure was on the Believers when they swore Fealty to thee under the Tree: He knew what was in their hearts, and He sent down Tranquillity to them; and

18. Laqad radhi-yallâhu 'anil-Mu'-minîna 'iz yubâ-yi-'û-naka tahtash-Shajarati fa-'alima mâ fî-qulûbihim fa-'anzalas-Sakînata 'alayhim wa

اَثَابَهُمْ فَتْحًا قَرِيبًا ۞ وَّمَغَانِمَ كَثِيرَةً يَّاْخُذُوْنَهَا ۗ وَكَانَ اللّٰهُ عَزِيْزًا حَكِيْمًا ۞ وَعَدَكُمُ اللّٰهُ مَغَانِمَ كَثِيْرَةً تَاْخُذُوْنَهَا فَعَجَّلَ لَكُمْ هٰذِهٖ وَكَفَّ اَيْدِىَ النَّاسِ عَنْكُمْ ۚ وَلِتَكُوْنَ اٰيَةً لِّلْمُؤْمِنِيْنَ وَيَهْدِيَكُمْ صِرَاطًا مُّسْتَقِيْمًا ۞ وَّاُخْرٰى لَمْ تَقْدِرُوْا عَلَيْهَا قَدْ اَحَاطَ اللّٰهُ بِهَا ۗ وَكَانَ اللّٰهُ عَلٰى كُلِّ شَيْءٍ قَدِيْرًا ۞ وَلَوْ قَاتَلَكُمُ الَّذِيْنَ كَفَرُوْا لَوَلَّوُا الْاَدْبَارَ ثُمَّ لَا يَجِدُوْنَ وَلِيًّا وَّلَا نَصِيْرًا ۞ سُنَّةَ اللّٰهِ الَّتِيْ قَدْ خَلَتْ مِنْ قَبْلُ ۚ وَلَنْ تَجِدَ لِسُنَّةِ اللّٰهِ تَبْدِيْلًا ۞ وَهُوَ الَّذِيْ كَفَّ اَيْدِيَهُمْ عَنْكُمْ وَاَيْدِيَكُمْ

He rewarded them with a speedy Victory;

'athâbahum Fat-han-qarîbâ;

19. And many gains will they acquire (besides): and Allâh is Exalted in Power, Full of Wisdom.

19. Wa maghânima kathîratany-ya'-khuzûnahâ: wa kânallâhu 'Azîzan Hakîmâ.

20. Allâh has promised you many gains that ye shall acquire, and He has given you these beforehand; and He has restrained the hands of men from you; that it may be a Sign for the Believers, and that He may guide you to a Straight Path;

20. Wa-'adakumullâhu maghânima kathîratan takhuzû-nahâ fa-'ajjala lakum hâzihî wa kaffa 'aydiyannâsi 'an-kum; wa litakûna 'Aayatal-lil-Mu'minîna wa yahdiyakum Sirâtam-Mustaqîmâ;

21. And other gains (there are), which are not within your power, but which Allâh has compassed and Allâh has power over all things.

21. Wa 'ukhrâ lam taqdirû 'alayhâ qad 'ahâtallâhu bi-hâ: wa kânallâhu 'alâ kulli shay-'in-Qadîrâ.

22. If the Unbelievers should fight you, they would certainly turn their backs; then would they find neither protector nor helper.

22. Wa law qâtalakumullazînakafarû lawalla-wul-'adbâra summa lâ yajidûna waliyyanw-wa lâ nasîrâ.

23. (Such has been) the practice of Allâh already in the past; no change wilt thou find in the practice of Allâh.

23. Sunnatallâhillatî qad khalat min-qablu wa lan-tajida li-Sunnatillâhi tabdîlâ.

24. And it is He Who has restrained their hands from you and your hands

24. Wa Huwallazî kaffa 'aydiyahum 'ankum wa 'aydiyakum

عَنْهُمْ بِبَطْنِ مَكَّةَ مِنْ بَعْدِ أَنْ أَظْفَرَكُمْ عَلَيْهِمْ ۚ وَكَانَ اللَّهُ بِمَا تَعْمَلُونَ بَصِيرًا ۝ هُمُ الَّذِينَ كَفَرُوا وَصَدُّوكُمْ عَنِ الْمَسْجِدِ الْحَرَامِ وَالْهَدْيَ مَعْكُوفًا أَنْ يَبْلُغَ مَحِلَّهُ ۚ وَلَوْلَا رِجَالٌ مُؤْمِنُونَ وَنِسَاءٌ مُؤْمِنَاتٌ لَمْ تَعْلَمُوهُمْ أَنْ تَطَئُوهُمْ فَتُصِيبَكُمْ مِنْهُمْ مَعَرَّةٌ بِغَيْرِ عِلْمٍ ۖ لِيُدْخِلَ اللَّهُ فِي رَحْمَتِهِ مَنْ يَشَاءُ ۚ لَوْ تَزَيَّلُوا لَعَذَّبْنَا الَّذِينَ كَفَرُوا مِنْهُمْ عَذَابًا أَلِيمًا ۝ إِذْ جَعَلَ الَّذِينَ كَفَرُوا فِي قُلُوبِهِمُ الْحَمِيَّةَ حَمِيَّةَ الْجَاهِلِيَّةِ فَأَنْزَلَ اللَّهُ سَكِينَتَهُ عَلَىٰ رَسُولِهِ وَعَلَى الْمُؤْمِنِينَ وَأَلْزَمَهُمْ كَلِمَةَ

from them in the valley of Makkah, after that He gave you the victory over them. And Allâh sees well all that ye do.

'anhum bi-batni Makkata mim-ba'-di'an 'azfarakum 'alay-him. Wa kânallâhu bimâ ta'-malûna Basîrâ.

25. They are the ones who disbelieved and hindered you from the Sacred Mosque and the sacrificial animals, detained from reaching their place of sacrifice, Had there not been believing men and believing women whom ye did not know that ye were trampling down and on whose account a guilt would have accrued to you without (your) knowledge, (Allâh would have allowed you to force your way, but he had back your hands) that He may admit to His Mercy whom He will. If they had been apart, We should certainly have punished the Unbelievers among them with a grievous Punishment.

25. Humullazîna kafarûwa saddûkum 'anil-Masjidil-Ha-râmi wal-hadya ma'-kûfan 'any-yablugha mahillah. Wa law lârijâlum-Mu'-minûna wa nisâ-'um-Mu'-minâtul-lam ta'-lamûhum 'an-tata-'ûhum fatusîbakum-minhum-ma-'arratum-bi-ghayri 'ilm, li-yudkhilallâhu fî Rahmatihî many-yashâ'. Law tazayyalû la-'azzaballazîna kafarû minhum 'azâban 'alîmâ.

26. While the Unbelievers got up in their hearts heat and cant—the heat and cant of Ignorance,—Allâh sent down His Tranquillity to His Messenger and to the Believers, and made them stick close to the command of

26. 'Iz ja-'alallazîna kafarû fî qulûbihimul-hamiyyata Hamiyyatal-Jâhi-liyyati fa-'anzalallâhu Sakînatahû 'alâ Rasûlihî wa'alal-Mu'-minîna wa 'alzamahum kali-matat-

التَّقْوَىٰ وَكَانُوٓا۟ أَحَقَّ بِهَا وَأَهْلَهَا وَكَانَ اللَّهُ بِكُلِّ شَىْءٍ عَلِيمًا ۝ لَقَدْ صَدَقَ اللَّهُ رَسُولَهُ الرُّءْيَا بِالْحَقِّ لَتَدْخُلُنَّ الْمَسْجِدَ الْحَرَامَ إِن شَآءَ اللَّهُ ءَامِنِينَ مُحَلِّقِينَ رُءُوسَكُمْ وَمُقَصِّرِينَ لَا تَخَافُونَ فَعَلِمَ مَا لَمْ تَعْلَمُوا۟ فَجَعَلَ مِن دُونِ ذَٰلِكَ فَتْحًا قَرِيبًا ۝ هُوَ الَّذِىٓ أَرْسَلَ رَسُولَهُۥ بِالْهُدَىٰ وَدِينِ الْحَقِّ لِيُظْهِرَهُۥ عَلَى الدِّينِ كُلِّهِۦ وَكَفَىٰ بِاللَّهِ شَهِيدًا ۝ مُّحَمَّدٌ رَّسُولُ اللَّهِ وَالَّذِينَ مَعَهُۥٓ أَشِدَّآءُ عَلَى الْكُفَّارِ رُحَمَآءُ بَيْنَهُمْ تَرَىٰهُمْ رُكَّعًا سُجَّدًا يَبْتَغُونَ فَضْلًا مِّنَ اللَّهِ وَرِضْوَٰنًا

self-restraint; and well were they entitled to it and worthy of it. And Allâh has full knowledge of all things.

taqwâ wa kânû 'ahaqqa bihâ wa 'ahlahâ. Wakânallâhu bi-kulli shay-'in 'Alîmâ.

7. Truly did Allâh fulfil the vision for His Messenger: ye shall enter the Sacred Mosque, if Allâh wills, with minds secure, heads shaved, hair cut short, and without fear. For He knew what ye knew not, and He granted, besides this, a speedy victory.

27. Laqad sadaqallâhu Rasûlahur-ru'-yâ bil-haqq: latad-khulunnal-Masjidal-Harâma 'in-shâ-'allâhu 'aaminîna muhalliqîna ru-'ûsakum wa muqassirîna lâtakhâfûn. Fa-'alima mâ lamta'-lamûfaja-'ala min-dûni zâlika fat-han-qarîbâ.

28. It is He Who has sent His Messenger with Guidance and the Religion of Truth, to make it prevail over all religion: and enough is Allâh for a Witness.

28. Huwallazî 'arsala Rasûlahû bil-Hudâ wa Dînil-Haqqi liyuzhirahû-'alad-dîni kullih: wa kafâ billâhi Shahîdâ.

29. Muhammad is the Messenger of Allâh; and those who are with him are strong against Unbelievers, (but) compassionate amongst each other. Thou wilt see them bow and prostrate themselves (in prayer), seeking Grace from Allâh and (His) Good Pleasure.

29. Muhammadur-Rasûlul-lâh: wallazîna ma-'ahû 'a-shid-dâ-'u 'alal-kuffâri ruhamâ-'u baynahum tarâhum rukka-'an-sujjadany-yabtaghû-na Fadhlam-minallâhi wa Ridhwânâ.

سِيمَاهُمْ فِي وُجُوهِهِم مِّنْ أَثَرِ السُّجُودِ ۚ ذَٰلِكَ مَثَلُهُمْ فِي التَّوْرَاةِ ۚ وَمَثَلُهُمْ فِي الْإِنجِيلِ كَزَرْعٍ أَخْرَجَ شَطْأَهُ فَآزَرَهُ فَاسْتَغْلَظَ فَاسْتَوَىٰ عَلَىٰ سُوقِهِ يُعْجِبُ الزُّرَّاعَ لِيَغِيظَ بِهِمُ الْكُفَّارَ ۗ وَعَدَ اللَّهُ الَّذِينَ آمَنُوا وَعَمِلُوا الصَّالِحَاتِ مِنْهُم مَّغْفِرَةً وَأَجْرًا عَظِيمًا ۝

سُورَةُ الرَّحْمَٰنِ مَدَنِيَّةٌ

بِسْمِ اللَّهِ الرَّحْمَٰنِ الرَّحِيمِ

الرَّحْمَٰنُ ۝ عَلَّمَ الْقُرْآنَ ۝ خَلَقَ الْإِنسَانَ ۝ عَلَّمَهُ الْبَيَانَ ۝ الشَّمْسُ وَالْقَمَرُ بِحُسْبَانٍ ۝ وَالنَّجْمُ وَالشَّجَرُ يَسْجُدَانِ ۝

On their faces are their marks, (being) the traces of their prostration. This is their similitude in the Taurât; and their similitude in the Gospel is: Like a seed which sends forth its blade, then makes it strong; it then becomes thick, and it stands on its own stem, (filling) the sowers with wonder and delight. As a result, it fills the Unbelievers with rage at them. Allâh has promised those among them who believe and do righteous deeds forgiveness, and a great Reward.

Sîmâhum fî wujûhihim-min 'atharis-sujûd. Zâlika mathaluhum fit- Tawrâti wa mathaluhum fil-'Injîl: kazar'in 'akhraja shat-'ahû fa'âzarahû fastaghlaza fastawâ 'alâ sûqihî yu'-jibuz-zurrâ 'a liyaghîza bihimul-kuffâr. Wa-'adallâ-hullazîna 'âmanû wa 'amilus-sâlihâti minhum-Maghfiratanw-wa 'Ajran 'azîmâ.

SÛRAH AR-RAHMÂN

Bismillâhir-Rahmânir-Rahîm
In the Name of Allâh, Most Gracious, Most Merciful.

Translation

1. The Most Gracious!
2. It is He Who has taught the Qur'ân.
3. He has created man:
4. He has taught him an intelligent speech.
5. The sun and the moon follow courses (exactly) computed;
6. And the herbs and the trees—both (alike) bow in adoration.

Transliteration

1. 'Ar-Rahmânu
2. 'Allamal-Qur'ân.
3. Khalaqal-'insân
4. 'Allamahul-bayân.
5. 'Ash-shamsu wal-qamaru bihusbân;
6. Wan-najmu wash-shajaru yasjudân.

وَالسَّمَآءَ رَفَعَهَا وَوَضَعَ الْمِيزَانَ ۙ أَلَّا تَطْغَوْا فِى الْمِيزَانِ ۟ وَأَقِيمُوا الْوَزْنَ بِالْقِسْطِ وَلَا تُخْسِرُوا الْمِيزَانَ ۟ وَالْأَرْضَ وَضَعَهَا لِلْأَنَامِ ۟ فِيهَا فَاكِهَةٌ وَّالنَّخْلُ ذَاتُ الْأَكْمَامِ ۟ وَالْحَبُّ ذُو الْعَصْفِ وَالرَّيْحَانُ ۟ فَبِأَىِّ آلَاءِ رَبِّكُمَا تُكَذِّبَانِ ۟ خَلَقَ الْإِنْسَانَ مِنْ صَلْصَالٍ كَالْفَخَّارِ ۟ وَخَلَقَ الْجَانَّ مِنْ مَّارِجٍ مِّنْ نَّارٍ ۟ فَبِأَىِّ آلَاءِ رَبِّكُمَا تُكَذِّبَانِ ۟ رَبُّ الْمَشْرِقَيْنِ وَرَبُّ الْمَغْرِبَيْنِ ۟ فَبِأَىِّ آلَاءِ رَبِّكُمَا تُكَذِّبَانِ ۟ مَرَجَ الْبَحْرَيْنِ يَلْتَقِيَانِ ۟ بَيْنَهُمَا بَرْزَخٌ لَّا يَبْغِيَانِ ۟

7. And the Firmament has He raised high, and He has set up the Balance (of Justice),	7. Was-Samâ-'a rafa'ahâ wa wadha-'al-Mîzân.
8. In order that ye may not transgress (due) balance.	8. 'Allâ tat-ghaw fil-mîzân.
9. So establish weight with justice and fall not short in the balance.	9. Wa'aqîmul-wazna bil-qisti wa lâ tukh-sirul-mîzân.
10. It is He Who has spread out the earth for (His) creatures:	10. Wal-'ardha wadha-'ahâ lil-'anâm:
11. Therein is fruit and datepalms, producing spathes (enclosing dates);	11. Fîhâ fâkihatunw-wan-nakhlu zâtul-'akmâm;
12. Also corn, with (its) leaves and stalk for fodder, and sweet-smelling plants.	12. Wal-habbu zul-'asfi war-rayhân.
13. Then which of the favours of your Lord will ye deny?	13. Fabi-'ayyi 'âlâ-'i Rabbikumâ tukazzibân?
14. He created man from sounding clay like unto pottery,	14. Khalaqal-'insâna min salsâlin-kal-fakh-khâr,
15. And He created Jinns from fire free of smoke:	15. Wa khalaqal-Jânna mim-mârijim-min-Nâr:
16. Then which of the favours of your Lord will ye deny?	16. Fabi-'ayyi 'âlâ-'i Rabbikumâ tukazzibân?
17. (He is) Lord of the two Easts and Lord of the two Wests:	17. Rabbul-Mashri-qayni wa Rabbul-Maghribayn:
18. Then which of the favours of your Lord will ye deny?	18. Fabi-'ayyi 'âlâ-i Rabbikumâ tukazzibân?
19. He has let free the two Seas meeting together:	19. Marajal-bah-rayni yal-taqiyân:
20. Between them is a Barrier which they do not transgress:	20. Baynahumâ Barzakhullâ yabghi-yân:

فَبِأَىِّ اٰلَاۤءِ رَبِّكُمَا تُكَذِّبٰنِ ۞ يَخْرُجُ مِنْهُمَا اللُّؤْلُؤُ وَالْمَرْجَانُ ۞ فَبِأَىِّ اٰلَاۤءِ رَبِّكُمَا تُكَذِّبٰنِ ۞ وَلَهُ الْجَوَارِ الْمُنْشَئَاتُ فِى الْبَحْرِ كَالْاَعْلَامِ ۞ فَبِأَىِّ اٰلَاۤءِ رَبِّكُمَا تُكَذِّبٰنِ ۞ كُلُّ مَنْ عَلَيْهَا فَانٍ ۞ وَيَبْقٰى وَجْهُ رَبِّكَ ذُو الْجَلَالِ وَالْاِكْرَامِ ۞ فَبِأَىِّ اٰلَاۤءِ رَبِّكُمَا تُكَذِّبٰنِ ۞ يَسْئَلُهُ مَنْ فِى السَّمٰوٰتِ وَالْاَرْضِ ۚ كُلَّ يَوْمٍ هُوَ فِىْ شَأْنٍ ۞ فَبِأَىِّ اٰلَاۤءِ رَبِّكُمَا تُكَذِّبٰنِ ۞ سَنَفْرُغُ لَكُمْ اَيُّهَ الثَّقَلٰنِ ۞ فَبِأَىِّ اٰلَاۤءِ رَبِّكُمَا تُكَذِّبٰنِ ۞ يٰمَعْشَرَ الْجِنِّ وَالْاِنْسِ اِنِ اسْتَطَعْتُمْ اَنْ تَنْفُذُوْا مِنْ اَقْطَارِ

21. Then which of the favours of your Lord will ye deny?

21. Fabi-'ayyi 'âlâ-'i Rabbikumâ tukazzibân?

22. Out of them come Pearls and Coral:

22. Yakhruju minhumal-Lu'-lu- 'u wal-Marjân:

23. Then which of the favours of your Lord will ye deny?

23. Fabi-'ayyi 'âlâ-'i Rabbikumâ tukazzibân?

24. And His are the Ships sailing smoothly through the seas, lofty as mountains:

24. Walahul-Jawâril-munsha-'âtu fil-bahri kal-'a'-lâm:

25. Then which of the favours of your Lord will ye deny?

25. Fabi-'ayyi 'âlâ-'i Rabbikumâ tukazzibân?

26. All that is on earth will perish:

26. Kullu man 'alay-hâ fân:

27. But will abide (for ever) the Face of thy Lord,— full of Majesty, Bounty and Honour.

27. Wa yabqâ Wajhu Rabbika Zul-Jalâli wal-'Ikrâm.

28. Then which of the favours of your Lord will ye deny?

28. Fabi-'ayyi 'âlâ-'i Rabbikumâ tukazzibân?

29. Of Him seeks (its need) every creature in the heavens and on earth: every day in (new) Splendour doth He (shine)!

29. Yas-'aluhû man-fis-samâ-wâti wal-ardh: kulla Yawmin Huwa fî sha'-n!

30. Then which of the favours of your Lord will ye deny?

30. Fabi-'ayyi 'âlâ-'i Rabbikumâ tukazzibân?

31. Soon shall We settle your affairs, O both ye worlds!

31. Sanafrughu lakum 'ayyuhas-saqalân!

32. Then which of the favours of your Lord will ye deny?

32. Fabi-'ayyi 'âlâ-'i Rabbikumâ tukazzibân?

33. O ye assembly of Jinns and men! If it be ye can pass beyond the zones of

33. Yâ-Ma'-sharal-jinni wal-'insi 'inistata'-tum 'an tanfuzû min 'aqtâris-

السَّمٰوٰتِ وَالْاَرْضِ فَانْفُذُوْا ۚ لَا تَنْفُذُوْنَ اِلَّا بِسُلْطٰنٍ ۞ فَبِاَيِّ اٰلَآءِ رَبِّكُمَا تُكَذِّبٰنِ ۞ يُرْسَلُ عَلَيْكُمَا شُوَاظٌ مِّنْ نَّارٍ ۙ وَّنُحَاسٌ فَلَا تَنْتَصِرٰنِ ۞ فَبِاَيِّ اٰلَآءِ رَبِّكُمَا تُكَذِّبٰنِ ۞ فَاِذَا انْشَقَّتِ السَّمَآءُ فَكَانَتْ وَرْدَةً كَالدِّهَانِ ۞ فَبِاَيِّ اٰلَآءِ رَبِّكُمَا تُكَذِّبٰنِ ۞ فَيَوْمَئِذٍ لَّا يُسْئَلُ عَنْ ذَنْۢبِهٖٓ اِنْسٌ وَّلَا جَآنٌّ ۞ فَبِاَيِّ اٰلَآءِ رَبِّكُمَا تُكَذِّبٰنِ ۞ يُعْرَفُ الْمُجْرِمُوْنَ بِسِيْمٰهُمْ فَيُؤْخَذُ بِالنَّوَاصِيْ وَالْاَقْدَامِ ۞ فَبِاَيِّ اٰلَآءِ رَبِّكُمَا تُكَذِّبٰنِ ۞ هٰذِهٖ جَهَنَّمُ الَّتِيْ يُكَذِّبُ بِهَا الْمُجْرِمُوْنَ ۞

the heavens and the earth, pass ye! Not without authority shall ye be able to pass!

34. Then which of the favours of your Lord will ye deny?

35. On you will be sent (O ye evil ones twain!) a flame of fire (to burn) and a (flash of) molten brass no defence will ye have:

36. Then which of the favours of your Lord will ye deny?

37. When the sky is rent asunder, and it becomes red like ointment:

38. Then which of the favours of your Lord will ye deny?

39. On that Day no question will be asked of man or Jinn as to his sin,

40. Then which of the favours of your Lord will ye deny?

41. (For) the sinners will be known by their Marks: and they will be seized by their forelocks and their feet.

42. Then which of the favours of your Lord will ye deny?

43. This is the Hell which the Sinners deny:

samâwâti wal-'ardhi fanfuzû! lâ tanfuzûna 'illâ bisul-tân!

34. Fabi-'ayyi 'âlâ-'i Rabbikumâ tukazzibân?

35. Yursalu 'alaykumâ shuwâzum-min-nârinw-wa nu-hâsun-falâ tantasirân:

36. Fabi-'ayyi 'âlâ-'i Rabbikumâ tukazzibân?

37. Fa-'izan-shaqqatis-samâ-'u fakânat wardatan-kad-dihân:

38. Fabi-'ayyi 'âlâ-'i Rabbikumâ tukazzibân?

39. Fayawma-'izil-lâ yus-'alu 'an-zambihî 'insunw-wa lâ jânn,–

40. Fabi-'ayyi 'âlâ-'i Rabbikumâ tukazzibân?

41. Yu'-raful-mujrimûna bi-sîmâhum fa-yu'-khazu bin-nawâsî wal-'aqdâm:

42. Fabi-'ayyi 'âlâ-'i Rabbikumâ tukazzibân?

43. Hâzihî Jahannamullatî yukazzibu bihal-mujrimûn:

يَطُوفُونَ بَيْنَهَا وَبَيْنَ حَمِيمٍ اٰنٍ ۝

فَبِأَيِّ اٰلَاۤءِ رَبِّكُمَا تُكَذِّبٰنِ ۝

وَلِمَنْ خَافَ مَقَامَ رَبِّهٖ جَنَّتٰنِ ۝

فَبِأَيِّ اٰلَاۤءِ رَبِّكُمَا تُكَذِّبٰنِ ۝

ذَوَاتَاۤ أَفْنَانٍ ۝

فَبِأَيِّ اٰلَاۤءِ رَبِّكُمَا تُكَذِّبٰنِ ۝

فِيْهِمَا عَيْنٰنِ تَجْرِيٰنِ ۝

فَبِأَيِّ اٰلَاۤءِ رَبِّكُمَا تُكَذِّبٰنِ ۝

فِيْهِمَا مِنْ كُلِّ فَاكِهَةٍ زَوْجٰنِ ۝

فَبِأَيِّ اٰلَاۤءِ رَبِّكُمَا تُكَذِّبٰنِ ۝

مُتَّكِئِيْنَ عَلٰى فُرُشٍ بَطَائِنُهَا مِنْ اِسْتَبْرَقٍ ۚ وَجَنَا الْجَنَّتَيْنِ دَانٍ ۝

44. In its midst and in the midst of boiling hot water will they wander round!

44. Yatûfûna baynahâ wa bayna hamîmin 'ân!

45. Then which of the favours of your Lord will ye deny?

45. Fabi-'ayyi 'âlâ-'i Rabbikumâ tukazzibân? (Section 3)

46. But for such as fear the time when they will stand before (the Judgement Seat of) their Lord, there will be two Gardens—

46. Wa liman khâfa maqâma Rabbihî Jannatân,-

47. Then which of the favours of your Lord will ye deny?—

47. Fabi-'ayyi 'âlâ-'i Rabbikumâ tukazzibân?

48. Abounding in branches,—

48. Zawâtâ 'afnân:-

49. Then which of the favours of your Lord will ye deny?—

49. Fabi-'ayyi 'âlâ-'i Rabbikumâ tukazzibân?

50. In them (each) will be two Spring flowing (free):

50. Fîhimâ 'aynâni tajriyân:-

51. Then which of the favours of your Lord will ye deny?—

51. Fabi-'ayyi 'âlâ-'i Rabbikumâ tukazzibân?

52. In them will be Fruits of every kind, two and two.

52. Fîhimâ min-kulli fâkihatin-zawjân.

53. Then which of the favours of your Lord will ye deny?

53. Fabi-'ayyi 'âlâ-'i Rabbikumâ tukazzibân?

54. They will recline on Carpets, whose-inner linings will be of rich brocade: the Fruit of the Gardens will be near (and easy of reach).

54. Muttaki-'îna 'alâ furushim-batâ-'inuhâ min 'istabraq: wajanal-jannatayni dân.

سورة الرحمن

فَبِأَيِّ آلَاءِ رَبِّكُمَا تُكَذِّبَانِ ۝

فِيهِنَّ قَاصِرَاتُ الطَّرْفِ لَمْ يَطْمِثْهُنَّ إِنسٌ قَبْلَهُمْ وَلَا جَانٌّ ۝

فَبِأَيِّ آلَاءِ رَبِّكُمَا تُكَذِّبَانِ ۝

كَأَنَّهُنَّ الْيَاقُوتُ وَالْمَرْجَانُ ۝

فَبِأَيِّ آلَاءِ رَبِّكُمَا تُكَذِّبَانِ ۝

هَلْ جَزَاءُ الْإِحْسَانِ إِلَّا الْإِحْسَانُ ۝

فَبِأَيِّ آلَاءِ رَبِّكُمَا تُكَذِّبَانِ ۝

وَمِن دُونِهِمَا جَنَّتَانِ ۝

فَبِأَيِّ آلَاءِ رَبِّكُمَا تُكَذِّبَانِ ۝

مُدْهَامَّتَانِ ۝

فَبِأَيِّ آلَاءِ رَبِّكُمَا تُكَذِّبَانِ ۝

55. Then which of the favours of your Lord will ye deny?	55. Fabi-'ayyi 'âlâ-'i Rabbikumâ tukazzibân?
56. In them will be (Maidens), chaste restraining their glances, whom no man or Jinn before them has touched;—	56. Fîhinna qâsirâtut-tarfi-lam yatmith-hunna 'insunqabla-hum wa lâ jânn;–
57. Then which of the favours of your Lord will ye deny?	57. Fabi-'ayyi 'âlâ-'i Rabbikumâ tukazzibân?
58. Like unto rubies and coral.	58. Ka-'anna-hunnal-yâqûtu wal-marjân.
59. Then which of the favours of your Lord will ye deny?	59. Fabi-'ayyi 'âlâ-'i Rabbikumâ tukazzibân?
60. Is there any Reward for Good other than Good?	60. Hal-Jazâ-ul-'Ihsâni 'illal-'Ihsân?
61. Then which of the favours of your Lord will ye deny?	61. Fabi-ayyi 'âlâ-'i Rabbikumâ tukazzibân?
62. And besides these two, there are two other Gardens,—	62. Wa min-dûnihimâ Jannatân,–
63. Then which of the favours of your Lord will ye deny?–	63. Fabi-'ayyi 'âlâ-'i Rabbikumâ tukazzibân?
64. Dark-green in colour (from plentiful watering).	64. Mud-hâm-matân.
65. Then which of the favours of your Lord will ye deny?	65. Fabi-'ayyi 'âlâ-'i Rabbikumâ tukazzibân?

فِيهِمَا عَيْنَانِ نَضَّاخَتَانِ ۝ فَبِأَيِّ آلَاءِ رَبِّكُمَا تُكَذِّبَانِ ۝ فِيهِمَا فَاكِهَةٌ وَّنَخْلٌ وَّرُمَّانٌ ۝ فَبِأَيِّ آلَاءِ رَبِّكُمَا تُكَذِّبَانِ ۝ فِيهِنَّ خَيْرَاتٌ حِسَانٌ ۝ فَبِأَيِّ آلَاءِ رَبِّكُمَا تُكَذِّبَانِ ۝ حُورٌ مَّقْصُورَاتٌ فِي الْخِيَامِ ۝ فَبِأَيِّ آلَاءِ رَبِّكُمَا تُكَذِّبَانِ ۝ لَمْ يَطْمِثْهُنَّ إِنْسٌ قَبْلَهُمْ وَلَا جَانٌّ ۝ فَبِأَيِّ آلَاءِ رَبِّكُمَا تُكَذِّبَانِ ۝ مُتَّكِئِينَ عَلَىٰ رَفْرَفٍ خُضْرٍ وَّعَبْقَرِيٍّ حِسَانٍ ۝ فَبِأَيِّ آلَاءِ رَبِّكُمَا تُكَذِّبَانِ ۝ تَبَارَكَ اسْمُ رَبِّكَ ذِي الْجَلَالِ وَالْإِكْرَامِ ۝

66. In them (each) will be two Springs pouring forth water in continuous abundance:	66. Fîhimâ'aynâni na<u>dhdh</u>â-khatân:
67. Then which of the favours of your Lord will ye deny?	67. Fabi-'ayyi 'âlâ-'i Rabbikumâ tukazzibân?
68. In them will be Fruits, and dates and pomegranates:	68. Fîhimâ fâkihatunw-wa nakhlunw-wa rummân:
69. Then which of the favours of your Lord will ye deny?	69. Fabi-'ayyi 'âlâ-'i Rabbikumâ tukazzibân?
70. In them will be fair (Maidens), good, beautiful;—	70. Fîhinna khay-râtun hisân;–
71. Then which of the favours of your Lord will ye deny?—	71. Fabi-'ayyi 'âlâ-'i Rabbikumâ tukazzibân?
72. Maidens restrained (as to their glances), in (goodly) pavilions:—	72. Hûrum-maq-sûrâtun-fil-khiyâm;–
73. Then which of the favours of your Lord will ye deny?—	73. Fabi-'ayyi 'âlâ-'i Rabbikumâ tukazzibân?
74. Whom no man or Jinn before them has touched;—	74. Lam yatmi<u>th</u>-hunna 'insun-qablahum wa lâ jânn;
75. Then which of the favours of your Lord will ye deny?–	75. Fabi-'ayyi 'âlâ-'i Rabbikumâ tukazzibân?
76. Reclining on green Cushions and rich Carpets of beauty.	76. Muttaki-.îna 'alâ raf-rafin khuzrinw-wa 'ab-qariy-yin hisân.
77. Then which of the favours of your Lord will ye deny?	77. Fabi-'ayyi 'âlâ-'i Rabbikumâ tukazzibân?
78. Blessed be the Name of thy Lord, Full of Majesty, Bounty and Honour.	78. Tabârakas-mu Rabbika Zil-Jalâli wal-'Ikrâm.

سُورَةُ الْوَاقِعَةِ مَكِّيَّةٌ

بِسْمِ اللَّهِ الرَّحْمَٰنِ الرَّحِيمِ

إِذَا وَقَعَتِ الْوَاقِعَةُ ۝١ لَيْسَ لِوَقْعَتِهَا كَاذِبَةٌ ۝٢ خَافِضَةٌ رَّافِعَةٌ ۝٣ إِذَا رُجَّتِ الْأَرْضُ رَجًّا ۝٤ وَبُسَّتِ الْجِبَالُ بَسًّا ۝٥ فَكَانَتْ هَبَاءً مُّنْبَثًّا ۝٦ وَكُنْتُمْ أَزْوَاجًا ثَلَاثَةً ۝٧ فَأَصْحَابُ الْمَيْمَنَةِ مَا أَصْحَابُ الْمَيْمَنَةِ ۝٨ وَأَصْحَابُ الْمَشْأَمَةِ مَا أَصْحَابُ الْمَشْأَمَةِ ۝٩ وَالسَّابِقُونَ السَّابِقُونَ ۝١٠ أُولَٰئِكَ الْمُقَرَّبُونَ ۝١١ فِي جَنَّاتِ النَّعِيمِ ۝١٢ ثُلَّةٌ مِّنَ الْأَوَّلِينَ ۝١٣ وَقَلِيلٌ مِّنَ الْآخِرِينَ ۝١٤ عَلَىٰ سُرُرٍ مَّوْضُونَةٍ ۝١٥

SÛRAH AL-WÂQI'AH

Bismillahir-Rahmânir-Rahîm
In the Name of Allâh, Most Gracious, Most Merciful.

Translation	Transliteration
1. When the Event Inevitable cometh to pass,	1. 'Izâ waqa-'atil-Qâqi'ah,
2. Then will no (soul) deny its coming.	2. Laysa li-waq-'atihâ kâzibah.
3. (Many) will it bring low; (many) will it exalt;	3. Khâfidhatur-Râfi-'ah;
4. When the earth shall be shaken to its depths,	4. 'Izâ rujjatil-'ardhu rajjâ,
5. And the mountains shall be crumbled to atoms,	5. Wa bussatil-jibâlu bassâ,
6. Becoming dust scattered abroad,	6. Fakânat habâ-'am-mumbath-thâ,
7. And ye shall be sorted out into three classes.	7. Wa kuntum 'azwâjan thalâthah.
8. Then (there will be) the Companions of the Right Hand;—what will be the Companions of the Right Hand?	8. Fa-'As-hâbul-May-manah; Mâ 'As-hâbul-May-manah?
9. And the Companions of the Left Hand,— what will be the Companions of the Left Hand!	9. Wa'As-hâbul-mash-'amah,– Mâ 'As-hâbul-Mash-'amah?
10. And those Foremost (in Faith) will be foremost (in the Hereafter).	10. Was-Sâbiqûnas Sâbiqûn.
11. These will be those Nearest to Allâh:	11. 'Ulâ-'ikal-Muqarrabûn:
12. In Gardens of Bliss:	12. Fî Jannâtin-Na-'îm:
13. A number of people from those of old,	13. Sullatum-minal-'awwalîn,
14. And a few from those of later times.	14. Wa qalîlum-minal-'âkhirîn.
15. (They will be) on couches encrusted (with gold and precious stones),	15. 'Alâ sururim-maw-zûnah,

مُّتَّكِئِينَ عَلَيْهَا مُتَقَابِلِينَ ۝ يَطُوفُ عَلَيْهِمْ وِلْدَانٌ مُّخَلَّدُونَ ۝ بِأَكْوَابٍ وَّأَبَارِيقَ ۙ وَكَأْسٍ مِّن مَّعِينٍ ۝ لَّا يُصَدَّعُونَ عَنْهَا وَلَا يُنزِفُونَ ۝ وَفَاكِهَةٍ مِّمَّا يَتَخَيَّرُونَ ۝ وَلَحْمِ طَيْرٍ مِّمَّا يَشْتَهُونَ ۝ وَحُورٌ عِينٌ ۝ كَأَمْثَالِ اللُّؤْلُؤِ الْمَكْنُونِ ۝ جَزَآءً بِمَا كَانُوا يَعْمَلُونَ ۝ لَا يَسْمَعُونَ فِيهَا لَغْوًا وَّلَا تَأْثِيمًا ۝ إِلَّا قِيلًا سَلَامًا سَلَامًا ۝ وَأَصْحَابُ الْيَمِينِ ۙ مَا أَصْحَابُ الْيَمِينِ ۝ فِي سِدْرٍ مَّخْضُودٍ ۝ وَّطَلْحٍ مَّنضُودٍ ۝ وَّظِلٍّ مَّمْدُودٍ ۝ وَّمَاءٍ مَّسْكُوبٍ ۝ وَفَاكِهَةٍ كَثِيرَةٍ ۝ لَّا مَقْطُوعَةٍ وَّلَا مَمْنُوعَةٍ ۝

16. Reclining on them, facing each other.
16. Muttaki-'îna 'alay-hâ mutaqâbilîn.
17. Round about them will (serve) youths of perpetual (freshness),
17. Yatûfu 'alay-him wildânum-mukhalla-dûn
18. With goblets, (shining) beakers, and cups (filled) out of clear-flowing fountains:
18. Bi-'akwâbinw-wa 'abârîqa, wa ka'-sim-mim-ma-'în:
19. No after-ache will they receive therefrom, nor will they suffer intoxication:
19. Lâyusadda-'ûna 'anhâ wa lâ yunzifûn:
20. And with fruits, any that they may select:
20. Wa fâki-hatim-mimmâ yata-khayya-rûn;
21. And the flesh of fowls, any that they may desire.
21. Wa lahmi tayrim-mimmâ yashta-hûn.
22. And (there will be) Companions with beautiful, big, and lustrous eyes,—
22. Wa hûrun 'în,–
23. Like unto Pearls well-guarded.
23. Ka-'amthâlil-lu'-lu-'il-maknûn.
24. A Reward for the Deeds of their past (Life).
24. Jazâ-'am-bimâ kânû ya'-malûn.
25. No frivolity will they hear therein, nor any Mischief,—
25. Lâ Yasma-'ûna fîhâ lagh-wanw-wa lâ ta'-thîmâ,–
26. Only the Saying, "Peace! Peace"
26. 'Illâ qîlan-Salâman-Salâmâ.
27. The Companions of the Right Hand, — what will be the Companions of the Right Hand!
27. Wa 'As-hâbul-Yamin,–mâ 'As-hâbul-yamîn?
28. (They will be) among Lote-trees without thorns,
28. Fî sidrim-makhdhûd,–
29. Among Talh trees with flowers (or fruits) piled one above another, —
29. Wa talhim-mandhûd,–
30. In shade long-extended,
30. Wa zillim-mamdûd,
31. By water flowing constantly,
31. Wa mâ-'im-maskûb,
32. And fruit in abundance.
32. Wa fâkihatin-kathîrah,
33. Whose season is not limited, nor (supply) forbidden,
33. Lâ maq-tû-'a-tinw-Wa lâ mamnû-'ah.

وَفُرُشٍ مَّرْفُوعَةٍ ۞ إِنَّآ أَنشَأْنَٰهُنَّ إِنشَآءً ۞ فَجَعَلْنَٰهُنَّ أَبْكَارًا ۞ عُرُبًا أَتْرَابًا ۞ لِّأَصْحَٰبِ ٱلْيَمِينِ ۞ ثُلَّةٌ مِّنَ ٱلْأَوَّلِينَ ۞ وَثُلَّةٌ مِّنَ ٱلْءَاخِرِينَ ۞ وَأَصْحَٰبُ ٱلشِّمَالِ مَآ أَصْحَٰبُ ٱلشِّمَالِ ۞ فِى سَمُومٍ وَحَمِيمٍ ۞ وَظِلٍّ مِّن يَحْمُومٍ ۞ لَّا بَارِدٍ وَلَا كَرِيمٍ ۞ إِنَّهُمْ كَانُوا۟ قَبْلَ ذَٰلِكَ مُتْرَفِينَ ۞ وَكَانُوا۟ يُصِرُّونَ عَلَى ٱلْحِنثِ ٱلْعَظِيمِ ۞ وَكَانُوا۟ يَقُولُونَ أَئِذَا مِتْنَا وَكُنَّا تُرَابًا وَعِظَٰمًا أَءِنَّا لَمَبْعُوثُونَ ۞ أَوَءَابَآؤُنَا ٱلْأَوَّلُونَ ۞ قُلْ إِنَّ ٱلْأَوَّلِينَ وَٱلْءَاخِرِينَ ۞ لَمَجْمُوعُونَ إِلَىٰ مِيقَٰتِ يَوْمٍ مَّعْلُومٍ ۞

34. And on couches raised high.
35. We have created them of special creation.
36. And made them virgin-pure (and undefiled),—
37. Full of love (for their mates) equal in age,—
38. For the Companions of the Right Hand.
39. A (goodly) number from those of old,
40. And a (goodly) number from those of later times.
41. The Companions of the Left Hand,—what will be the Companions of the Left Hand!
42. (They will be) in the midst of a fierce Blast of Fire and in Boiling Water,
43. And in the shades of Black Smoke:
44. Neither cool nor refreshing:
45. For that they were wont to be indulged, before that, in sinful luxury,
46. And persisted obstinately in wickedness supreme!
47. And they used to say, "What! when we die and become dust and bones, shall we then indeed be raised up again?—
48. "(We) and our fathers of old?"
49. Say: "Yea, those of old and those of later times,
50. "All will certainly be gathered together for the meeting appointed for a Day well-known.

34. Wa furushim-marfû-'ah.
35. 'Innâ 'ansha'-nâhunna inshâ-'â,
36. Faja-'alnâ-hunna 'abkârâ,–
37. 'Uruban 'atrâbâ,
38. Li-'As-hâbil-Yamîn.
39. Thullatum-minal-'awwallîn.
40. Wa thullatum-minal-'âkhirîn
41. Wa 'As-hâbush-Shimâl,– mâ 'As-hâbush-Shimâl?
42. Fî samûminw-wa hamîm,–
43. Wa zillim-miny-yahmûm:
44. Lâ bâridinw-walâ karîm.
45. 'Innahum kânû qabla zâlika mutrafîn,
46. Wa kânû yusirrûna 'alal-hinthil-'azîm!
47. Wa kânû yaqûlûna, 'a-'izâ mitnâ wa kunnâ turâbanw-wa 'izâman 'a-'innâ lamab-'ûthûn,
48. 'Awa 'âbâ-'unal-'awwa-lûn?
49. Qul 'innal-'awwalîna wal-'âkhirîna,
50. Lamaj-mû-'ûna 'ilâ mîqâti Yawmim-ma'-lûm.

ثُمَّ إِنَّكُمْ أَيُّهَا الضَّالُّونَ الْمُكَذِّبُونَ ۝ لَآكِلُونَ مِن شَجَرٍ مِّن زَقُّومٍ ۝ فَمَالِئُونَ مِنْهَا الْبُطُونَ ۝ فَشَارِبُونَ عَلَيْهِ مِنَ الْحَمِيمِ ۝ فَشَارِبُونَ شُرْبَ الْهِيمِ ۝ هَٰذَا نُزُلُهُمْ يَوْمَ الدِّينِ ۝ نَحْنُ خَلَقْنَاكُمْ فَلَوْلَا تُصَدِّقُونَ ۝ أَفَرَأَيْتُم مَّا تُمْنُونَ ۝ أَأَنتُمْ تَخْلُقُونَهُ أَمْ نَحْنُ الْخَالِقُونَ ۝ نَحْنُ قَدَّرْنَا بَيْنَكُمُ الْمَوْتَ وَمَا نَحْنُ بِمَسْبُوقِينَ ۝ عَلَىٰ أَن نُّبَدِّلَ أَمْثَالَكُمْ وَنُنشِئَكُمْ فِي مَا لَا تَعْلَمُونَ ۝ وَلَقَدْ عَلِمْتُمُ النَّشْأَةَ الْأُولَىٰ فَلَوْلَا تَذَكَّرُونَ ۝

51. "Then will ye truly,—O ye that go wrong, and deny (the truth);	51. Thumma 'innakum 'ayyuhadh-dhâllûnal-mukazzibûn!
52. "Ye will surely taste of the Tree of Zaqqûm.	52. La-'âkilûna min-Shajarim-min-Zaqqûm.
53. "Then will ye fill your insides therewith,	53. Famâli-'ûna minhal-butûn,—
54. "And drink Boiling Water on top of it:	54. Fashâribûna 'alayhi minal-Hamîm:
55. "Indeed ye shall drink Like diseased camels raging with thirst!"	55. Fashâribûna shurbal-hîm!
56. Such will be their entertainment on the Day of Requital!	56. Hâzâ nuzuluhum Yawmad-Dîn!
57. It is We Who have created you: why will ye not admit the Truth?	57. Nahnu Khalaqnâkum falaw-lâ tusaddiqûn?
58. Do ye then see? the (human Seed) that ye emit,—	58. 'Afara-'ay-tum-mâ tumnûn?
59. Is it ye who create it, or are We the Creators?	59. 'A-'antum takhluqûna-hû 'am Nahnul-Khâliqûn?
60. We have decreed Death to be your common lot, and We are not to be frustrated,	60. Nahnu qaddarnâ bay-na-kumul-Mawta wa mâ Nahnu bimasbûqîn.
61. From changing your Forms and creating you (again) in (Forms) that ye know not.	61. 'Alâ 'an-nubaddila 'Am-thâlakum wa nun-shi-'akum fî mâ lâ ta'-lamûn.
62. And ye certainly know already the first form of creation: why then do ye not take heed?	62. Wa laqad 'alimtumun-nash'atal-'ûlâ falaw lâ tazak-karûn?

الواقعة ٥٦

أَفَرَءَيْتُم مَّا تَحْرُثُونَ ۝ ءَأَنتُمْ تَزْرَعُونَهُ أَمْ نَحْنُ الزَّارِعُونَ ۝ لَوْ نَشَاءُ لَجَعَلْنَهُ حُطَامًا فَظَلْتُمْ تَفَكَّهُونَ ۝ إِنَّا لَمُغْرَمُونَ ۝ بَلْ نَحْنُ مَحْرُومُونَ ۝ أَفَرَءَيْتُمُ الْمَاءَ الَّذِى تَشْرَبُونَ ۝ ءَأَنتُمْ أَنزَلْتُمُوهُ مِنَ الْمُزْنِ أَمْ نَحْنُ الْمُنزِلُونَ ۝ لَوْ نَشَاءُ جَعَلْنَهُ أُجَاجًا فَلَوْلَا تَشْكُرُونَ ۝ أَفَرَءَيْتُمُ النَّارَ الَّتِى تُورُونَ ۝ ءَأَنتُمْ أَنشَأْتُمْ شَجَرَتَهَا أَمْ نَحْنُ الْمُنشِئُونَ ۝ نَحْنُ جَعَلْنَهَا تَذْكِرَةً وَمَتَاعًا لِّلْمُقْوِينَ ۝ فَسَبِّحْ بِاسْمِ رَبِّكَ الْعَظِيمِ ۝ فَلَا أُقْسِمُ بِمَوَاقِعِ النُّجُومِ ۝

63. See ye the seed that ye sow in the ground?
63. 'Afara-'aytum-mâ tahru<u>th</u>ûn?

64. Is it ye that cause it to grow, or are We the Cause?
64. 'A-'antum tazra-'ûnahû 'am Nahnuz-zâri-'ûn?

65. Were it Our Will, We could make it broken orts. And ye would be left in wonderment,
65. Law nashâ-'u laja-'al nâhu hutâman-fa-<u>z</u>al-tum tafakkahûn:

66. (Saying), "We are indeed Left with debts (for nothing):
66. 'Innâ lamughramûn:

67. "Indeed we are deprived".
67. Bal nahnu mahrûmûn.

68. See ye the water which ye drink?
68. 'Afara-'ay-tumul-mâ-'allazî tashrabûn?

69. Do ye bring it Down (in rain) from the Cloud or do We?
69. 'A-'antum 'anzal-tumûhu minal-muzni 'am Nahnul-mun-zilûn?

70. Were it Our Will, We could make it Saltish (and unpalatable): then why do ye not give thanks?
70. Law nashâ-'u ja'alnâhu 'ujâjan-falaw lâ tash-kurûn?

71. See ye the Fire which ye kindle?
71. 'Afara-'ay-tumun-nâral latî tûrûn?

72. Is it ye who grow the tree which feeds the fire, or do We grow it?
72. 'A-'antum 'ansha'-tum shajaratahâ 'am Nahnul-mun-shi-ûn?

73. We have made it a reminder and an article of comfort and convenience for the denizens of deserts.
73. Nahnu ja-'alnâhâ tazkiratanw-wa matâ-'al-lil-muq-wîn.

74. Then glorify the Name of thy Lord, the Supreme!
74. Fasabbih bismi-Rabbikal-'A<u>z</u>îm! (Part Three-fourth)

75. Furthermore I swear by the setting of the Stars,—
75. Falâ 'uqsimu bimawâqi-'in-Nujûm,–

وَإِنَّهٗ لَقَسَمٌ لَّوْ تَعْلَمُوْنَ عَظِيْمٌ ۞ إِنَّهٗ لَقُرْاٰنٌ كَرِيْمٌ ۞ فِیْ كِتٰبٍ مَّكْنُوْنٍ ۞ لَّا يَمَسُّهٗۤ إِلَّا الْمُطَهَّرُوْنَ ۞ تَنْزِيْلٌ مِّنْ رَّبِّ الْعٰلَمِيْنَ ۞ اَفَبِهٰذَا الْحَدِيْثِ اَنْتُمْ مُّدْهِنُوْنَ ۞ وَتَجْعَلُوْنَ رِزْقَكُمْ اَنَّكُمْ تُكَذِّبُوْنَ ۞ فَلَوْلَاۤ اِذَا بَلَغَتِ الْحُلْقُوْمَ ۞ وَاَنْتُمْ حِيْنَئِذٍ تَنْظُرُوْنَ ۞ وَنَحْنُ اَقْرَبُ اِلَيْهِ مِنْكُمْ وَلٰكِنْ لَّا تُبْصِرُوْنَ ۞ فَلَوْلَاۤ اِنْ كُنْتُمْ غَيْرَ مَدِيْنِيْنَ ۞ تَرْجِعُوْنَهَاۤ اِنْ كُنْتُمْ صٰدِقِيْنَ ۞ فَاَمَّاۤ اِنْ كَانَ مِنَ الْمُقَرَّبِيْنَ ۞ فَرَوْحٌ وَّرَيْحَانٌ ۙ وَّجَنَّتُ نَعِيْمٍ ۞ وَاَمَّاۤ اِنْ كَانَ مِنْ اَصْحٰبِ الْيَمِيْنِ ۞

76. And that is Indeed a mighty adjuration if ye but knew,—	76. Wa 'innahû laqasamul-law ta'-lamûna 'azîm,—
77. That this is indeed a Qur'ân most honourable,	77. 'Innahû la-Qur-'ânun-Karîm
78. In a Book well-guarded,	78. Fî Kitâbim-mak-nûn,--
79. Which none shall touch but those who are clean:	79. Lâ yamassuhû 'illal-mutahharûn:
80. A Revelation from the Lord of the Worlds.	80. Tanzîlum-mir-Rabbil-'Aalamîn.
81. Is it such a Message that ye would hold in light esteem?	81. 'Afa-bi-hâzal-Hadîthi 'antum-mud-hinûn?
82. And have ye made it your livelihood that ye should declare it false?	82. Wa taj-'alûna rizqakum 'annakum tukazzibûn?
83. Then why do ye not (intervene) when (the soul of the dying man) reaches the throat,—	83. Falaw lâ 'izâ balaghatil-hulqûm,–
84. And ye the while (sit) looking on—	84. Wa 'antum hîna-'izin-tan-zurûn,–
85. But We are nearer to him than ye, and yet see not,—	85. Wa Nahnu 'aqrabu 'ilayhi minkum wa lâkillâ tubsirûn,–
86. Then why do ye not,—if you are exempt from (future) account,—	86. Falaw lâ 'in-kuntum ghayra madînîn,–
87. Call back the soul, if ye are true (in your claim of Independence)?	87. Tarji-'ûnahâ 'in-kuntum sâdiqîn?
88. Thus then, if he be of those Nearest to Allâh,	88. Fa-'ammâ 'in-kâna minal-Muqarrabîn,–
89. (There is for him) Rest and Satisfaction, and a Garden of Delights.	89. Fa-Rawhunw-wa Ray-hânunw-wa Jannatu Na-'îm.
90. And if he be of the Companions of the Right Hand,	90. Wa 'ammâ 'in-kâna min 'As-hâbil-yamîn,–

فَسَلَامٌ لَّكَ مِنْ أَصْحَابِ الْيَمِينِ ۞ وَأَمَّآ اِنْ كَانَ مِنَ الْمُكَذِّبِينَ الضَّآلِّينَ ۞ فَنُزُلٌ مِّنْ حَمِيمٍ ۞ وَّ تَصْلِيَةُ جَحِيمٍ ۞ اِنَّ هٰذَا لَهُوَ حَقُّ الْيَقِينِ ۞ فَسَبِّحْ بِاسْمِ رَبِّكَ الْعَظِيمِ ۞

سُوْرَةُ الْمُلْكِ مَكِّيَّةٌ

بِسْمِ اللهِ الرَّحْمٰنِ الرَّحِيْمِ

تَبٰرَكَ الَّذِيْ بِيَدِهِ الْمُلْكُ وَهُوَ عَلٰى كُلِّ شَىْءٍ قَدِيرٌ ۞ الَّذِيْ خَلَقَ الْمَوْتَ وَالْحَيٰوةَ لِيَبْلُوَكُمْ اَيُّكُمْ اَحْسَنُ عَمَلًا وَهُوَ الْعَزِيزُ الْغَفُورُ ۞ الَّذِيْ خَلَقَ سَبْعَ سَمٰوٰتٍ طِبَاقًا مَا تَرٰى فِيْ خَلْقِ الرَّحْمٰنِ مِنْ تَفٰوُتٍ

Translation	Transliteration
91. (For him is the salutation), "Peace be unto thee," from the Companions of the Right Hand.	91. Fa-Salâmul-laka min Ashâbil-yamîn.
92. And if he be of those who deny (the truth) who go wrong,	92. Wa 'ammâ 'in-kâna minal-Mukazzibînadh-dhâllîn,
93. For him is Entertainment with boiling Water,	93. Fanuzulum-min hamîm,–
94. And burning in Hell-Fire.	94. Wa tas-liyatu Jahîm.
95. Verily, this is the very Truth of assured Certainty.	95. 'Inna hâzâ lahuwa Haqqul-Yaqîn.
96. So glorify the Name of thy Lord, the Supreme.	96. Fasabbih bismi Rabbikal-'Azîm.

SÛRAH AL-MULK

Bismillâhir-Rahmânir-Rahîm
In the Name of Allâh, Most Gracious, Most Merciful.

Translation *Transliteration*

1. Blessed be He in Whose hands is Dominion; and He over all things hath Power;—	1. Tabârakallazî bi-Yadihil-Mulk; wa Huwa 'alâ kulli shay-in-Qadîr:—
2. He Who created Death and Life, that He may try which of you is best in deed: and He is the Exalted in Might, Oft-Forgiving:—	2. 'Allazî khalaqal-Mawta wal-Hayâta li-yabluwakum 'ayyukum 'ahsanu 'amalâ: wa Huwal-'Azizul-Ghafûr;–
3. He Who created the seven heavens one above another: no want of proportion wilt thou see in the Creation of The Most Gracious,	3. 'Allazî khalaqa sab-'a samâwâtin-tibâqâ: mâtarâ fî Khalqir-Rahmâni min tafâ-wut,

فَارْجِعِ الْبَصَرَ هَلْ تَرَىٰ مِنْ فُطُورٍ ۝ ثُمَّ ارْجِعِ الْبَصَرَ كَرَّتَيْنِ يَنْقَلِبْ إِلَيْكَ الْبَصَرُ خَاسِئًا وَهُوَ حَسِيرٌ ۝ وَلَقَدْ زَيَّنَّا السَّمَاءَ الدُّنْيَا بِمَصَابِيحَ وَجَعَلْنَاهَا رُجُومًا لِّلشَّيَاطِينِ وَأَعْتَدْنَا لَهُمْ عَذَابَ السَّعِيرِ ۝ وَلِلَّذِينَ كَفَرُوا بِرَبِّهِمْ عَذَابُ جَهَنَّمَ وَبِئْسَ الْمَصِيرُ ۝ إِذَا أُلْقُوا فِيهَا سَمِعُوا لَهَا شَهِيقًا وَهِيَ تَفُورُ ۝ تَكَادُ تَمَيَّزُ مِنَ الْغَيْظِ كُلَّمَا أُلْقِيَ فِيهَا فَوْجٌ سَأَلَهُمْ خَزَنَتُهَا أَلَمْ يَأْتِكُمْ نَذِيرٌ ۝ قَالُوا بَلَىٰ قَدْ جَاءَنَا نَذِيرٌ فَكَذَّبْنَا وَقُلْنَا مَا نَزَّلَ اللَّهُ مِن شَيْءٍ إِنْ أَنتُمْ إِلَّا فِي ضَلَالٍ كَبِيرٍ ۝

So turn thy vision again: seest thou any flaw?	Farji-'il-basara hal tarâ min-futûr?
4. Again turn thy vision a second time: (thy) vision will come back to thee dull and discomfited, in a state worn out.	4. Thummar-ji-'il-basara karratayni yanqalib 'ilaykal-basaru khâsi-'anw-wa huwa hasîr.
5. And We have, (from of old), adorned the lowest heaven with Lamps, and We have made such (Lamps) (as) missiles to drive away Satans, and have prepared for them the Chastisement of the Blazing Fire.	5. Wa laqad zayyannas samâ-addunyâ bimasâbîha wa ja-'alnâhâ rujûmal-lish-shayâtîni wa 'a'-tadnâ la-hum 'azâbas-Sa-'îr.
6. For those who reject their Lord (and Cherisher) is the Chastisement of Hell: and evil is (such) destination.	6. Wa lillazîna kafarû bi-Rabbihim 'Azâbu Jahannam: wa be'-sal-masîr.
7. When they are cast therein. they will hear the (terrible) drawing in of its breath even as it blazes forth.	7. 'Izâ 'ulqû fîhâ sami-'û lahâ shahîqanw-wa hiya tafûr,—
8. Almost bursting with fury: every time a Group will ask, is cast therein, its Keepers will ask, "Did no Warner come to you?"	8. Takâdu tamayyazu minal-ghayz: kullamâ 'ulqiya fîhâ fawjun sa-'alahum khazanatu-hâ 'alam ya'-tikum Nazîr?
9. They will say: "Yes indeed; a Warner did come to us, but we rejected him and said, 'Allâh never sent down any (Message): ye are in nothing but a grave error'!"	9. Qâlû balâ qad jâ'anâ Nazîr; fakazzabnâ wa qulnâ mâ nazzalallâhu min shay': 'in'antum 'illâ fî dhalâlin kabîr!

وَقَالُوْا لَوْ كُنَّا نَسْمَعُ أَوْ نَعْقِلُ مَا كُنَّا فِيْٓ أَصْحٰبِ السَّعِيْرِ ۞ فَاعْتَرَفُوْا بِذَنْۢبِهِمْ ۚ فَسُحْقًا لِّأَصْحٰبِ السَّعِيْرِ ۞ إِنَّ الَّذِيْنَ يَخْشَوْنَ رَبَّهُمْ بِالْغَيْبِ لَهُمْ مَّغْفِرَةٌ وَّأَجْرٌ كَبِيْرٌ ۞ وَأَسِرُّوْا قَوْلَكُمْ أَوِ اجْهَرُوْا بِهٖ ۗ إِنَّهٗ عَلِيْمٌۢ بِذَاتِ الصُّدُوْرِ ۞ أَلَا يَعْلَمُ مَنْ خَلَقَ ۗ وَهُوَ اللَّطِيْفُ الْخَبِيْرُ ۞ هُوَ الَّذِيْ جَعَلَ لَكُمُ الْأَرْضَ ذَلُوْلًا فَامْشُوْا فِيْ مَنَاكِبِهَا وَكُلُوْا مِنْ رِّزْقِهٖ ۗ وَإِلَيْهِ النُّشُوْرُ ۞ ءَأَمِنْتُمْ مَّنْ فِي السَّمَآءِ أَنْ يَّخْسِفَ بِكُمُ الْأَرْضَ فَإِذَا هِيَ تَمُوْرُ ۞ أَمْ أَمِنْتُمْ مَّنْ فِي السَّمَآءِ أَنْ يُّرْسِلَ عَلَيْكُمْ حَاصِبًا ۗ فَسَتَعْلَمُوْنَ كَيْفَ نَذِيْرِ ۞

10. They will further say: "Had we but listened or used our intelligence we should not (now) be among the Companions of the Blazing Fire!"

11. They will then confess their sins: but far from Allâh's mercy are the Companions of the Blazing Fire!

12. As for those who fear their Lord unseen for them is Forgiveness and a great Reward.

13. And whether ye hide your word or make it known, He certainly has (full) knowledge, of the secrets of (all) hearts.

14. Should He not know,— He that created? And He is the Subtle the Aware.

15. It is He Who has made the earth manageable for you, so traverse ye through its tracts and enjoy of the Sustenance which He furnishes: but unto Him is the Resurrection.

16. Do ye feel secure that He Who is in Heaven will not cause you to be swallowed up by the earth when it shakes (as in an earthquake)?

17. Or do ye feel secure that He Who is in Heaven will not send against you a violent tornado (with showers of stones), so that ye shall know how (terrible) was My warning?

10. Wa qâlû law kunnâ nasma-'u 'aw na'-qilu mâ kunnâ fî 'As-hâbis-Sa-'îr!

11. Fa'-tarafû bi-zambihim: fasuh-qal-li-'As-hâbis-Sa-'îr!

12. 'Innallazîna yakh-shawna Rabbahum-bil-ghaybi lahum-Maghfiratunw-wa 'Ajrun-kabír.

13. Wa 'asirrû qawlakum 'awij-harû bih; 'innahû 'Alîmum -bizâtis-sudûr.

14. 'Alâ ya'-lamu man khalaq? Wa Huwal-Latîful Khabîr.

15. Huwallazî ja-'ala lakumul 'ardha zalûlan-famshû fî manâkibihâ wa kulû mir-Rizqih: wa 'ilay-hin-Nushûr.

16. 'A-'amintum-man-fis-Samâ-'i 'any-yakh-sifa bi-kumul-'ardha fa-'izâ hiya tamûr?

17. 'Am-'amintum-man-fis-Samâ-'i 'any-yursila 'alaykum hâsibâ? Fasata'-lamûna kayfa nazîr.

وَلَقَدْ كَذَّبَ الَّذِينَ مِنْ قَبْلِهِمْ فَكَيْفَ كَانَ نَكِيرِ ۝ اَوَلَمْ يَرَوْا اِلَى الطَّيْرِ فَوْقَهُمْ صٰٓفّٰتٍ وَّيَقْبِضْنَ ۘ مَا يُمْسِكُهُنَّ اِلَّا الرَّحْمٰنُ ۚ اِنَّهٗ بِكُلِّ شَىْءٍۭ بَصِيْرٌ ۝ اَمَّنْ هٰذَا الَّذِىْ هُوَ جُنْدٌ لَّكُمْ يَنْصُرُكُمْ مِّنْ دُوْنِ الرَّحْمٰنِ ۚ اِنِ الْكٰفِرُوْنَ اِلَّا فِىْ غُرُوْرٍ ۝ اَمَّنْ هٰذَا الَّذِىْ يَرْزُقُكُمْ اِنْ اَمْسَكَ رِزْقَهٗ ۚ بَلْ لَّجُّوْا فِىْ عُتُوٍّ وَّنُفُوْرٍ ۝ اَفَمَنْ يَّمْشِىْ مُكِبًّا عَلٰى وَجْهِهٖٓ اَهْدٰى اَمَّنْ يَّمْشِىْ سَوِيًّا عَلٰى صِرَاطٍ مُّسْتَقِيْمٍ ۝ قُلْ هُوَ الَّذِىْٓ اَنْشَاَكُمْ وَجَعَلَ لَكُمُ السَّمْعَ وَالْاَبْصَارَ وَالْاَفْـِٕدَةَ ۚ قَلِيْلًا مَّا تَشْكُرُوْنَ ۝

18. But indeed men before them rejected (My warning): then how (terrible) was My punishment (of them)?

18. Wa laqad kazzaballazîna min-qablihim fa-kay-fa kâna nakîr?

19. Do they not observe the birds above them, spreading their wings and folding them in? None can uphold them except The Most Gracious: truly it is He that watches over all things.

19. 'Awalam yaraw 'ilat-tayri fawqahum sâffâtinw-wa yaq-bi_dh_n? Mâ yumsiku hunna 'illar-Rahmân: 'innahû-bi-kulli shay-'im-Basîr

20. Nay, who is there that can help you, who (even as) an army, besides The Most Merciful? In nothing but delusion are the Unbelievers.

20. 'Amman hâzallazî huwa jundul-lakum yansurukum-min dûnir-Rahmân? 'Inil-kâfi-rûna 'illâ fî ghurûr.

21. Or who is there that can provide you with Sustenance if He were to withhold His provision? Nay, they obstinately persist in insolent impiety and flight (from the Truth).

21. 'Amman hâzallazî yarzuqukum 'in 'amsaka Rizqah? bal-lajjû fî 'utuwwinw-wa nufûr.

22. Is then one who walks heading, with his face grovelling, better guided— or one who walks evenly on a Straight Way?

22. 'Afamany-yamshî mukibban 'alâ wajhihî 'ahdâ 'ammany-yamshî sa-wiyyan 'alâ Sirâtim-Mustaqîm.

23. Say: "It is He Who has created you, and made for you the faculties of hearing, seeing, and understanding: little thanks it is ye give.

23. Qul Huwallazî 'ansha'akum-wa ja-'ala lakumus-sam'a wal-'absâra wal-'af-'idah: qalîlam-mâ tash-kurûn.

قُلْ هُوَ الَّذِىْ ذَرَاَكُمْ فِى الْاَرْضِ وَاِلَيْهِ تُحْشَرُوْنَ ۞ وَيَقُوْلُوْنَ مَتٰى هٰذَا الْوَعْدُ اِنْ كُنْتُمْ صٰدِقِيْنَ ۞ قُلْ اِنَّمَا الْعِلْمُ عِنْدَ اللّٰهِ ۖ وَاِنَّمَاۤ اَنَا نَذِيْرٌ مُّبِيْنٌ ۞ فَلَمَّا رَاَوْهُ زُلْفَةً سِيْٓئَتْ وُجُوْهُ الَّذِيْنَ كَفَرُوْا وَقِيْلَ هٰذَا الَّذِىْ كُنْتُمْ بِهٖ تَدَّعُوْنَ ۞ قُلْ اَرَءَيْتُمْ اِنْ اَهْلَكَنِىَ اللّٰهُ وَمَنْ مَّعِىَ اَوْ رَحِمَنَا ۙ فَمَنْ يُّجِيْرُ الْكٰفِرِيْنَ مِنْ عَذَابٍ اَلِيْمٍ ۞ قُلْ هُوَ الرَّحْمٰنُ اٰمَنَّا بِهٖ وَعَلَيْهِ تَوَكَّلْنَا ۚ فَسَتَعْلَمُوْنَ مَنْ هُوَ فِىْ ضَلٰلٍ مُّبِيْنٍ ۞ قُلْ اَرَءَيْتُمْ اِنْ اَصْبَحَ مَآؤُكُمْ غَوْرًا فَمَنْ يَّاْتِيْكُمْ بِمَآءٍ مَّعِيْنٍ ۞

24. Say: "It is He Who has multiplied you through the earth, and to Him shall ye be gathered together."

25. They ask: When will this promise be (fulfilled)? If ye are telling the truth.

26. Say: "As to the knowledge of the time, it is with Allâh alone: I am a plain warner."

27. At length, when they see it close at hand grieved will be the faces of the Unbelievers, and it will be said (to them): "This is (the promise fulfilled) which ye were calling for!"

28. Say: "See ye?—If Allâh were to destroy me, and those with me, or if He bestows his Mercy on us,— yet who can deliver the Unbelievers from a grievous Chstisement?

29. Say: "He is The most Gracious: we have believed in Him, and on Him have we put our trust: so, soon will ye know which (of us) it is that is in manifest error."

30. Say. "See ye?—If your stream be some morning lost (in the underground earth), who then can supply you with clear-flowing water?"

24. Qul Huwallazî zara-'akum fil-'ardhi wa 'ilay-hi tuh-sharûn.

25. Wa yaqûluna matâ hâzal-wa'-du 'in-kuntum sâdiqîn.

26. Qul 'innamal-'ilmu 'indal-lâh: wa 'innamâ 'ana Nazîrum-mubîn.

27. Falammâ ra-'awhu zulfatan-sî-'at wujûhullazîna kafarû wa qîla hâzallazî kuntum-bihî tadda-'ûn!

28. Qul 'ara-'aytum 'in 'ah-lakani-yallâhu wa mamma-'iya 'aw rahimanâ famany-yujîrul-kâfirîna min 'Azâbin 'alîm.

29. Qul Huwar-Rahmânu 'âmannâ bihî wa 'alay-hi ta-wakkal-nâ: fasata'-lamûna man huwa fî dhalâlim-mubîn.

30. Qul'ara-'aytum'in'asbaha mâ-'ukum ghaw-ran-famany-ya'tîkum-bi-mâ-'im-ma-'în?

سُورَةُ نُوحٍ مَكِّيَّةٌ

بِسْمِ اللهِ الرَّحْمٰنِ الرَّحِيْمِ

اِنَّاۤ اَرْسَلْنَا نُوْحًا اِلٰى قَوْمِهٖۤ اَنْ اَنْذِرْ قَوْمَكَ مِنْ قَبْلِ اَنْ يَّاْتِيَهُمْ عَذَابٌ اَلِيْمٌ ۞ قَالَ يٰقَوْمِ اِنِّىْ لَكُمْ نَذِيْرٌ مُّبِيْنٌ ۞ اَنِ اعْبُدُوا اللهَ وَاتَّقُوْهُ وَاَطِيْعُوْنِ ۞ يَغْفِرْ لَكُمْ مِّنْ ذُنُوْبِكُمْ وَيُؤَخِّرْكُمْ اِلٰۤى اَجَلٍ مُّسَمًّى ؕ اِنَّ اَجَلَ اللهِ اِذَا جَآءَ لَا يُؤَخَّرُ ۘ لَوْ كُنْتُمْ تَعْلَمُوْنَ ۞ قَالَ رَبِّ اِنِّىْ دَعَوْتُ قَوْمِىْ لَيْلًا وَّنَهَارًا ۞ فَلَمْ يَزِدْهُمْ دُعَآءِىْۤ اِلَّا فِرَارًا ۞ وَاِنِّىْ كُلَّمَا دَعَوْتُهُمْ لِتَغْفِرَ لَهُمْ جَعَلُوْۤا اَصَابِعَهُمْ فِىْۤ اٰذَانِهِمْ

SÛRAH NÛH

Bismillâhir-Rahmânir-Rahîm
In the Name of Allâh, Most Gracious, Most Merciful.

Translation

Transliteration

1. We sent Noah to his People (with the Command): "Do thou warn thy People before there comes to them a grievous Chastisement."

1. 'Innâ 'arsalnâ Nûhan 'ilâ Qawmihî 'an 'anzir Qawmaka min-qabli 'any-ya'-tiyahum 'Azâbun 'alîm.

2. He said: "O my People! I am to you a Warner, clear and open:

2. Qâla yâ-Qawmi 'innî lakum Nazîrum-mubîn:

3. "That ye should worship Allâh, fear Him, and obey me:"

3. 'Ani'-budullâha wattaqûhu wa'atî-'ûn:

4. So He may forgive you your sins and give you respite for a stated Term: for when the Term given by Allâh is accomplished, it cannot be put forward: if ye only knew."

4. Yaghfir lakum-min-zunûbikum wa yu-'akhkhirkum 'ilâ 'Ajalim-Musammâ: 'inna 'Ajalallâhi 'izâ jâ-'a lâ yu'akhkhar. Lawkuntum ta'-lamûn.

5. He said: "O my Lord! I have called to my People night and day:

5. Qâla Rabbi'innî da-'awtu Qawmî lay-lanw-wa nahârâ:

6. "But my call only increases (their) flight (from the Right).

6. Falam yazid-hum du-'â'î 'illâ firârâ.

7. "And every time I have called to them, that Thou mightest forgive them, they have (only) thrust their fingers into their ears,

7. Wa 'innî kullamâ da'awtuhum li-taghfira lahum ja'alû 'asâbi-'ahum fî'âzânihim

وَاسْتَغْشَوْا ثِيَابَهُمْ وَأَصَرُّوا وَاسْتَكْبَرُوا اسْتِكْبَارًا ۞ ثُمَّ إِنِّي دَعَوْتُهُمْ جِهَارًا ۞ ثُمَّ إِنِّي أَعْلَنتُ لَهُمْ وَأَسْرَرْتُ لَهُمْ إِسْرَارًا ۞ فَقُلْتُ اسْتَغْفِرُوا رَبَّكُمْ إِنَّهُ كَانَ غَفَّارًا ۞ يُرْسِلِ السَّمَاءَ عَلَيْكُم مِّدْرَارًا ۞ وَيُمْدِدْكُم بِأَمْوَالٍ وَبَنِينَ وَيَجْعَل لَّكُمْ جَنَّاتٍ وَيَجْعَل لَّكُمْ أَنْهَارًا ۞ مَّا لَكُمْ لَا تَرْجُونَ لِلَّهِ وَقَارًا ۞ وَقَدْ خَلَقَكُمْ أَطْوَارًا ۞ أَلَمْ تَرَوْا كَيْفَ خَلَقَ اللَّهُ سَبْعَ سَمَاوَاتٍ طِبَاقًا ۞ وَجَعَلَ الْقَمَرَ فِيهِنَّ نُورًا وَجَعَلَ الشَّمْسَ سِرَاجًا ۞ وَاللَّهُ أَنبَتَكُم مِّنَ الْأَرْضِ نَبَاتًا ۞ ثُمَّ يُعِيدُكُمْ فِيهَا وَيُخْرِجُكُمْ إِخْرَاجًا ۞

	covered themselves, up with their garments, grown obstinate, and given themselves up to arrogance.	was-tagh-shaw thiyâbahum wa 'asarrû wastakbarus-tikbârâ.
8.	"So I have called to them aloud;	8. Thumma 'innî da-'awtuhum jihârâ;
9.	"Further I have spoken to them in public and secretly in private,	9. Thumma 'innî 'a'-lantu lahum wa 'asrartu lahum 'isrârâ,
10.	"Saying, 'Ask forgiveness from your Lord, for He is Oft-Forgiving;	10. Faqul-tus-taghfirû Rabbakum; 'innahû kâna Ghaffârâ;
11.	"He will send rain to you in abundance;	11. Yursilis-samâ-'a· 'alaykum-midrârâ;
12.	" 'Give you increase in wealth and sons; and bestow on you gardens and bestow on you rivers (of flowing water).	12. Wa yumdidkum-bi-'amwâ-linw-wa banîna wa yaj'al-lakum Jannâtinw-wa yaj'al-lakum· 'anhârâ.
13.	" 'What is the matter with you, that ye are not conscious of Allâh's majesty,—	13. Mâ lakum lâ tarjûna lillâhi waqârâ,–
14.	" 'Seeing that it is He that has created you in diverse stages?	14. Wa qad khalaqakum 'atwârâ?
15.	'See ye not how Allâh has created the seven heavens one above another,	15. 'Alam taraw kayfa khalaqallâhu sab-'a samâwâtin tibâqâ.
16.	'And made the moon a light in their midst, and made the sun as a (Glorious) Lamp?	16. Waja-'alal-qamara fîhinna nûranw-wa ja-'alash-shamsa Sirâjâ?
17.	'And Allâh has produced you from the earth, growing (gradually),	17. Wallâhu 'ambatakum-minal-'ardhi nabâtâ,
18.	" 'And in the End He will return you into the (earth), and raise you forth (again at the Resurrection)?	18. Thumma yu-'îdukum fîhâ wa yukhrijukum 'ikhrâjâ?

وَاللّٰهُ جَعَلَ لَكُمُ الْأَرْضَ بِسَاطًا ۞ لِتَسْلُكُوْا مِنْهَا سُبُلًا فِجَاجًا ۞ قَالَ نُوْحٌ رَّبِّ اِنَّهُمْ عَصَوْنِيْ وَاتَّبَعُوْا مَنْ لَّمْ يَزِدْهُ مَالُهٗ وَوَلَدُهٗۤ اِلَّا خَسَارًا ۞ وَمَكَرُوْا مَكْرًا كُبَّارًا ۞ وَقَالُوْا لَا تَذَرُنَّ اٰلِهَتَكُمْ وَلَا تَذَرُنَّ وَدًّا وَّلَا سُوَاعًا ۙ وَّلَا يَغُوْثَ وَيَعُوْقَ وَنَسْرًا ۞ وَقَدْ اَضَلُّوْا كَثِيْرًا ۚ وَلَا تَزِدِ الظّٰلِمِيْنَ اِلَّا ضَلٰلًا ۞ مِمَّا خَطِيْٓئٰتِهِمْ اُغْرِقُوْا فَاُدْخِلُوْا نَارًا ۙ فَلَمْ يَجِدُوْا لَهُمْ مِّنْ دُوْنِ اللّٰهِ اَنْصَارًا ۞ وَقَالَ نُوْحٌ رَّبِّ لَا تَذَرْ عَلَى الْأَرْضِ مِنَ الْكٰفِرِيْنَ دَيَّارًا ۞ اِنَّكَ اِنْ تَذَرْهُمْ يُضِلُّوْا عِبَادَكَ

19. "'And Allâh has made the earth for you as a carpet (spread out),

20. "'That ye may go about therein, in spacious roads.'

21. Noah said: "O my Lord! they have disobeyed me, but they follow (men) whose wealth and children give them no Increase but only Loss.

22. "And they have devised a tremendous Plot.

23. "And they have said (to each other), 'Abandon not your gods: abandon neither Wadd nor Suwa', neither Yagûth nor Ya'ûq, nor Nasr';—

24. "They have already misled many; and grant Thou no increase to the wrong-doers but in straying (from their mark)."

25. Because of their sins they were drowned (in the flood), and were made to enter the Fire and they found—in lieu of Allâh—none to help them.

26. And Noah said: "O my Lord! Leave not of the Unbelievers, a single one on earth!

27. "For, if Thou dost leave (any of) them, they will but mislead Thy devotees,

19. Wallâhu ja-'ala lakumul'ar_dha bisâtâ,

20. Litaslukû minhâ subulan-fijâjâ.

21. Qâla Nûhur-Rabbi 'innahum 'asawnî wattaba-'û mallam yazidhu mâluhû wa waladuhû 'illâ khasârâ.

22. Wa makarû Makran-kubbârâ.

23. Wa qâlû lâ tazarunna 'âlihatakum wa lâ tazarûnna Waddanw-wa lâ Suwâ-'â, wa lâ Yaghûsa wa Ya-'ûqa wa Nasrâ;—

24. Wa qad 'adhallû kathîrâ; wa lâ tazid_izzâlimîna 'illâ _dhalâlâ.

25. Mimmâ khatî-'âtihim 'ughriqû fa-'ud-khilû Nârâ: falam yajidû lahum-min-dû-nillâhi 'ansârâ.

26. Wa qâla Nûhur-Rabbi lâ tazar 'alal-'ar_dhi minalkâfirîna dayyârâ!

27. 'Innaka 'in-tazarhum yu_dhillû 'ibâdaka

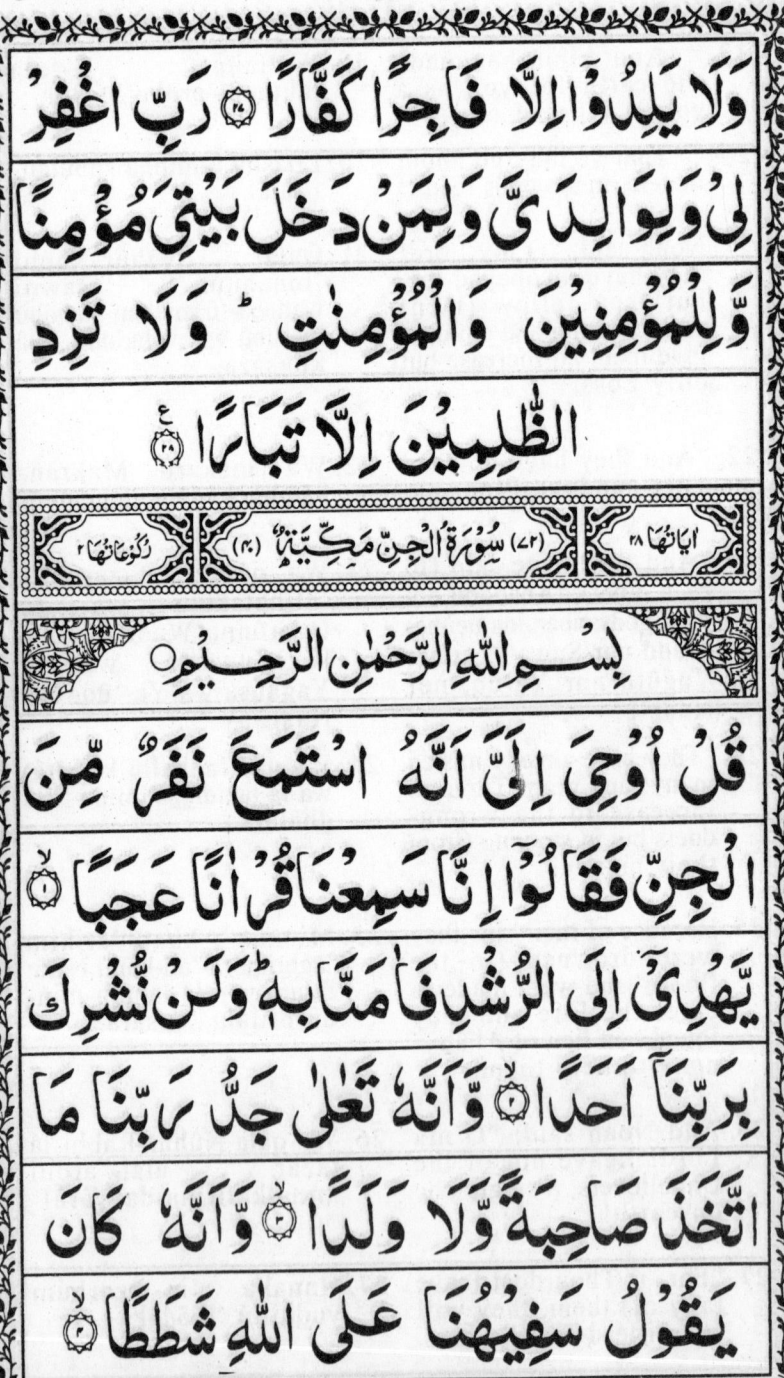

وَلَا يَلِدُوا إِلَّا فَاجِرًا كَفَّارًا ۝ رَبِّ اغْفِرْ لِي وَلِوَالِدَيَّ وَلِمَنْ دَخَلَ بَيْتِيَ مُؤْمِنًا وَّلِلْمُؤْمِنِينَ وَالْمُؤْمِنَاتِ ۭ وَلَا تَزِدِ الظَّالِمِينَ إِلَّا تَبَارًا ۝

سُورَةُ الْجِنِّ مَكِّيَّةٌ

بِسْمِ اللَّهِ الرَّحْمَٰنِ الرَّحِيمِ

قُلْ أُوحِيَ إِلَيَّ أَنَّهُ اسْتَمَعَ نَفَرٌ مِّنَ الْجِنِّ فَقَالُوا إِنَّا سَمِعْنَا قُرْآنًا عَجَبًا ۝ يَهْدِي إِلَى الرُّشْدِ فَآمَنَّا بِهِ ۖ وَلَنْ نُشْرِكَ بِرَبِّنَا أَحَدًا ۝ وَأَنَّهُ تَعَالَىٰ جَدُّ رَبِّنَا مَا اتَّخَذَ صَاحِبَةً وَلَا وَلَدًا ۝ وَأَنَّهُ كَانَ يَقُولُ سَفِيهُنَا عَلَى اللَّهِ شَطَطًا ۝

and they will breed none but wicked ungrateful ones.

wa lâ yalidû 'illâ fâjiran-kaffârâ.

28. "O my Lord! Forgive me, my parents, all who enter my house in Faith, and (all) believing men and believing women: and to the wrong-doers grant Thou no increase but in Perdition!"

28. Rabbigh-fir-lî wa liwâlidayya wa liman-dakhala baytiya Mu'-minanw-wa lil-Mu'-minîna wal-Mu'-minât: wa lâ tazidiz-zâlimîna 'illâ tabârâ!

SÛRAH JINN
Bismillâhir-Rahmânir-Rahîm
In the Name of Allâh, Most Gracious, Most Merciful.

Translation

1. Say: It has been revealed to me that a company of Jinns listened (to the Qur'an). They said, 'We have really heard a wonderful Recital!

Transliteration

1. Qul 'ûhiya 'ilayya 'annahustama-'a nafarum-minal-Jinni faqâlû 'inna sami'-nâ Qur'ânan 'ajabâ,

2. 'It gives guidance to the Right, and we have believed therein: we shall not join (in worship) any (gods) with our Lord,

2. Yahdî 'ilar-Rushdi fa-'âmannâ bih: wa lan-nushrika bi-Rabbinâ 'ahadâ.

3. 'And Exalted is the Majesty of our Lord: He has taken neither a wife nor a son.

3. Wa 'annahû Ta-'âlâ Jaddu Rabbinâ mattakhaza sâ-hibatanw-wa lâ waladâ.

4. 'There were some foolish ones among us, who used to utter extravagant lies against Allâh;

4. Wa 'annahû kâna yaqûlu safîhunâ 'alallâhi shatatâ;

وَّأَنَّا ظَنَنَّآ أَن لَّن تَقُولَ الْإِنسُ وَالْجِنُّ عَلَى اللَّهِ كَذِبًا ۝ وَّأَنَّهُ كَانَ رِجَالٌ مِّنَ الْإِنسِ يَعُوذُونَ بِرِجَالٍ مِّنَ الْجِنِّ فَزَادُوهُمْ رَهَقًا ۝ وَّأَنَّهُمْ ظَنُّوا كَمَا ظَنَنتُمْ أَن لَّن يَبْعَثَ اللَّهُ أَحَدًا ۝ وَّأَنَّا لَمَسْنَا السَّمَآءَ فَوَجَدْنَاهَا مُلِئَتْ حَرَسًا شَدِيدًا وَّشُهُبًا ۝ وَّأَنَّا كُنَّا نَقْعُدُ مِنْهَا مَقَاعِدَ لِلسَّمْعِ فَمَن يَسْتَمِعِ الْآنَ يَجِدْ لَهُ شِهَابًا رَّصَدًا ۝ وَّأَنَّا لَا نَدْرِىٓ أَشَرٌّ أُرِيدَ بِمَن فِي الْأَرْضِ أَمْ أَرَادَ بِهِمْ رَبُّهُمْ رَشَدًا ۝ وَّأَنَّا مِنَّا الصَّالِحُونَ وَمِنَّا دُونَ ذَٰلِكَ كُنَّا طَرَآئِقَ قِدَدًا ۝

5.	'But we do think that no man or jinn should say aught that is untrue against Allâh.	5.	Wa 'annâ zanannâ 'allan-taqûlal-'insu wal-jinnu 'alal-lâhi kazibâ.
6.	'True, there were persons among mankind who took shelter with persons among the Jinns, but they increased them into further error.	6.	Wa 'annahû kâna rijâlum-minal-'insi ya-'ûzûna bi-rijâlim-minal-Jinni fazâdûhum rahaqâ.
7.	'And they (came to) think as ye thought, that Allâh would not raise up anyone (to Judgment).	7.	Wa 'annahum zannû kamâ zanantum 'allany-yab-'athal-lâhu 'ahadâ.
8.	'And we pried into the (secrets of) heaven; but we found it filled with stem guards and flaming fires.	8.	Wa 'annâ lamasnassamâ-'a fawajadnâhâ muli-'at harasan-shadîdanw-wa shuhubâ.
9.	'We used, indeed, to sit there in (hidden) stations, to (steal) a hearing; but any who listens now will find a flaming fire watching him in ambush.	9.	Wa 'annâ kunnâ naq'udu minhâ maqâ-'ida lissam'; famany-yastami-'il-'âna yajid lahû shihâbar-rasadâ.
10.	'And we understand not whether ill is intended to those on earth or whether their Lord (really) intends to guide them to right conduct.	10.	Wa 'annâ lâ nadrî 'asharrun 'urîda biman-fil-'ardhi'am 'arâda bihim Rab-buhum rashadâ.
11.	'There are among us some that are righteous, and some the contrary: we follow divergent paths.	11.	Wa 'annâ minnas-sâlihûna wa minnâ dûna zâlik: kunnâ tarâ-'iqa qidadâ.

وَأَنَّا ظَنَنَّا أَن لَّن نُّعْجِزَ اللَّهَ فِي الْأَرْضِ وَلَن نُّعْجِزَهُ هَرَبًا ۝ وَأَنَّا لَمَّا سَمِعْنَا الْهُدَىٰ آمَنَّا بِهِ ۖ فَمَن يُؤْمِن بِرَبِّهِ فَلَا يَخَافُ بَخْسًا وَلَا رَهَقًا ۝ وَأَنَّا مِنَّا الْمُسْلِمُونَ وَمِنَّا الْقَاسِطُونَ ۖ فَمَنْ أَسْلَمَ فَأُولَٰئِكَ تَحَرَّوْا رَشَدًا ۝ وَأَمَّا الْقَاسِطُونَ فَكَانُوا لِجَهَنَّمَ حَطَبًا ۝ وَأَن لَّوِ اسْتَقَامُوا عَلَى الطَّرِيقَةِ لَأَسْقَيْنَاهُم مَّاءً غَدَقًا ۝ لِّنَفْتِنَهُمْ فِيهِ ۚ وَمَن يُعْرِضْ عَن ذِكْرِ رَبِّهِ يَسْلُكْهُ عَذَابًا صَعَدًا ۝ وَأَنَّ الْمَسَاجِدَ لِلَّهِ فَلَا تَدْعُوا مَعَ اللَّهِ أَحَدًا ۝ وَأَنَّهُ لَمَّا قَامَ عَبْدُ اللَّهِ يَدْعُوهُ كَادُوا يَكُونُونَ عَلَيْهِ لِبَدًا ۝

12. 'But we think that we can by no means frustrate Allâh throughout the earth, nor can we escape Him by flight.	12. Wa 'annâ zanannâ 'allannu'-jizallâha fil-ardhi wa lan-nû jizahu harabâ.
13. 'And as for us, since we have listened to the Guidance, we have accepted it: and any who believes in his Lord has no fear, either of a short (account) or of any injustice.	13. Wa 'annâ lammâ sami'-nal-Hudâ 'âmannâ bih. Famany-yu'-mim-bi-Rabbihî falâ yakhâfu bakh-sanwwa lâ rahaqâ.
14. 'Amongst us are some that submit their wills (to Allâh), and some that swerve from justice. Now those who submit their wills—they have sought out (the path) of right conduct:	14. Wa 'annâ minnal-Muslimûna wa minnal-Qâsitûn. Faman 'aslama fa-'ulâ-'ika taharraw rashadâ.
15. 'But those who swerve,—they are (but) fuel for Hell-fire'—	15. Wa 'ammal-Qâsitûna fakânû li-Jahannama hatabâ-
16. (And Allâh's Message is): "If they (the Pagans) had (only) remained on the (right) Way, We should certainly have bestowed on them Rain in abundance.	16. Wa 'alla-wis-taqâmû 'alat-Tarîqati la-'asqaynâ humm-â-'an ghadaqâ.
17. "That We might try them by that (means). But if any turns away from the remembrance of his Lord, He will cause him to undergo evergrowing Chastisement.	17. Linaftinahum fîh. Wa many-yu'-ridh 'an Zikri Rabbihî yasluk-hu 'Azâban-sa-'adâ.
18. "And the places of worship are for Allâh (alone): so invoke not anyone along with Allâh;	18. Wa 'annal-Masâjida lillâhi falâ tad-'û ma-'allâhi 'ahadâ;
19. "Yet when the Devotees of Allâh stood up to invoke Him, they just make round him a dense crowd."	19. Wa 'annahû lammâ qâma 'Abdullâhi yad-'ûhu kâdû yakûnûna 'alay-hi libadâ.

﴿٢٠﴾ قُلْ إِنَّمَا أَدْعُوا رَبِّي وَلَا أُشْرِكُ بِهِ أَحَدًا

﴿٢١﴾ قُلْ إِنِّي لَا أَمْلِكُ لَكُمْ ضَرًّا وَلَا رَشَدًا

قُلْ إِنِّي لَنْ يُجِيرَنِي مِنَ اللَّهِ أَحَدٌ

﴿٢٢﴾ وَلَنْ أَجِدَ مِنْ دُونِهِ مُلْتَحَدًا إِلَّا

بَلَاغًا مِنَ اللَّهِ وَرِسَالَاتِهِ وَمَنْ يَعْصِ اللَّهَ

وَرَسُولَهُ فَإِنَّ لَهُ نَارَ جَهَنَّمَ خَالِدِينَ فِيهَا

أَبَدًا ﴿٢٣﴾ حَتَّىٰ إِذَا رَأَوْا مَا يُوعَدُونَ

فَسَيَعْلَمُونَ مَنْ أَضْعَفُ نَاصِرًا وَأَقَلُّ

عَدَدًا ﴿٢٤﴾ قُلْ إِنْ أَدْرِي أَقَرِيبٌ مَا

تُوعَدُونَ أَمْ يَجْعَلُ لَهُ رَبِّي أَمَدًا

﴿٢٥﴾ عَالِمُ الْغَيْبِ فَلَا يُظْهِرُ عَلَىٰ غَيْبِهِ أَحَدًا

﴿٢٦﴾ إِلَّا مَنِ ارْتَضَىٰ مِنْ رَسُولٍ فَإِنَّهُ يَسْلُكُ

20. Say: "I do no more than invoke my Lord, and I join not with Him any (false god)."

21. Say: "It is not in my power to cause you harm, or to bring you to right conduct."

22. Say: "No one can deliver me from Allâh (if I were to disobey Him), nor should I find refuge except in Him,

23. "Unless I deliver what I receive from Allâh and His Messages: for any that disobey Allâh and His Messenger,—for them is Hell: they shall dwell therein for ever."

24. At length, when they see (with their own eyes) that which they are promised,—then will they know who it is that is weakest in (his) helper and least important in point of numbers.

25. Say: "I know not whether the (Punishment) which ye are promised is near, or whether my Lord will appoint for it a distant term.

26. "He (alone) knows the Unseen, nor does He make anyone acquainted with His Secrets.—

27. "Except a messenger whom He has chosen: and then He makes a band of watchers march

20. Qul 'innamâ 'ad-'û Rabbî wa lâ 'ushriku bihî 'ahadâ.

21. Qul 'innî lâ 'amliku lakum dharranw-wa lâ rashadâ.

22. Qul 'innî lany-yujîranî minallahi 'ahad, wa lan 'ajida min-dûnihî multahadâ,

23. 'Illâ balâgham-minallâhi wa Risâlâtih: wa many-ya'-sillâha wa Rasûlahû fa-'inna lahû Nâra Jahannama khâlidîna fîhâ 'abadâ.

24. Hattâ 'izâ ra-'aw mâ yû-'adûna fasaya'-lamûna man 'adh-'afu nâsiranw-wa 'aqallu 'adadâ.

25. Qul 'in 'adrî 'a-qarîbummâ tû-'adûna 'am yaj-'alu lahû Rabbî 'amadâ.

26. 'Aalimul-Ghaybi falâ yuzhiru 'alâ Ghaybihî 'ahadâ,

27. 'Illâ manirtadhâ mir-rasûlin-fa-'innahû yas-luku

مِنْ بَيْنِ يَدَيْهِ وَمِنْ خَلْفِهٖ رَصَدًا ۙ

لِّيَعْلَمَ اَنْ قَدْ اَبْلَغُوْا رِسٰلٰتِ رَبِّهِمْ وَ

اَحَاطَ بِمَا لَدَيْهِمْ وَاَحْصٰى كُلَّ شَىْءٍ عَدَدًا ۚ

سُوْرَةُ الْمُزَّمِّلِ مَكِّيَّةٌ

بِسْمِ اللّٰهِ الرَّحْمٰنِ الرَّحِيْمِ

يٰۤاَيُّهَا الْمُزَّمِّلُ ۙ قُمِ الَّيْلَ اِلَّا قَلِيْلًا ۙ

نِّصْفَهٗۤ اَوِ انْقُصْ مِنْهُ قَلِيْلًا ۙ اَوْ زِدْ

عَلَيْهِ وَرَتِّلِ الْقُرْاٰنَ تَرْتِيْلًا ؕ اِنَّا سَنُلْقِىْ

عَلَيْكَ قَوْلًا ثَقِيْلًا ۙ اِنَّ نَاشِئَةَ الَّيْلِ

هِىَ اَشَدُّ وَطْاً وَّاَقْوَمُ قِيْلًا ؕ اِنَّ لَكَ

فِى النَّهَارِ سَبْحًا طَوِيْلًا ؕ وَاذْكُرِ اسْمَ

رَبِّكَ وَتَبَتَّلْ اِلَيْهِ تَبْتِيْلًا ؕ

before him and behind him,	mim-bayni yadayhi wa min khalfihî rasadâ,
28. "That He may know that they have (truly) brought and delivered the Messages of their Lord and He encompasses all that is with them, and takes account of every single thing."	28. Liya'-lama 'an-qad 'ablaghû Risâlâti Rabbihim wa 'ahâta bimâ laday-him wa 'ahsâ kulla shay-'in 'adadâ.

SÛRAH MUZZAMMIL

Bismillâhir-Rahmânir-Rahîm
In the Name of Allâh, Most Gracious, Most Merciful.

Translation

1. O thou folded in garments!
2. Stand (to prayer) by night, but not all night—
3. Half of it,—or a little less,
4. Or a little more; and recite the Qur'ân in slow, measured rhythmic tones.
5. Soon shall We send down to thee a weighty Word.
6. Truly the rising by night is a time when impression is more keen and speech more certain.
7. True, there is for thee by day prolonged occupation with ordinary duties:
8. But keep in remembrance the Name of the Lord, and devote thyself to Him whole-heartedly.

Transliteration

1. Yâ-'ayyuha!-Muzzammil!
2. Qumil-layla 'illâ qalîlâ,-
3. Nisfahû 'a-winqus-minhu qalîlâ,
4. 'Aw zid 'alayhi wa rattilil-Qur'âna tartîlâ.
5. 'Innâ sanulqî 'alayka Qawlan-thaqîlâ.
6. 'Inna nâshi-'atal-layli hiya 'ashaddu-wat-'anw-wa'aqwamu Qîlâ.
7. 'Inna laka fin-nahâri sabhan-tawîlâ.
8. Wazkurisma Rabbika wa tabattal 'ilayhi tabtîlâ.

رَبُّ الْمَشْرِقِ وَالْمَغْرِبِ لَآ إِلَٰهَ إِلَّا هُوَ فَاتَّخِذْهُ وَكِيلًا ۞ وَاصْبِرْ عَلَىٰ مَا يَقُولُونَ وَاهْجُرْهُمْ هَجْرًا جَمِيلًا ۞ وَذَرْنِي وَالْمُكَذِّبِينَ أُولِي النَّعْمَةِ وَمَهِّلْهُمْ قَلِيلًا ۞ إِنَّ لَدَيْنَآ أَنكَالًا وَجَحِيمًا ۞ وَطَعَامًا ذَا غُصَّةٍ وَّعَذَابًا أَلِيمًا ۞ يَوْمَ تَرْجُفُ الْأَرْضُ وَالْجِبَالُ وَكَانَتِ الْجِبَالُ كَثِيبًا مَّهِيلًا ۞ إِنَّآ أَرْسَلْنَآ إِلَيْكُمْ رَسُولًا شَاهِدًا عَلَيْكُمْ كَمَآ أَرْسَلْنَآ إِلَىٰ فِرْعَوْنَ رَسُولًا ۞ فَعَصَىٰ فِرْعَوْنُ الرَّسُولَ فَأَخَذْنَاهُ أَخْذًا وَبِيلًا ۞ فَكَيْفَ تَتَّقُونَ إِن كَفَرْتُمْ يَوْمًا يَجْعَلُ الْوِلْدَانَ شِيبًا ۞

9. (He is) Lord of the East and the West: there is no god but He: take Him therefore for (thy) Disposer of Affairs.

9. Rabbul-Mashriqi wal-Maghribi Lâ'ilâha 'illâ Huwa fattakhiz-hu Wakîlâ.

10. And have patience with what they say. And leave them with noble (dignity).

10. Wasbir 'alâ mâ yaqûlûna wah-jurhum hajran-jamîlâ.

11. And leave Me (alone to deal with) those in possession of the good things of life [who (yet) deny the Truth;] and bear with them for a little while.

11. Wa zarnî wal-mukazzibîna 'ulin-na'-mati wa mahhilhum qalîlâ.

12. With Us are Fetters (to bind them), and a Fire (to burn them),

12. 'Inna ladaynâ 'ankâlanw-wa Jahîmâ,

13. And a Food that chokes and a Chastisement Grievous.

13. Wa Ta-'âman-zâ gussatinw-wa 'Azâban 'alîmâ.

14. The Day the earth and the mountains will be in violent commotion. And the mountains will be as a heap of sand poured out and flowing down.

14. Yawma tarjuful-'ardhu wal-jibâlu wa kânatil-jibâlu kathîbam-mahîlâ.

15. We have sent to you. (O men!) a Messenger, to be a witness concerning you even as We sent a messenger to Pharaoh.

15. 'Innâ 'arsalnâ 'ilaykum Rasûlan-shâhidan 'alaykum kamâ 'arsalnâ 'ilâ Fir-'awna Rasûlâ.

16. But Pharaoh disobeyed the messenger; so We seized him with a heavy Punishment.

16. Fa-'asâ Fir-'awnur-Rasûla fa-'akhaznâhu 'akhzanw-wabîlâ.

17. Then how shall ye, if ye deny (Allâh), guard yourselves against a Day that will make children hoary-headed?—

17. Fakay-fa tattaqûna 'in-kafartum Yawmany-yaj-'alul-wildâna shibâ–

السَّمَآءُ مُنْفَطِرٌۢ بِهٖ ؕ كَانَ وَعْدُهٗ مَفْعُوْلًا ۝
اِنَّ هٰذِهٖ تَذْكِرَةٌ ۚ فَمَنْ شَآءَ اتَّخَذَ اِلٰى
رَبِّهٖ سَبِيْلًا ۝ اِنَّ رَبَّكَ يَعْلَمُ اَنَّكَ
تَقُوْمُ اَدْنٰى مِنْ ثُلُثَيِ الَّيْلِ وَنِصْفَهٗ وَ
ثُلُثَهٗ وَطَآئِفَةٌ مِّنَ الَّذِيْنَ مَعَكَ ؕ وَاللّٰهُ
يُقَدِّرُ الَّيْلَ وَالنَّهَارَ ؕ عَلِمَ اَنْ لَّنْ
تُحْصُوْهُ فَتَابَ عَلَيْكُمْ فَاقْرَءُوْا مَا تَيَسَّرَ
مِنَ الْقُرْاٰنِ ؕ عَلِمَ اَنْ سَيَكُوْنُ مِنْكُمْ
مَّرْضٰى ۙ وَاٰخَرُوْنَ يَضْرِبُوْنَ فِى الْاَرْضِ
يَبْتَغُوْنَ مِنْ فَضْلِ اللّٰهِ ۙ وَاٰخَرُوْنَ يُقَاتِلُوْنَ
فِيْ سَبِيْلِ اللّٰهِ ۖ فَاقْرَءُوْا مَا تَيَسَّرَ مِنْهُ ۙ
وَاَقِيْمُوا الصَّلٰوةَ وَاٰتُوا الزَّكٰوةَ وَاَقْرِضُوا اللّٰهَ

18. Whereon the sky will be cleft asunder? His Promise needs must be accomplished.

19. Verily this is an Admonition. Therefore, whoso will, let him take a (straight) path to his Lord!

20. Thy Lord doth know that thou standest forth (to prayer) nigh two-thirds of the night, or half the night, or a third of the night. And so doth a party of those with thee. But Allâh doth appoint Night and Day in due measure. He knoweth that ye are unable to keep count thereof. So He hath turned to you (in mercy): read ye, therefore, of the Qur'ân as much as may be easy for you. He knoweth that there may be (some) among you in ill-health; others travelling through the land, seeking of Allâh's bounty; yet others fighting in Allâh's Cause. Read ye, therefore, as much of the Qur'ân as may be easy (for you); and establish regular Prayer and give zakat; and loan to Allâh

18. 'As-samâ-'u munfatirum-bih? Kâna wa'-duhû maf-'ûlâ.

19. 'Inna hâzihi Tazkirah: faman shâ-'attakhaza 'ilâ Rabbihî Sabîlâ!

20. Inna Rabbaka ya'-lamu 'annaka taqûmu 'adnâ minthuluthayil-layli wa nisfahû wa thuluthâhû wa tâ-'ifatum-minallazîna ma-'ak. Wallâhu yuqaddirul-layla wan-nahâr. 'Alima 'allan-tuhsûhu fatâba 'alay-kum faq-ra-'û mâ ta-yassara minal-Qur-'ân. 'Alimâ 'an-sayakûnu minkum-mardhâ wa 'âkharûna yadhribûna fil-'ardhi yabtaghûna min-Fadhlillâhi wa 'âkharûna yuqâtilûna fî Sabîlillâh. Faqra-'û mâ tayassara minhu wa 'aqîmus-Salâta wa 'âtuz-Zakâta wa 'aqridhul-lâha

قَرْضًا حَسَنًا ۚ وَمَا تُقَدِّمُوا لِأَنفُسِكُم مِّنْ خَيْرٍ تَجِدُوهُ عِندَ اللَّهِ هُوَ خَيْرًا وَأَعْظَمَ أَجْرًا ۚ وَاسْتَغْفِرُوا اللَّهَ ۖ إِنَّ اللَّهَ غَفُورٌ رَّحِيمٌ ۝

سُورَةُ الْكَهْفِ مَكِّيَّةٌ

بِسْمِ اللَّهِ الرَّحْمَٰنِ الرَّحِيمِ

الْحَمْدُ لِلَّهِ الَّذِي أَنزَلَ عَلَىٰ عَبْدِهِ الْكِتَابَ وَلَمْ يَجْعَل لَّهُ عِوَجًا ۜ ۝ قَيِّمًا لِّيُنذِرَ بَأْسًا شَدِيدًا مِّن لَّدُنْهُ وَيُبَشِّرَ الْمُؤْمِنِينَ الَّذِينَ يَعْمَلُونَ الصَّالِحَاتِ أَنَّ لَهُمْ أَجْرًا حَسَنًا ۝ مَّاكِثِينَ فِيهِ أَبَدًا ۝ وَيُنذِرَ الَّذِينَ قَالُوا اتَّخَذَ اللَّهُ وَلَدًا ۝

a Beautiful Loan. And whatever good ye send forth for yourselves, ye shall find it with Allâh. Yea, better and greater, in Reward, and seek ye the Grace of Allâh: for Allâh is Oft-Forgiving, Most Merciful.

Qar_d_han Hasanâ. Wa mâ tuqaddimû li-'anfusikum-min k_h_ay-rin-tajidûhu 'indal-lâhi huwa k_h_ay-ranw-wa 'A'-_z_ama 'Ajrâ. Wasta_gh_firul-lâh: 'innallâha _Gh_afûrur-Rahîm.

SÛRAH KEHEF

Bismillâhir-Rahmânir-Rahîm
In the Name of Allâh, Most Gracious, Most Merciful.

Translation

1. Praise be to Allâh, Who hath sent to His Servant the Book, and hath allowed therein no Crookedness:

2. (He hath made it) Straight (and Clear) in order that He may warn (the godless) of a terrible Punishment from Him, and that He may give Glad Tidings to the Believers who work Righteous deeds, that they shall have a goodly Reward,

3. Wherein they shall remain for ever:

4. Further, that He may warn those (also) who say, "Allâh hath begotten a son":

Transliteration

1. 'Al-Hamdu lillâhil-lazî 'anzala'alâ 'Abdihil-Kitâba wa lam yaj-'al-lahû 'iwajâ—

2. Qayyimal-li-yunzira Ba'-san-shadîdam-milladunhu wa yubash-shiral-Mu-'-minî-nallazîna ya'-malûnas-sâlihâti 'anna lahum 'Ajran hasanâ,

3. Mâki_th_îna fîhi 'abadâ:

4. Wa yunzirallazîna qâlut-takhazallâhu waladâ:

مَا لَهُمْ بِهِ مِنْ عِلْمٍ وَلَا لِآبَائِهِمْ ۚ كَبُرَتْ كَلِمَةً تَخْرُجُ مِنْ أَفْوَاهِهِمْ ۚ إِنْ يَقُولُونَ إِلَّا كَذِبًا ۝ فَلَعَلَّكَ بَاخِعٌ نَفْسَكَ عَلَىٰ آثَارِهِمْ إِنْ لَمْ يُؤْمِنُوا بِهَٰذَا الْحَدِيثِ أَسَفًا ۝ إِنَّا جَعَلْنَا مَا عَلَى الْأَرْضِ زِينَةً لَهَا لِنَبْلُوَهُمْ أَيُّهُمْ أَحْسَنُ عَمَلًا ۝ وَإِنَّا لَجَاعِلُونَ مَا عَلَيْهَا صَعِيدًا جُرُزًا ۝ أَمْ حَسِبْتَ أَنَّ أَصْحَابَ الْكَهْفِ وَالرَّقِيمِ كَانُوا مِنْ آيَاتِنَا عَجَبًا ۝ إِذْ أَوَى الْفِتْيَةُ إِلَى الْكَهْفِ فَقَالُوا رَبَّنَا آتِنَا مِنْ لَدُنْكَ رَحْمَةً وَهَيِّئْ لَنَا مِنْ أَمْرِنَا رَشَدًا ۝ فَضَرَبْنَا عَلَىٰ آذَانِهِمْ فِي الْكَهْفِ سِنِينَ عَدَدًا

5. No knowledge have they of such a thing, nor had their fathers. It is a grievous thing that issues from their mouths as a saying. What they say is nothing but falsehood!

6. Thou wouldst only, perchance, Fret thyself to death, following after them, in grief, if they believe not in this Message.

7. That which is on earth We have made but as a glittering show for it, in order that We may test them—as to which of them are best in conduct.

8. Verily what is on earth We shall make but as dust and dry soil (without growth or herbage).

9. Or dost thou think that the Companions of the Cave and of the inscription were wonders among Our Signs?

10. Behold, the youths betook themselves to the Cave: they said, "Our Lord! bestow on us mercy from Thyself, and dispose of our affair for us in the right way!"

11. Then We drew (a veil) over their ears, for a number of years, in the Cave, (so that they heard not):

5. Mâ lahum-bihî min 'ilminw wa lâ li-'âbâ-'ihim. Kaburat kalimatan-takhruju min 'af-wâhihim. 'Inyyaqûlûna 'illâ kazibâ.

6. Fala-'allaka bâkhi-'un-nafsaka 'alâ 'âthârihim 'illam yu'-minû bi-hâzal Hadîthi 'asafâ.

7. 'Innâ ja'alnâ mâ 'alal-'ardhi zînatal-lahâ linabluwa-hum 'ayyu-hum 'ahsanu 'amalâ.

8. Wa 'innâ lajâ-'ilûna mâ 'alayhâ sa'îdan-juruzâ

9. 'Am hasibta 'anna 'Ashâ-bal-Kahfi war-Raqîm kânû min 'Aayâtinâ 'ajabâ?

10. 'Iz 'awal-fityatu 'ilal-Kahfi faqâlû Rabbanâ 'âtinâ milladunka Rahmatanw wa hayyi' lanâ min 'amrinâ rashadâ!

11. Fadharabnâ 'alâ 'âzânihim fil-Kahfi sinîna 'adadâ:

ثُمَّ بَعَثْنٰهُمْ لِنَعْلَمَ اَىُّ الْحِزْبَيْنِ اَحْصٰى لِمَا لَبِثُوْۤا اَمَدًا ۞ نَحْنُ نَقُصُّ عَلَيْكَ نَبَاَهُمْ بِالْحَقِّ ؕ اِنَّهُمْ فِتْيَةٌ اٰمَنُوْا بِرَبِّهِمْ وَزِدْنٰهُمْ هُدًى ۞ وَّرَبَطْنَا عَلٰى قُلُوْبِهِمْ اِذْ قَامُوْا فَقَالُوْا رَبُّنَا رَبُّ السَّمٰوٰتِ وَالْاَرْضِ لَنْ نَّدْعُوَا۟ مِنْ دُوْنِهٖۤ اِلٰهًا لَّقَدْ قُلْنَاۤ اِذًا شَطَطًا ۞ هٰۤؤُلَآءِ قَوْمُنَا اتَّخَذُوْا مِنْ دُوْنِهٖۤ اٰلِهَةً ؕ لَوْلَا يَاْتُوْنَ عَلَيْهِمْ بِسُلْطٰنٍۭ بَيِّنٍ ؕ فَمَنْ اَظْلَمُ مِمَّنِ افْتَرٰى عَلَى اللّٰهِ كَذِبًا ۞ وَاِذِ اعْتَزَلْتُمُوْهُمْ وَمَا يَعْبُدُوْنَ اِلَّا اللّٰهَ فَاْوٗۤا اِلَى الْكَهْفِ يَنْشُرْ لَكُمْ رَبُّكُمْ مِّنْ رَّحْمَتِهٖ وَيُهَيِّئْ

12. Then We roused them, in order to test which of the two parties was best at calculating the term of years they had tarried!

12. Thumma ba-'athnâhum li-na'-lama 'ayyul-hizbayni 'ah-sâ limâ labithû 'amadâ!

13. We relate to thee their story in truth: they were youths who believed in their Lord, and We increased them in guidance:

13. Nahnu naqussu 'alayka naba-'ahum-bil-Haqq: 'inna-hum fityatun 'âmanû bi-Rabbihim wa zidnâhum hudâ:

14. We gave strength to their hearts: behold, they stood up and said: "Our Lord is the Lord of the heavens and of the earth: never shall we call upon any god other than Him: if we did, we should indeed have uttered an enormity!

14. Wa rabatnâ 'alâ qulûbihim 'iz qâmû faqâlû Rabbunâ Rabbus-samâwâti wal-'ardhi lan-nad-'uwa min dûnihî 'ilâhal-laqad qulnâ 'izan-shatatâ!

15. "These our people have taken for worship gods other than Him: why do they not bring forward an authority clear (and convincing) for what they do? Who doth more wrong than such as invent a falsehood against Allâh?

15. Hâ-'ulâ-'i qawmunat-takhazû min-dûnihî 'âlihah: Law lâ ya'-tûna 'alay-him-bi-sultânim-bayyin? Fa-man 'azlamu mimma-niftarâ 'alallâhi kazibâ?

16. "When ye turn away from them and the things they worship other than Allâh, betake yourselves to the Cave: Your Lord will shower His mercies on you and dispose

16. Wa 'izi'-tazaltumûhum wa mâ ya'- budûna 'illallâha fa'-wû 'ilal-Kahfî yanshur lakum Rabbukum-mir-rahma-tihî wa yuhayyî'

لَكُمْ مِّنْ أَمْرِكُمْ مِّرْفَقًا ۞ وَتَرَى الشَّمْسَ إِذَا طَلَعَت تَّزَاوَرُ عَن كَهْفِهِمْ ذَاتَ الْيَمِينِ وَإِذَا غَرَبَت تَّقْرِضُهُمْ ذَاتَ الشِّمَالِ وَهُمْ فِي فَجْوَةٍ مِّنْهُ ۚ ذَٰلِكَ مِنْ آيَاتِ اللَّهِ ۗ مَن يَهْدِ اللَّهُ فَهُوَ الْمُهْتَدِ وَمَن يُضْلِلْ فَلَن تَجِدَ لَهُ وَلِيًّا مُّرْشِدًا ۞ وَتَحْسَبُهُمْ أَيْقَاظًا وَهُمْ رُقُودٌ وَنُقَلِّبُهُمْ ذَاتَ الْيَمِينِ وَذَاتَ الشِّمَالِ وَكَلْبُهُم بَاسِطٌ ذِرَاعَيْهِ بِالْوَصِيدِ لَوِ اطَّلَعْتَ عَلَيْهِمْ لَوَلَّيْتَ مِنْهُمْ فِرَارًا وَلَمُلِئْتَ مِنْهُمْ رُعْبًا ۞ وَكَذَٰلِكَ بَعَثْنَاهُمْ لِيَتَسَاءَلُوا بَيْنَهُمْ ۚ قَالَ قَائِلٌ مِّنْهُمْ كَمْ

of your affair towards comfort and ease."

lakum-min 'amrikum-mirfaqâ.

17. Thou wouldst have seen the sun, when it rose, declining to the right from their Cave, and when it set, turning away from them to the left, while they lay in the open space in the midst of the Cave: Such are among the Signs of Allâh: he whom Allâh guides is rightly guided; but he whom Allâh leaves to stray,—for him wilt thou find no protector to lead him to the Right Way.

17. Wa tarash-shamsa 'ızâ tala'at-tazâwaru 'an-Kahfihim zâtal-yamîni wa 'izâ ghara-bat-taqri-dhuhum zâtash-shi-mâli wa hum fî fajwatim-minh. Zâlika min 'Aayâtil-lâh: many-yahdillâhu fa-huwal-muhtad; wa many-yudh-lil falan-tajida lahû waliyyam-murshidâ.

18. Thou wouldst have thought them awake, whilst they were asleep, and We turned them on their right and on their left sides: their dog stretching forth his two fore-legs on the threshold: if thou hadst looked at them, thou wouldst have certainly turned back from them in flight, and wouldst certainly have been filled with terror of them.

18. Wa tahsabuhum 'ayqâ-zanwwa hum ruqûd: wa nu-qallibuhum zâtal-yamîni wa zâtash-shimâl: wa kalbu-hum bâsitun-zirâ-'ayhi bil-wasîd: la-wittala'-ta 'alayhim la-wallayta minhum firâranw-wa la-muli'-ta minhum ru'bâ.

19. Such (being their state), We raised them up (from sleep), that they might question each other. Said one of them, "How long

19. Wa kazâlika ba-'athnâ-hum li-yatasâ-'alû baynahum. Qâla qâ-'ilum-min-hum kam

لَبِثْتُمْ ۚ قَالُوا لَبِثْنَا يَوْمًا أَوْ بَعْضَ يَوْمٍ ۚ
قَالُوا رَبُّكُمْ أَعْلَمُ بِمَا لَبِثْتُمْ ۚ فَابْعَثُوٓا
أَحَدَكُمْ بِوَرِقِكُمْ هٰذِهٖٓ إِلَى الْمَدِينَةِ فَلْيَنْظُرْ
أَيُّهَا أَزْكٰى طَعَامًا فَلْيَأْتِكُمْ بِرِزْقٍ
مِنْهُ وَلْيَتَلَطَّفْ وَلَا يُشْعِرَنَّ بِكُمْ أَحَدًا ۝
إِنَّهُمْ إِنْ يَظْهَرُوْا عَلَيْكُمْ يَرْجُمُوكُمْ
أَوْ يُعِيدُوكُمْ فِيْ مِلَّتِهِمْ وَلَنْ تُفْلِحُوٓا
إِذًا أَبَدًا ۝ وَكَذٰلِكَ أَعْثَرْنَا عَلَيْهِمْ
لِيَعْلَمُوٓا أَنَّ وَعْدَ اللّٰهِ حَقٌّ وَّأَنَّ السَّاعَةَ
لَا رَيْبَ فِيْهَاۚ إِذْ يَتَنَازَعُوْنَ بَيْنَهُمْ أَمْرَهُمْ
فَقَالُوا ابْنُوْا عَلَيْهِمْ بُنْيَانًا ۚ رَبُّهُمْ أَعْلَمُ
بِهِمْ ۚ قَالَ الَّذِيْنَ غَلَبُوْا عَلٰٓى أَمْرِهِمْ

have ye stayed (here)?" They said, "We have stayed (perhaps) a day, or part of a day." (At length) they (all) said, "Allâh (alone) knows best how long ye have stayed here...Now send ye then one of you with this money of yours to the town: let him find out which is the best food (to be had) and bring some to you, (that ye may satisfy your hunger therewith) and let him behave with care and courtesy, and let him not inform anyone about you.

labithtum? Qâlû labithnâ yawman'aw ba'-dha yawm. Qâlû Rabbukum 'a'-lamu bimâ labithtum...Fab-'asû 'ahadakum-biwa-riqikum hâzihî 'ilal-madî-nati fal-yanzur 'ayyuhâ 'az-kâ ta-'âman-fal-ya'tikum-birizqim-minhu wal-yata-Lattaf wa lâ yush-'iranna bikum 'ahadâ.

20. "For if they should come upon you, they would stone you or force you to return to their religion, and in that case ye would never attain prosperity."

20. 'Innahum 'iny-yazharû 'alaykum yarjumûkum 'aw yu-'îdûkum fî millatihim wa lan-tuflihû 'izan 'abadâ.

21. Thus did We make their case know to the people, that they might know that the promise of Allâh is true, and that there can be no doubt about the Hour of Judgment. Behold, they dispute among themselves as to their affair. (Some) said, "Construct a building over them": their Lord knows best about them: those who prevailed over their affair said,

21. Wa kazâlika 'a'-tharnâ 'alay-him liya'-lamû 'anna wa'-dallâhi haqqunwwa-'annas-Sâ-'ata lâ rayba fîhâ. 'Iz-yatanâza-'ûna baynahum 'amrahum fa-qâlubnû 'alay-him bunyânâ: Rabbuhum'a'-lamu bihim: qâlallazîna ghalabû 'alâ 'amrihim

لَنَتَّخِذَنَّ عَلَيْهِمْ مَّسْجِدًا ۞ سَيَقُوْلُوْنَ ثَلٰثَةٌ رَّابِعُهُمْ كَلْبُهُمْ ۚ وَيَقُوْلُوْنَ خَمْسَةٌ سَادِسُهُمْ كَلْبُهُمْ رَجْمًۢا بِالْغَيْبِ ۚ وَيَقُوْلُوْنَ سَبْعَةٌ وَّثَامِنُهُمْ كَلْبُهُمْ ۚ قُلْ رَّبِّيْٓ اَعْلَمُ بِعِدَّتِهِمْ مَّا يَعْلَمُهُمْ اِلَّا قَلِيْلٌ ۙ۬ فَلَا تُمَارِ فِيْهِمْ اِلَّا مِرَآءً ظَاهِرًا ۪ وَّلَا تَسْتَفْتِ فِيْهِمْ مِّنْهُمْ اَحَدًا ۞ وَلَا تَقُوْلَنَّ لِشَايْءٍ اِنِّيْ فَاعِلٌ ذٰلِكَ غَدًا ۞ اِلَّآ اَنْ يَّشَآءَ اللّٰهُ ۡ وَاذْكُرْ رَّبَّكَ اِذَا نَسِيْتَ وَقُلْ عَسٰٓى اَنْ يَّهْدِيَنِ رَبِّيْ لِاَقْرَبَ مِنْ هٰذَا رَشَدًا ۞ وَلَبِثُوْا فِيْ كَهْفِهِمْ ثَلٰثَ مِائَةٍ سِنِيْنَ وَازْدَادُوْا تِسْعًا ۞

"Let us surely build a place of worship over them."

22. (Some) say they were three, the dog being the fourth among them; (others) say they were five, the dog being the sixth,—doubtfully guessing at the unknown; (yet others) say they were seven, the dog being the eighth. Say thou: "My Lord knoweth best their number; it is but few that know their (real case)." Enter not, therefore, into controversies concerning them, except on the matter that is clear, nor consult any of them about (the affair of) the Sleepers.

23. Nor say of anything, "I shall be sure to do so tomorrow"—

24. Except "If Allâh so wills" and remember thy Lord when thou forgettest, and say, "I hope that my Lord will guide me ever closer (even) than this to the right course."

25. So they stayed in their Cave three hundred years, and nine (more).

---

la-nat-takhizanna 'alayhim-masjidâ.

22. Sa-yaqûlûna Thalâthatur-râbi-'uhum kalbuhum: wa yaqûlûna khamsatun-sâdisuhum kalbuhum rajmam-bil-ghayb; wa yaqûlûna sab-'a-tunw wa thâminuhum kalbu-hum. Qur-Rabbî'a'-lamu bi'iddatihim-mâ ya'-lamuhum 'illâ qalîl. Falâ tumâri fî-him 'illâ mirâ-'an-zâhirâ, wa lâtastafti fîhim-minhum 'ahadâ.

23. Wa lâ taqûlanna lishay-'in'innî fâ-'ilun-zâlika ghadâ.

24. 'Illâ 'any-yashâ-'al-lâh! Wazkur-Rabbaka 'izâ nasîta wa qul 'asâ 'any-yah-diyani Rabbî li-'aqraba min hâzâ rashadâ.

25. Wa labithû fî Kahfihim thalâtha mi-'atin-sinîna waz-dâdû tis-'â.

قُلِ اللّٰهُ أَعْلَمُ بِمَا لَبِثُوا ۖ لَهُ غَيْبُ السَّمٰوٰتِ وَالْأَرْضِ ۖ أَبْصِرْ بِهِ وَأَسْمِعْ ۚ مَا لَهُمْ مِنْ دُونِهِ مِنْ وَلِيٍّ وَلَا يُشْرِكُ فِي حُكْمِهِ أَحَدًا ۝ وَاتْلُ مَا أُوحِيَ إِلَيْكَ مِنْ كِتَابِ رَبِّكَ ۖ لَا مُبَدِّلَ لِكَلِمَاتِهِ وَلَنْ تَجِدَ مِنْ دُونِهِ مُلْتَحَدًا ۝ وَاصْبِرْ نَفْسَكَ مَعَ الَّذِينَ يَدْعُونَ رَبَّهُمْ بِالْغَدَاةِ وَالْعَشِيِّ يُرِيدُونَ وَجْهَهُ ۖ وَلَا تَعْدُ عَيْنَاكَ عَنْهُمْ تُرِيدُ زِينَةَ الْحَيَاةِ الدُّنْيَا ۖ وَلَا تُطِعْ مَنْ أَغْفَلْنَا قَلْبَهُ عَنْ ذِكْرِنَا وَاتَّبَعَ هَوَاهُ وَكَانَ أَمْرُهُ فُرُطًا ۝ وَقُلِ الْحَقُّ مِنْ رَبِّكُمْ ۖ فَمَنْ شَاءَ فَلْيُؤْمِنْ

26. Say: "Allâh knows best how long they stayed: with Him is (the knowledge of) the secrets of the heavens and the earth: how clearly He sees, how finely He hears (everything)! They have no protector other then Him; nor does He share His Command with any person whatsoever.

26. Qulillâhu 'a'-lamu bimâ labithû: lahû ghaybus-samâ-wâti wal-'ardh: 'absir bihî wa 'asmi'! Mâ lahum-min-dû-nihî minw-waliyy; wa lâ yushriku fî Hukmihî 'ahadâ.

27. And recite (and teach) what has been revealed to thee of the Book of thy Lord: none can change His Words, and none wilt thou find as a refuge other than Him.

27. Watlu mâ 'ûhiya 'ilay-ka min-Kitâbi Rabbik: lâ mubaddila li-Kalimâtih: wa lan-tajida min-dûnihî multa-hadâ.

28. And keep yourself content with those who call on their Lord morning and everning, seeking His Face; and let not thine eyes pass beyond them, seeking the pomp and glitter of this Life; nor obey any whose heart We have permitted to neglect the remembrance of Us. one who follows his own desires, and his affair has become all excess.

28. Wasbir nafsaka ma-'allazîna yad-'ûna Rabbahum- bil-ghadâti wal-'ashiyyi␣yurîdûna Waj-hahû wa lâ ta'-du 'aynâka 'an-hum: turidu zînatal-Hayâ-tiddunyâ; wa lâ tuti'man 'aghfalnâ qalbahû 'an-zikri-nâ wattaba-'a hawâhu wa kâna 'amruhû furutâ. (Part Three-fourth)

29. Say, "The Truth is from your Lord" let him who will, believe,

29. Wa qulil-Haqqu mir-Rabbi-kum: faman-shâ-'a fal-yu'-min-w

وَمَن شَآءَ فَلْيَكْفُرْ ۚ إِنَّآ أَعْتَدْنَا لِلظَّٰلِمِينَ نَارًا أَحَاطَ بِهِمْ سُرَادِقُهَا ۚ وَإِن يَسْتَغِيثُوا۟ يُغَاثُوا۟ بِمَآءٍ كَالْمُهْلِ يَشْوِى الْوُجُوهَ ۚ بِئْسَ الشَّرَابُ وَسَآءَتْ مُرْتَفَقًا ۝ إِنَّ الَّذِينَ ءَامَنُوا۟ وَعَمِلُوا۟ الصَّٰلِحَٰتِ إِنَّا لَا نُضِيعُ أَجْرَ مَنْ أَحْسَنَ عَمَلًا ۝ أُو۟لَٰٓئِكَ لَهُمْ جَنَّٰتُ عَدْنٍ تَجْرِى مِن تَحْتِهِمُ الْأَنْهَٰرُ يُحَلَّوْنَ فِيهَا مِنْ أَسَاوِرَ مِن ذَهَبٍ وَيَلْبَسُونَ ثِيَابًا خُضْرًا مِّن سُندُسٍ وَإِسْتَبْرَقٍ مُّتَّكِـِٔينَ فِيهَا عَلَى الْأَرَآئِكِ ۚ نِعْمَ الثَّوَابُ وَحَسُنَتْ مُرْتَفَقًا ۝ وَاضْرِبْ لَهُم مَّثَلًا رَّجُلَيْنِ جَعَلْنَا لِأَحَدِهِمَا جَنَّتَيْنِ مِنْ أَعْنَٰبٍ وَ

and let him who will, reject (it): for the wrongdoers We have prepared a Fire whose (smoke and flames), like the walls and roof of a tent, will hem them in: if they implore relief they will be granted water like melted brass, that will scald their faces, how dreadful the drink! How uncomfortable a couch to recline on!

wa man-shâ-'afal-yak-fur: 'in-nâ 'a'-tadnâ liz-zâlimîna Nâran 'ahâtabi-him-surâdiqu-hâ: wa 'iny-yastaghîthû yughâthû bi-mâ-'in kalmuhli yashwil-wujûh. Bi'-sash-sharâb! wa sâ-'at murtafaqâ!

30. As to those who believe and work righteousness, verily We shall not suffer to perish the reward of any who do a (single) righteous deed.

30. 'Innallazîna 'âmanû wa 'amilus-sâlihâti 'innâ lâ nuzî-'u 'ajra man 'ahsana 'amalâ.

31. For them will be Gardens of Eternity; beneath them rivers will flow: they will be adorned therein with bracelets of gold, and they will wear green garments of fine silk and heavy brocade; they will recline therein on raised thrones. How good the recompense! How beautiful a couch to recline on!

31. 'Ulâ-'ika lahum Jannâtu 'Adnin tajrî min tahtihimul-'anhâru yuhallawna fîha min 'asâwira min zahabinw-wa yalbathûna thiyâban khuz-ram-min-sundusinw wa-stab-raqim-muttaki-'îna fîhâ 'alal-'arâ-'ik Ni'-math-tha-wâb! Wa hasunat murtafa-qâ!

32. Set forth to them the parable of two men: For one of them We provided two gardens of grapevines and

32. Wadhrib lahum-mathalar-rajulayni ja-'alnâ li-'ahadihi-mâ jannatayni min 'a'-nâ-binw wa

حَفَفْنَٰهُمَا بِنَخْلٍ وَجَعَلْنَا بَيْنَهُمَا زَرْعًا ۝ كِلْتَا الْجَنَّتَيْنِ اٰتَتْ اُكُلَهَا وَلَمْ تَظْلِمْ مِّنْهُ شَيْئًا وَّفَجَّرْنَا خِلٰلَهُمَا نَهَرًا ۝ وَّكَانَ لَهٗ ثَمَرٌ ۚ فَقَالَ لِصَاحِبِهٖ وَهُوَ يُحَاوِرُهٗۤ اَنَا اَكْثَرُ مِنْكَ مَالًا وَّاَعَزُّ نَفَرًا ۝ وَدَخَلَ جَنَّتَهٗ وَهُوَ ظَالِمٌ لِّنَفْسِهٖ ۚ قَالَ مَاۤ اَظُنُّ اَنْ تَبِيْدَ هٰذِهٖۤ اَبَدًا ۝ وَّمَاۤ اَظُنُّ السَّاعَةَ قَآئِمَةً ۙ وَّلَئِنْ رُّدِدْتُّ اِلٰى رَبِّيْ لَاَجِدَنَّ خَيْرًا مِّنْهَا مُنْقَلَبًا ۝ قَالَ لَهٗ صَاحِبُهٗ وَهُوَ يُحَاوِرُهٗۤ اَكَفَرْتَ بِالَّذِيْ خَلَقَكَ مِنْ تُرَابٍ ثُمَّ مِنْ نُّطْفَةٍ ثُمَّ سَوّٰىكَ رَجُلًا ۝

surrounded them with date palms; in between the two We placed tillage.

33. Each of those gardens brought forth its produce, and failed not in the least therein: in the midst of them We caused a river to flow.

34. (Abundant) was the produce this man had: he said to his companion, in the course of a mutual argument: "More wealth have I than you and more honour and power in (my following of) men."

35. He went in to his garden while he wronged himself: he said. "I deem not that this will ever perish,"

36. "Nor do I deem that the Hour (of Judgment) will (ever) come: even if I am brought back to my Lord. I shall surely find (there) something better in exchange."

37. His companion said to him, in the course of the argument with him: "Dost thou deny Him Who created thee out of dust, then out of a sperm-drop, then fashioned thee into a man?

---

hafaf-nâhumâ bi-nakhilinw wa ja-'alnâ bayna-humâ zar-'â.

33. Kiltal-jannatayni âtat 'ukulahâ wa lam tazlim-min-hu shay-'anw-wa fajjarnâ khilâlahumâ naharâ.

34. Wa kâna lahû thamar: faqâla li-sâhibihî wa huwa yuhâwiruhû 'ana 'aktharu minka mâlanw wa-a-'azzu nafarâ.

35. Wa dakhala jannatahû wa huwa zâlimul-li-nafsih: qâla mâ azunnu 'an-tabî-da hâzihî 'abadâ,

36. Wa mâ 'azunnus-Sâ-'ata qâ-'imatanw wa la-'irrud-dittu 'ilâ Rabbi la-'ajidanna khayram-minhâ munqalabâ.

37. Qâla lahû sâhibuhû wa huwa yu-hâwiruhû 'aka-farta billazî khalaqaka min-turâbin-thumma. min-nutfatin-thumma sawwâka rajulâ?

لٰكِنَّا۠ هُوَ اللّٰهُ رَبِّیْ وَلَاۤ اُشْرِكُ بِرَبِّیْۤ اَحَدًا ۝ وَلَوْلَاۤ اِذْ دَخَلْتَ جَنَّتَكَ قُلْتَ مَا شَآءَ اللّٰهُ ۙ لَا قُوَّةَ اِلَّا بِاللّٰهِ ۚ اِنْ تَرَنِ اَنَا اَقَلَّ مِنْكَ مَالًا وَّوَلَدًا ۝ۚ فَعَسٰی رَبِّیْۤ اَنْ یُّؤْتِیَنِ خَیْرًا مِّنْ جَنَّتِكَ وَیُرْسِلَ عَلَیْهَا حُسْبَانًا مِّنَ السَّمَآءِ فَتُصْبِحَ صَعِیْدًا زَلَقًا ۝ۙ اَوْ یُصْبِحَ مَآؤُهَا غَوْرًا فَلَنْ تَسْتَطِیْعَ لَهٗ طَلَبًا ۝ وَاُحِیْطَ بِثَمَرِهٖ فَاَصْبَحَ یُقَلِّبُ كَفَّیْهِ عَلٰی مَاۤ اَنْفَقَ فِیْهَا وَهِیَ خَاوِیَةٌ عَلٰی عُرُوْشِهَا وَیَقُوْلُ یٰلَیْتَنِیْ لَمْ اُشْرِكْ بِرَبِّیْۤ اَحَدًا ۝ وَلَمْ تَكُنْ لَّهٗ فِئَةٌ یَّنْصُرُوْنَهٗ مِنْ دُوْنِ اللّٰهِ وَمَا كَانَ مُنْتَصِرًا ۝ؕ

38. "But as for my part Allâh is my Lord, and none shall I associate with my Lord.

38. Lâkinna Huwallâhu Rabbî wa lâ 'ushriku bi-Rabbî 'ahadâ.

39. "Why didst thou not, as thou wentest into Thy garden, say: Allâh's Will (be done)! There is no power but from Allâh!' If thou dost see me less than thee in wealth and sons,

39. Wa law lâ 'iz dakhalta jannataka qulta mâ shâ-'allâhu Lâ quwwata 'illâ billâh! 'In-tarani 'ana 'aqalla minka mâlanw wa waladâ.

40. "It may be that my Lord will give me something better than thy garden, and that He will send on thy garden thunderbolts (by way of reckoning) from heaven, making it (but) slippery sand!—

40. Fa-'asâ Rabbî 'any-yu'-tiyani khayram-min-jannatika wa yursila 'alayhâ husbâ-nam-minas-samâ-'i fa-tusbi-ha sa-'îdan-zalaqâ!—

41. "Or the water of the garden will run off underground so that thou will never be able to find it."

41. 'Aw yusbiha mâ-'uhâ ghawran-falan-tastatî-'a lahû talabâ.

42. So his fruits were encompassed (with ruin), and he remained twisting and turning his hands over what he had sent on his property, which had (now) tumbled to pieces to its very foundation, and he could only say, "Woe is me! Would I had never ascribed partners to my Lord and Cherisher!"

42. Wa 'uhîta bi-thamarihî fa-'asbaha yuqallibu kaffayhi 'alâ mâ 'anfaqa fîhâ wa hiya khâwiyatun 'alâ 'urûshi-hâ' wa yaqûlu yâ-laytanî lam 'ushrik bi-Rabbî 'aha-dâ!

43. Nor had he numbers to help him against Allâh, nor was he able to deliver himself.

43. Wa lam takul-lahû fi-'a-tuny-yansurûnahû min-dû-nillâhi wa mâ kâna muntasirâ.

هُنَالِكَ الْوَلَايَةُ لِلَّهِ الْحَقِّ ۚ هُوَ خَيْرٌ ثَوَابًا وَّخَيْرٌ عُقْبًا ۞ وَاضْرِبْ لَهُمْ مَّثَلَ الْحَيٰوةِ الدُّنْيَا كَمَاءٍ أَنْزَلْنٰهُ مِنَ السَّمَاءِ فَاخْتَلَطَ بِهٖ نَبَاتُ الْأَرْضِ فَأَصْبَحَ هَشِيْمًا تَذْرُوْهُ الرِّيٰحُ ۗ وَكَانَ اللَّهُ عَلٰى كُلِّ شَيْءٍ مُّقْتَدِرًا ۞ اَلْمَالُ وَالْبَنُوْنَ زِيْنَةُ الْحَيٰوةِ الدُّنْيَا ۚ وَالْبٰقِيٰتُ الصّٰلِحٰتُ خَيْرٌ عِنْدَ رَبِّكَ ثَوَابًا وَّخَيْرٌ أَمَلًا ۞ وَيَوْمَ نُسَيِّرُ الْجِبَالَ وَتَرَى الْأَرْضَ بَارِزَةً ۙ وَّحَشَرْنٰهُمْ فَلَمْ نُغَادِرْ مِنْهُمْ أَحَدًا ۞ وَعُرِضُوْا عَلٰى رَبِّكَ صَفًّا ۗ لَقَدْ جِئْتُمُوْنَا كَمَا خَلَقْنٰكُمْ أَوَّلَ مَرَّةٍ ۢ بَلْ زَعَمْتُمْ أَلَّنْ نَّجْعَلَ لَكُمْ مَّوْعِدًا ۞

44. There the (only) protection comes from Allâh, the True One. He is the Best to reward, and the Best to give success.

44. Hunâlikal-walâyatu lil-lâhil-Haqq. Huwa Khayrun-thawâbanw wa Khayrun 'uqbâ.

45. Set forth to them the similitude of the life of this world: it is like the rain which We send down from the skies: the earth's vegetation absorbs it, but soon it becomes dry stubble, which the winds do scatter: it is (only) Allâh Who prevails over all things.

45. Wadhrib lahum-mathalal-hayâtid-dunyâ kamâ-'in 'anzalnâhu minas-samâ-'i fakhtalata bihî nabâtul-'ardhi fa-'asbaha hashîman tazrûhur-riyâh: wa kânal-lâhu 'alâ kulli shay-'im-Muqtadirâ.

46. Wealth and sons are allurements of the life of this world: but the things that endure, Good Deeds, are best in the sight of thy Lord, as rewards and best as (the foundation for) hopes.

46. 'Al-mâlu wal-banûna zînatul-hayâtid-dunyâ: wal-bâqiyâtus-sâlihâtu khayrun 'inda Rabbika sawâbanw wa khayrun 'amalâ.

47. On the Day We shall remove the mountains, and thou wilt see the earth as a level stretch, and We shall gather them, all together, nor shall We leave out anyone of them.

47. Wa yawma nusayyirul-jibâla wa taral-'ardha bâriza-tanw wa hasharnâhum falam nughâdir minhum 'ahadâ.

48. And they will be marshalled before thy Lord in ranks (with the announcement), "Now have ye come to Us (bare) as We created you first: aye, ye thought We shall not fulfil the appointment made to you to meet (Us)!":

48. Wa 'uridhû 'alâ Rabbika saffâ. Laqad ji'-tumûnâ kamâ khalaqnâkum 'awwala marratin-bal-za-'amtum 'allannaj-'ala lakum-maw-'idâ:

وَوُضِعَ الْكِتٰبُ فَتَرَى الْمُجْرِمِيْنَ مُشْفِقِيْنَ مِمَّا فِيْهِ وَيَقُوْلُوْنَ يٰوَيْلَتَنَا مَالِ هٰذَا الْكِتٰبِ لَا يُغَادِرُ صَغِيْرَةً وَّلَا كَبِيْرَةً اِلَّآ اَحْصٰىهَا ۚ وَوَجَدُوْا مَا عَمِلُوْا حَاضِرًا ۭ وَلَا يَظْلِمُ رَبُّكَ اَحَدًا ۞ وَاِذْ قُلْنَا لِلْمَلٰٓئِكَةِ اسْجُدُوْا لِاٰدَمَ فَسَجَدُوْٓا اِلَّآ اِبْلِيْسَ ۭ كَانَ مِنَ الْجِنِّ فَفَسَقَ عَنْ اَمْرِ رَبِّهٖ ۭ اَفَتَتَّخِذُوْنَهٗ وَذُرِّيَّتَهٗٓ اَوْلِيَآءَ مِنْ دُوْنِيْ وَهُمْ لَكُمْ عَدُوٌّ ۭ بِئْسَ لِلظّٰلِمِيْنَ بَدَلًا ۞ مَآ اَشْهَدْتُّهُمْ خَلْقَ السَّمٰوٰتِ وَالْاَرْضِ وَلَا خَلْقَ اَنْفُسِهِمْ ۠ وَمَا كُنْتُ مُتَّخِذَ الْمُضِلِّيْنَ عَضُدًا ۞

49. And the Book (of Deeds) will be placed (before you); and thou wilt see the sinful in great terror because of what is (recorded) therein; they will say, "Ah! woe to us! What a book is this! It leaves out nothing small or great, but takes account thereof!" They will find all that they did, placed before them: and not one will thy Lord treat with injustice.

49. Wa wudhi-'al-Kitâbu fa-taral-mujrimîna mushfiqîna mimmâ fîhi wa yuqûlûna yâ-waylatanâ mâ li-hâzal-kitâbi lâyu-ghâdiru saghîra-tanw wa lâ kabîratan 'illâ 'ahsâhâ! Wa wajadû mâ 'amilû hâdhirâ: wa lâ yaz-limu Rabbuka 'ahadâ.

50. Behold! We said to the angels, "Prostrate to Adam": they prostrated except Iblîs. He was one of the Jinns, and he broke the Command of his Lord, will ye then take him and his progeny as protectors rather than Me? And they are enemies to you! Evil would be the exchange for the wrongdoers!

50. Wa 'iz qulnâ lil-malâ-'ikatis-judû li-'Aadama fasa-jadû 'illâ 'Iblîs. Kâna minal-Jinni fa-fasaqa'an 'Am-ri Rabbih. Afa-tattakhizû-nahû wa zurriyyatahû 'aw-liyâ-'a min-dûnî wa hum lakum 'aduww! Bi'-sa lizzâ-limîna badalâ!

51. I called them not to witness the creation of the heavens and the earth, not (even) their own creation: nor is it for Me to take as helpers such as Lead (men) astray!

51. Mâ'ash-hattuhum khalqas-samâwâti wal-'ardhi wa lâ khalqa 'anfusihim: wa mâ kuntu muttakhizal-mudhillîna 'adhudâ!

وَيَوْمَ يَقُولُ نَادُوا شُرَكَاءِىَ الَّذِينَ زَعَمْتُمْ فَدَعَوْهُمْ فَلَمْ يَسْتَجِيبُوا لَهُمْ وَجَعَلْنَا بَيْنَهُمْ مَوْبِقًا ۝ وَرَأَى الْمُجْرِمُونَ النَّارَ فَظَنُّوا أَنَّهُمْ مُوَاقِعُوهَا وَلَمْ يَجِدُوا عَنْهَا مَصْرِفًا ۝ وَلَقَدْ صَرَّفْنَا فِي هَذَا الْقُرْآنِ لِلنَّاسِ مِنْ كُلِّ مَثَلٍ وَكَانَ الْإِنْسَانُ أَكْثَرَ شَيْءٍ جَدَلًا ۝ وَمَا مَنَعَ النَّاسَ أَنْ يُؤْمِنُوا إِذْ جَاءَهُمُ الْهُدَى وَيَسْتَغْفِرُوا رَبَّهُمْ إِلَّا أَنْ تَأْتِيَهُمْ سُنَّةُ الْأَوَّلِينَ أَوْ يَأْتِيَهُمُ الْعَذَابُ قُبُلًا ۝ وَمَا نُرْسِلُ الْمُرْسَلِينَ إِلَّا مُبَشِّرِينَ وَمُنْذِرِينَ وَيُجَادِلُ الَّذِينَ

52. On the Day He will say, "Call on those whom ye thought to be My partners." And they will call on them, but they will not listen to them: and We shall make for them a place of common perdition.

52. Wa Yawma yaqûlu nâdû shurakâ-'iyallazîna za-'amtum fada-'awhum falam yastajîbû lahum wa ja-'alnâ baynahum-mawbiqâ.

53. And the Sinful shall see the Fire and apprehend that they have to fall therein: no means will they find to turn away therefrom.

53. Wa ra-'al-mujrimûnan-Nâra fa-zannû 'annahum-muwâqi-'ûhâ wa lam yajidû 'anhâ masrifâ.

54. We have explained in detail 'n this Qur'an, for the benefit of mankind, every kind of similitude: but man is, in most things, contentious.

54. Wa laqad sarrafnâ fî hâ-zal-Qur'âni linnâsi min-kulli mathal: wa kânal-'Insânu 'akthara shay-'in-jadalâ.

55. And what is there to keep back men from believing, now that guidance has come to them, nor from praying for forgiveness from their Lord but that (they wait for) the ways of the ancients to overtake them, or the Wrath be brought to them face to face?

55. Wa mâ mana-'annâsa 'any-yu'-minû 'iz jâ-'a-humul-Hudâ wa yastaghfirû Rabbahum 'illâ 'an-ta'-tiya-hum sunnatul-'awwalîna 'aw ya'-tiyahumul-'Azâbu qubulâ?

56. We only send the Messengers to give glad tidings and to give warnings: but the Unbelievers dispute with

56. Wa mâ nursilul-mursalîna 'illâ mubash-shirîna wa munzirîn: wa yujâdilulla zîna

كَفَرُوا بِالْبَاطِلِ لِيُدْحِضُوا بِهِ الْحَقَّ وَاتَّخَذُوا اٰيٰتِي وَمَا أُنْذِرُوا هُزُوًا ۞ وَمَنْ أَظْلَمُ مِمَّنْ ذُكِّرَ بِاٰيٰتِ رَبِّهِ فَأَعْرَضَ عَنْهَا وَنَسِيَ مَا قَدَّمَتْ يَدَاهُ ۚ إِنَّا جَعَلْنَا عَلٰى قُلُوبِهِمْ أَكِنَّةً أَنْ يَفْقَهُوهُ وَفِي اٰذَانِهِمْ وَقْرًا ۖ وَإِنْ تَدْعُهُمْ إِلَى الْهُدٰى فَلَنْ يَهْتَدُوا إِذًا أَبَدًا ۞ وَرَبُّكَ الْغَفُورُ ذُو الرَّحْمَةِ ۖ لَوْ يُؤَاخِذُهُمْ بِمَا كَسَبُوا لَعَجَّلَ لَهُمُ الْعَذَابَ ۚ بَلْ لَهُمْ مَوْعِدٌ لَنْ يَجِدُوا مِنْ دُونِهِ مَوْئِلًا ۞ وَتِلْكَ الْقُرٰى أَهْلَكْنٰهُمْ لَمَّا ظَلَمُوا وَجَعَلْنَا لِمَهْلِكِهِمْ مَوْعِدًا ۞ وَإِذْ قَالَ مُوسٰى لِفَتٰىهُ لَا أَبْرَحُ حَتّٰى أَبْلُغَ

vain argument, in order therewith to weaken the truth, and they treat My Signs and warnings as a jest.

kafaru bil-bâtili liyud-hi_dh_û bihil-Haqqa wattakha_z_û 'Aayâtî wa mâ 'unzirû huzuwâ!

57. And who doth more wrong than one who is reminded of the Signs of his Lord but turns away from them, forgetting the (deeds) which his hands have sent forth? Verily We have set veils over their hearts so that they understand this not, and over their ears, deafness. If thou callest them to guidance, even then will they never accept guidance.

57. Wa man'a_z_lamu mimman-_z_ukkira bi-'Aayâti Rabbihî fa-'a'-ra_dh_a 'anhâ wa nasiya mâ qaddamat yadâh? 'Inna ja'alnâ 'alâ qulûbihim 'akinnatan 'anyyafqahûhu wa fî 'â_z_ânihim waqrâ. Wa 'intad-'uhum 'ilal-Hudâ fa-lanyyahtadû 'izan 'abadâ.

58. But your Lord is Most Forgiving, full of Mercy. If He were to call them (at once) to account for what they have earned, then surely He would have hastened their Punishment: but they have their appointed time, beyond which they will find no refuge.

58. Wa Rabbukal-Ghafûru Zur-Rahmah. Law yu-'âkhi_z_uhum-bimâ kasabû la-'ajjala lahumul-'a_z_âb: bal-la-hum- maw-'idul-lany-yajidû min dûnihî maw-'ilâ.

59. Such were the towns We destroyed when they committed iniquities; but We fixed an appointed time for their destruction.

59. Wa tilkal-qurâ 'ahlaknâhum lammâ _z_alamû wa ja-'alnâ li-mahlikhim-maw-'idâ.

60. Behold, Moses said to his attendant, "I will not give up until I reach the

60. Wa 'iz qâla Mûsâ lifatâhu lâ 'abrahu hattâ 'ablugha

مَجْمَعَ الْبَحْرَيْنِ أَوْ أَمْضِىَ حُقُبًا ۞ فَلَمَّا بَلَغَا مَجْمَعَ بَيْنِهِمَا نَسِيَا حُوتَهُمَا فَاتَّخَذَ سَبِيلَهُ فِى الْبَحْرِ سَرَبًا ۞ فَلَمَّا جَاوَزَا قَالَ لِفَتَاهُ آتِنَا غَدَاءَنَا لَقَدْ لَقِينَا مِن سَفَرِنَا هَذَا نَصَبًا ۞ قَالَ أَرَأَيْتَ إِذْ أَوَيْنَا إِلَى الصَّخْرَةِ فَإِنِّى نَسِيتُ الْحُوتَ وَمَا أَنسَانِيهُ إِلَّا الشَّيْطَانُ أَنْ أَذْكُرَهُ وَاتَّخَذَ سَبِيلَهُ فِى الْبَحْرِ عَجَبًا ۞ قَالَ ذَلِكَ مَا كُنَّا نَبْغِ فَارْتَدَّا عَلَى آثَارِهِمَا قَصَصًا ۞ فَوَجَدَا عَبْدًا مِّنْ عِبَادِنَا آتَيْنَاهُ رَحْمَةً مِّنْ عِندِنَا وَعَلَّمْنَاهُ مِن لَّدُنَّا عِلْمًا ۞ قَالَ لَهُ مُوسَى هَلْ أَتَّبِعُكَ عَلَى أَن تُعَلِّمَنِ

junction of the two seas or (until) I spend years and years in travel."	majma-'al-bahrayni'aw 'am<u>dh</u>iya huqubâ.
61. But when they reached the Junction, they forgot (about) their Fish, which took its course through the sea (straight) as in a tunnel.	61. Falammâ balaghâ majma-'a baynihimâ nasiyâ hûtahumâ fattakhaza sabilahû fil-bahri sarabâ.
62. When they had passed on (some distance), Moses said to his attendant: "Bring us our early meal; truly we have suffered much fatigue at this (stage of) our journey."	62. Falammâ jâwazâ qâla li-fatâhu 'âtinâ ghadâ-'a-nâ laqad laqînâ min-safa-rinâ hâzâ nasabâ.
63. He replied: "Sawest thou (what happened) when we betook ourselves to the rock? I did indeed forget (about) the Fish: none but Satan made me forget to tell (you) about It: it took its course through the sea in a marvellous way!"	63. Qâla 'ara-'ayta 'iz'awaynâ 'ilas-sakhrati fa-'innî nasitul-hût? wa mâ 'ansânî-hu 'illash-Shaytânu 'an 'az-kurah: wattakhaza sabîlahû fil-bahri 'ajabâ!
64. Moses said: "That was what we were seeking after: so they went back on their footsteps, following (the path they had come).	64. Qâla zâlika mâ kunnâ nabghi fartaddâ'alâ-âsâri-himâ qasasâ.
65. So they found one of Our servants. On whom We had bestowed Mercy from Ourselves and whom We had taught knowledge from Our own presence.	65. Fa-wajadâ 'Abdam-min 'ibâdinâ 'âtaynâhu Rahmatam-min 'indinâ wa 'allamnâhu mil-Ladunnâ 'Ilmâ.
66. Moses said to him: "May I follow thee, on the footing that Thou teach me	66. Qâla lahû Mûsâ hal'attabi-'uka 'alâ 'an-tu-'alli-mani

مِمَّا عُلِّمْتَ رُشْدًا ۝ قَالَ إِنَّكَ لَنْ تَسْتَطِيعَ مَعِيَ صَبْرًا ۝ وَكَيْفَ تَصْبِرُ عَلَىٰ مَا لَمْ تُحِطْ بِهِ خُبْرًا ۝ قَالَ سَتَجِدُنِي إِنْ شَاءَ اللَّهُ صَابِرًا وَلَا أَعْصِي لَكَ أَمْرًا ۝ قَالَ فَإِنِ اتَّبَعْتَنِي فَلَا تَسْأَلْنِي عَنْ شَيْءٍ حَتَّىٰ أُحْدِثَ لَكَ مِنْهُ ذِكْرًا ۝ فَانْطَلَقَا حَتَّىٰ إِذَا رَكِبَا فِي السَّفِينَةِ خَرَقَهَا قَالَ أَخَرَقْتَهَا لِتُغْرِقَ أَهْلَهَا لَقَدْ جِئْتَ شَيْئًا إِمْرًا ۝ قَالَ أَلَمْ أَقُلْ إِنَّكَ لَنْ تَسْتَطِيعَ مَعِيَ صَبْرًا ۝ قَالَ لَا تُؤَاخِذْنِي بِمَا نَسِيتُ وَلَا تُرْهِقْنِي مِنْ أَمْرِي عُسْرًا ۝ فَانْطَلَقَا حَتَّىٰ إِذَا لَقِيَا غُلَامًا فَقَتَلَهُ قَالَ

something of the (Higher) Truth which thou hast been taught?"

67. (The other) said: "Verily Thou will not be able to have patience with me!

68. "For how canst thou have patience about things Which are beyond your knowledge?"

69. Moses said: "Thou wilt find me, if Allâh so will, (truly) patient: nor shall I disobey thee in aught."

70. The other said: "If then thou wouldst follow me, ask me no questions about anything until I Myself speak to thee concerning it."

71. So they both proceeded: until, when they were in the boat, he scuttled it. Said Moses: "Hast thou scuttled it in order to drown those in it? Truly a strange thing hast thou done!"

72. He answered: "Did I not tell thee that thou canst have no patience with me?"

73. Moses said: Rebuke me not for forgetting, nor grieve me by raising difficulties in my case."

74. Then they proceeded: until, when they met a young boy, he slew him. Moses said:

67. Qâla 'innaka lan-tasta-tî-'a ma-'iya sabrâ!

68. Wa kayfa tasbiru 'alâ mâlam tuhit bihî khubrâ?

69. Qâla satajidunî 'in-shâ-'allâhu sâbiranwwalâ 'a'-sî laka 'amrâ.

70. Qâla fa-'inittaba'-tanî falâ tas-'alnî 'an shay-'in hattâ 'uhditha laka minhu zikrâ.

71. Fantalaqâ: hattâ 'izâ rakiba fis-safînati kharaqahâ. Qâla'a-kharaqtahâ li-tughri-qa 'ahlahâ? Laqad ji'-ta shay-'an 'imrâ!

72. Qâla 'alam 'aqul 'innaka lan-tastatî-'a ma-'iya sabrâ?

73. Qâla lâ tu-'âkhiznî bimâ nasîtu wa lâ turhiqnî min 'amrî 'usrâ.

74. Fantalaqâ: hattâ 'izâ laqiyâ ghulâman-faqatalahû qâla

اَقْتَلْتَ نَفْسًا زَكِيَّةً بِغَيْرِ نَفْسٍ لَقَدْ جِئْتَ شَيْئًا نُكْرًا ۞ قَالَ اَلَمْ اَقُلْ لَكَ اِنَّكَ لَنْ تَسْتَطِيْعَ مَعِيَ صَبْرًا ۞ قَالَ اِنْ سَاَلْتُكَ عَنْ شَيْءٍ بَعْدَهَا فَلَا تُصٰحِبْنِيْ قَدْ بَلَغْتَ مِنْ لَّدُنِّيْ عُذْرًا ۞ فَانْطَلَقَا ۛ حَتّٰۤى اِذَاۤ اَتَيَاۤ اَهْلَ قَرْيَةِ ِۨ اسْتَطْعَمَاۤ اَهْلَهَا فَاَبَوْا اَنْ يُّضَيِّفُوْهُمَا فَوَجَدَا فِيْهَا جِدَارًا يُّرِيْدُ اَنْ يَّنْقَضَّ فَاَقَامَهٗ ۚ قَالَ لَوْ شِئْتَ لَتَّخَذْتَ عَلَيْهِ اَجْرًا ۞ قَالَ هٰذَا فِرَاقُ بَيْنِيْ وَ بَيْنِكَ ۚ سَاُنَبِّئُكَ بِتَاْوِيْلِ مَا لَمْ تَسْتَطِعْ عَّلَيْهِ صَبْرًا ۞

"Hast thou slain an innocent person who had slain none? Truly a foul (unheard-of) thing hast thou done!"

'aqatalta nafsan-zakiyyatam-bi-ghayri nafs? Laqad ji'-ta shay-'an-nukrâ!

75. He answered: "Did I not tell thee that thou canst have no patience with me?"

75. Qâla 'Alam 'aqul-laka 'innaka lan-tastatî-'a ma-'iya sabrâ?

76. (Moses) said: "If ever I ask thee about anything after this, keep me not in thy company: then wouldst thou have received (full) excuse from my side.

76. Qâla 'in-sa-'altuka 'anshay-'im-ba'-dahâ falâ tusâhibnî: qad balaghta milladunnî 'uzrâ.

77. Then they proceeded: until, when they came to the inhabitants of a town, they asked them for food, but they refused them hospitality. They found there a wall on the point of falling down, but he set it up straight. (Moses) said: "If thou hadst wished, surely thou couldst have exacted some recompense for it!

77. Fantalaqâ: Hattâ 'izâ 'atayâ 'ahla-qaryati-nistat'a-mâ 'ahlahâ fa-'abaw 'any-yuzayyifûhumâ fa-wajadâ fîhâ jidârany-yurîdu 'any-yanqadhdha fa-'aqâmah. Qâla law shi'-ta lattakhazta 'alayhi 'ajrâ.

78. He answered: "This is the parting between me and thee: now will I tell thee the interpretation of (those things) over which thou wast unable to hold patience.

78. Qâla hâzâ firâqu baynî wa baynik: sa-'unabbi-'uka bi-ta'-wîli mâ lam tastati-'alayhi sabrâ.

اَمَّا السَّفِيْنَةُ فَكَانَتْ لِمَسٰكِيْنَ يَعْمَلُوْنَ فِى الْبَحْرِ فَاَرَدْتُّ اَنْ اَعِيْبَهَا وَكَانَ وَرَآءَهُمْ مَّلِكٌ يَّاْخُذُ كُلَّ سَفِيْنَةٍ غَصْبًا ۞ وَاَمَّا الْغُلٰمُ فَكَانَ اَبَوَاهُ مُؤْمِنَيْنِ فَخَشِيْنَآ اَنْ يُّرْهِقَهُمَا طُغْيَانًا وَّكُفْرًا ۞ فَاَرَدْنَآ اَنْ يُّبْدِلَهُمَا رَبُّهُمَا خَيْرًا مِّنْهُ زَكٰوةً وَّاَقْرَبَ رُحْمًا ۞ وَاَمَّا الْجِدَارُ فَكَانَ لِغُلٰمَيْنِ يَتِيْمَيْنِ فِى الْمَدِيْنَةِ وَكَانَ تَحْتَهٗ كَنْزٌ لَّهُمَا وَكَانَ اَبُوْهُمَا صَالِحًا ۚ فَاَرَادَ رَبُّكَ اَنْ يَّبْلُغَآ اَشُدَّهُمَا وَيَسْتَخْرِجَا كَنْزَهُمَا رَحْمَةً مِّنْ رَّبِّكَ ۚ وَمَا فَعَلْتُهٗ عَنْ اَمْرِيْ ۭ ذٰلِكَ تَاْوِيْلُ مَا لَمْ تَسْطِعْ عَلَيْهِ صَبْرًا ۞

79. "As for the boat, it belonged to certain men in dire want: they plied on the water: I but wished to render it unserviceable, for there was after them a certain king who seized on every boat by force.

80. "As for the youth, his parents were people of Faith, and we feared that he would grieve them by obstinate rebellion and ingratitude (to Allâh),

81. "So we desired that their Lord would give them in exchange (a son) better inpurity (of conduct) and closer in affection.

82. "As for the wall, it belonged to two youths, orphans, in the Town; there was, beneath it; a buried treasure, to which they were entitled; their father had been a righteous man: so thy Lord desired that they should attain their age of full strength and get out their treasure—a mercy (and favour) from thy Lord. I did it not of my own accord. Such is the interpretation of (those things) over which thou wast unable to hold patience."

79. 'Ammas-safînatu fakânat li-masâkîna ya'-malûna fil-bahri fa-'arattu'an-'îba-hâ wa kâna warâ-'ahummalikuny-ya'khuzu kulla safînatin ghasbâ.

80. Wa 'ammal-ghulâmu fakâna 'abawâhu Mu'-minay-ni fa-khashînâ 'any-yurhi-qahumâ tugh-yânanwwa kuf-râ.

81. Fa-'aradnâ 'anyyubdila-humâ Rabbuhumâ khayram-minhu zakâtanwwa 'aqraba ruhmâ.

82. Wa'ammal-jidâru fakâ-na li-ghulâmayni yatîmayni fil-Madînati wa kâna tahta-hû kanzullahumâ wa kâna 'abûhumâ sâlihâ fa-'arâda Rabbuka 'any-yablughâ 'ashuddahumâ wa yastakhrijâ kanzahumâ rahmatam-mir-Rabbik. Wa mâ fa-'altuhû 'an 'amril. Zâlika ta'wîlu mâ lam-tas-ti' 'alayhi sabrâ.

وَيَسْـَٔلُونَكَ عَنْ ذِى الْقَرْنَيْنِ ۗ قُلْ سَاَتْلُوْا عَلَيْكُمْ مِّنْهُ ذِكْرًا ۗ اِنَّا مَكَّنَّا لَهٗ فِى الْاَرْضِ وَاٰتَيْنٰهُ مِنْ كُلِّ شَىْءٍ سَبَبًا ۙ فَاَتْبَعَ سَبَبًا ۗ حَتّٰۤى اِذَا بَلَغَ مَغْرِبَ الشَّمْسِ وَجَدَهَا تَغْرُبُ فِىْ عَيْنٍ حَمِئَةٍ وَّوَجَدَ عِنْدَهَا قَوْمًا ۗ قُلْنَا يٰذَا الْقَرْنَيْنِ اِمَّاۤ اَنْ تُعَذِّبَ وَاِمَّاۤ اَنْ تَتَّخِذَ فِيْهِمْ حُسْنًا ۝ قَالَ اَمَّا مَنْ ظَلَمَ فَسَوْفَ نُعَذِّبُهٗ ثُمَّ يُرَدُّ اِلٰى رَبِّهٖ فَيُعَذِّبُهٗ عَذَابًا نُّكْرًا ۝ وَاَمَّا مَنْ اٰمَنَ وَعَمِلَ صَالِحًا فَلَهٗ جَزَآءَ ۨالْحُسْنٰى ۚ وَسَنَقُوْلُ لَهٗ مِنْ اَمْرِنَا يُسْرًا ۗ ثُمَّ اَتْبَعَ سَبَبًا ۝

83. They ask thee concerning Zul-qarnain. Say, "I will rehearse to you something of his story."

83. Way yas-'alûnaka 'an-Zil-Qarnayn. Qul sa-'atlû 'alaykum-minhu zikrâ.

84. Verily We established his power on earth, and We gave him the ways and the means to all ends.

84. 'Innâ makkannâ lahû fil-'ardhi wa 'âtaynâhu min kulli shay-'in-sababâ.

85. One (such) way he followed,

85. Fa-'atba-'a sababâ,

86. Until, when he reached the setting of the sun, he found it set in a spring of murky water: near it he found a People: We said: "O Zul-qarnain! (thou hast authority,) either to punish them, or to treat them with kindness."

86. Hattâ 'izâ balagha maghribashshamsi wajadahâ taghrubu fî 'aynin hami-'atinwwa waja-da 'indahâ Qawmâ. Qulnâ yâ-Zal-Qarnayni 'immâ 'an tu'azziba wa 'immâ 'an tattakhiza fîhim husnâ

87. He said: "Whoever doth wrong, him shall we punish; then shall he be sent back to his Lord; and He will punish him with a punishment unheard-of (before).

87. Qâla 'ammâ man zalama fa-sawfa nu-'azzibuhû thumma yuraddu 'ilâ Rabbihî fau'azzibuhû 'azâban-nukrâ.

88. "But whoever believes, and works righteousness,—he shall have a goodly reward, and easy will be his task as we order it by our command."

88. Wa 'ammâ man 'âmana wa 'amila sâlihan-falahû jazâ-'anil-husnâ, wa sanaqûlu lahû min'amrinâ yusrâ.

89. Then followed he (another) way,

89. Thumma 'atba'a sababâ.

حَتّٰۤى اِذَا بَلَغَ مَطْلِعَ الشَّمْسِ وَجَدَهَا
تَطْلُعُ عَلٰى قَوْمٍ لَّمْ نَجْعَلْ لَّهُمْ مِّنْ دُوْنِهَا
سِتْرًا ۞ كَذٰلِكَ ؕ وَقَدْ اَحَطْنَا بِمَا لَدَيْهِ
خُبْرًا ۞ ثُمَّ اَتْبَعَ سَبَبًا ۞ حَتّٰۤى اِذَا بَلَغَ
بَيْنَ السَّدَّيْنِ وَجَدَ مِنْ دُوْنِهِمَا قَوْمًا ۙ
لَّا يَكَادُوْنَ يَفْقَهُوْنَ قَوْلًا ۞ قَالُوْا يٰذَا
الْقَرْنَيْنِ اِنَّ يَاْجُوْجَ وَمَاْجُوْجَ مُفْسِدُوْنَ
فِى الْاَرْضِ فَهَلْ نَجْعَلُ لَكَ خَرْجًا
عَلٰۤى اَنْ تَجْعَلَ بَيْنَنَا وَبَيْنَهُمْ سَدًّا ۞
قَالَ مَا مَكَّنِّىْ فِيْهِ رَبِّىْ خَيْرٌ فَاَعِيْنُوْنِىْ
بِقُوَّةٍ اَجْعَلْ بَيْنَكُمْ وَبَيْنَهُمْ رَدْمًا ۞
اٰتُوْنِىْ زُبَرَ الْحَدِيْدِ ؕ حَتّٰۤى اِذَا سَاوٰى بَيْنَ

90. Until, when he came to the rising of the sun, he found it rising on a people for whom We had provided no covering protection against the sun.

90. Hattâ 'izâ balagha matli-'ash-shamsi wajadahâ tatlu-'u 'alâ qawmil-lam-naj-'al-lahum-min-dûnihâ sitrâ

91. (He left them) as they were: We completely understood what was before him.

91. Kazâlik: wa qad'ahat-nâ bimâ ladayhi khubrâ.

92. Then followed he (another) way,

92. Thumma 'atba-'a sababâ,

93. Until, when he reached (a tract) between two mountains, he found, beneath them, a people who scarcely understood a word.

93. Hattâ 'izâ balagha baynas-saddayni wajada min-dûnihimâ qawmal-lâ yakâdûna yafqahûna qawlâ,

94. They said: "O Zul-qarnain! the Gog and Magog (people) do great mischief on earth: shall we then render thee tribute in order that thou mightest erect a barrier between us and them?

94. Qâlû yâ-Zal-Qarnayni 'inna Ya'-jûja wa Ma'-jûja mufsidûna fil-'ardhi fahal naj-'alu laka kharjan 'alâ 'an-taj'ala baynanâ wa baynahum saddâ?

95. He said: "(The power) in which my Lord has established me is better (than tribute): help me, therefore, with strength (and labour): I will erect a strong barrier between you and them:

95. Qâla mâ makkannî fîhi Rabbî khayrun-fa-'a-'înûnî bi-quwwatin 'aj-'albaynakum wa baynahum radmâ,

96. "Bring me blocks of iron." At length, when he had filled up the space

96. 'Aatûnî zubaral-hadîd. Hattâ 'izâ sâwâ baynas

الصَّدَفَيْنِ قَالَ انْفُخُوا ۖ حَتَّىٰ إِذَا جَعَلَهُ نَارًا قَالَ آتُونِي أُفْرِغْ عَلَيْهِ قِطْرًا ۞ فَمَا اسْطَاعُوا أَن يَظْهَرُوهُ وَمَا اسْتَطَاعُوا لَهُ نَقْبًا ۞ قَالَ هَٰذَا رَحْمَةٌ مِّن رَّبِّي ۖ فَإِذَا جَاءَ وَعْدُ رَبِّي جَعَلَهُ دَكَّاءَ ۖ وَكَانَ وَعْدُ رَبِّي حَقًّا ۞ وَتَرَكْنَا بَعْضَهُمْ يَوْمَئِذٍ يَمُوجُ فِي بَعْضٍ ۖ وَنُفِخَ فِي الصُّورِ فَجَمَعْنَاهُمْ جَمْعًا ۞ وَعَرَضْنَا جَهَنَّمَ يَوْمَئِذٍ لِّلْكَافِرِينَ عَرْضًا ۞ الَّذِينَ كَانَتْ أَعْيُنُهُمْ فِي غِطَاءٍ عَن ذِكْرِي وَكَانُوا لَا يَسْتَطِيعُونَ سَمْعًا ۞ أَفَحَسِبَ الَّذِينَ كَفَرُوا أَن يَتَّخِذُوا عِبَادِي مِن دُونِي أَوْلِيَاءَ ۚ إِنَّا أَعْتَدْنَا جَهَنَّمَ لِلْكَافِرِينَ نُزُلًا ۞

between the two steep mountain-sides, he said, "Blow (with your bellows)" then, when he had made it (red) as fire, he said: "Bring me, that I may pour over it, molten lead."

sadafayni qâlanfukhû: hattâ 'izâ ja-'alahû nâran qâla 'âtûnî 'ufrig 'alayhi qitrâ.

97. Thus were they made powerless to scale it or to dig through it.

97. Famastâ-'û 'any-yazharûhu wa mastatâ-'ûlahû naqbâ.

98. He said: "This is a mercy from my Lord: but when the promise of my Lord comes to pass. He will make it into dust; and the promise of my Lord is true."

98. Qâla hâzâ rahmatummir-Rabbî: fa-'izâ jâ-'a wa'du Rabbî ja-'alahû dak-kâ'; wa kâna wa'-du Rabbî haqqâ.

99. On that day We shall leave them to surge like waves on one another: the trumpet will be blown, and We shall collect them all together.

99. Wa taraknâ ba'-dhahum Yawma-'iziny-yamûju fî ba'dhinw wa nufikha fis-Sûri fajama'-nâhum jam-'â.

100. And We shall present Hell that day for Unbelievers to see, all spread out,—

100. Wa 'aradhnâ Jahannama Yawma-'izil-lil-kâfirîna 'ardhâ,-

101. (Unbelievers) whose eyes had been under a veil from Remembrance of Me, and who had been unable even to hear.

101. 'Allazîna kânat 'a'-yunuhum fî ghitâ-'in 'an zikrî wa kânû lâ yastatî-'ûna sam'â.

102. Do the Unbelievers think that they can take My servants as protectors besides Me? Verily We have prepared Hell for the Unbelievers for (their) entertainment.

102. 'Afahasi-ballazîna kafarû 'any-yattakhizû 'ibâdî mindûnî 'awliyâ'? 'In-nâ'a'-tadnâ Jahannama lil-kâfirîna nuzulâ.

قُلْ هَلْ نُنَبِّئُكُم بِالْأَخْسَرِينَ أَعْمَالًا ۞ الَّذِينَ ضَلَّ سَعْيُهُمْ فِي الْحَيَاةِ الدُّنْيَا وَهُمْ يَحْسَبُونَ أَنَّهُمْ يُحْسِنُونَ صُنْعًا ۞ أُولَٰئِكَ الَّذِينَ كَفَرُوا بِآيَاتِ رَبِّهِمْ وَلِقَائِهِ فَحَبِطَتْ أَعْمَالُهُمْ فَلَا نُقِيمُ لَهُمْ يَوْمَ الْقِيَامَةِ وَزْنًا ۞ ذَٰلِكَ جَزَاؤُهُمْ جَهَنَّمُ بِمَا كَفَرُوا وَاتَّخَذُوا آيَاتِي وَرُسُلِي هُزُوًا ۞ إِنَّ الَّذِينَ آمَنُوا وَعَمِلُوا الصَّالِحَاتِ كَانَتْ لَهُمْ جَنَّاتُ الْفِرْدَوْسِ نُزُلًا ۞ خَالِدِينَ فِيهَا لَا يَبْغُونَ عَنْهَا حِوَلًا ۞ قُل لَّوْ كَانَ الْبَحْرُ مِدَادًا لِّكَلِمَاتِ رَبِّي لَنَفِدَ الْبَحْرُ قَبْلَ أَن تَنفَدَ كَلِمَاتُ رَبِّي وَلَوْ جِئْنَا بِمِثْلِهِ مَدَدًا ۞

103. Say: "Shall we tell you of those who lose most in respect of their deeds?–

104. "Those whose efforts have been wasted in this life, while they thought that they were acquiring good by their works?"

105. They are those who deny the Signs of their Lord and the fact of their having to meet Him (in the Hereafter): vain will be their works, nor shall We, on the Day of Judgement, give them any Weight.

106. That is their reward, Hell; because they rejected Faith, and took My Signs and My Messengers by way of jest.

107. As to those who believe and work righteous deeds, they have, for their entertainment, the Gardens of Paradise,

108. Wherein they shall dwell (for aye): no change will they wish for from them.

109. Say: "If the ocean were ink (wherewith) to write out) the words of my Lord, sooner would the ocean be exhausted than would the words of my Lord, even if we added another ocean like it, for its aid."

---

103. Qul hal nunabbi-'ukum-bil-'akhtharîna 'a'-mâlâ?

104. 'Allazîna dhalla sa'-yuhum fil-hayâtiddunyâ wa hum yahsabûna 'annahum yuhsinûna sun-'â?

105. 'Ulâ-'ikallazîna kafarû bi-'Aayâti Rabbihim wa Liqâ'ihî fa-habitat 'a'-mâluhum falâ nuqîmu lahum Yawmal-Qiyâmati waznâ.

106. Zâlika jazâ-'uhum Jahannamu bimâ kafarû wattakhazû 'Aayâtî wa Rusulî huzuwâ.

107. 'Innallazîna 'âmanû wa 'amilus-sâlihâti kânat lahum Jannâtul-Firdawsi nu-zulâ,

108. Khâlidîna fîhâ lâyabghûna 'anhâ hiwalâ.

109. Qul-law kânal-bahru midâdal-li-Kalimâti Rabbî lanafidal-bahru qabla 'antanfada Kalîmâtu Rabbî wa law ji'nâ bi-mithlihî madadâ.

قُلْ إِنَّمَا أَنَا بَشَرٌ مِّثْلُكُمْ يُوحَىٰ إِلَىَّ أَنَّمَا إِلَـٰهُكُمْ إِلَـٰهٌ وَاحِدٌ ۖ فَمَن كَانَ يَرْجُوا۟ لِقَآءَ رَبِّهِ فَلْيَعْمَلْ عَمَلًا صَالِحًا وَلَا يُشْرِكْ بِعِبَادَةِ رَبِّهِۦٓ أَحَدٌۢ ۝

سُورَةُ مَرْيَمَ مَكِّيَّةٌ

بِسْمِ اللَّهِ الرَّحْمَـٰنِ الرَّحِيمِ

كٓهيعٓصٓ ۝ ذِكْرُ رَحْمَتِ رَبِّكَ عَبْدَهُۥ زَكَرِيَّآ ۝ إِذْ نَادَىٰ رَبَّهُۥ نِدَآءً خَفِيًّا ۝ قَالَ رَبِّ إِنِّى وَهَنَ ٱلْعَظْمُ مِنِّى وَٱشْتَعَلَ ٱلرَّأْسُ شَيْبًا وَلَمْ أَكُنۢ بِدُعَآئِكَ رَبِّ شَقِيًّا ۝ وَإِنِّى خِفْتُ ٱلْمَوَٰلِىَ مِن وَرَآءِى وَكَانَتِ ٱمْرَأَتِى عَاقِرًا فَهَبْ لِى مِن

110. Say: "I am but a man like yourselves, (but) the inspiration has come to me, that your God is One God: whoever expects to meet his Lord, let him work righteousness, and, in the worship of his Lord, admit no one as partner.

110. Qul 'innamâ 'ana basharum-mithlukum yûhâ 'ilayya 'annamâ 'Ilâhukum 'Ilâhunw-Wâhid: faman kâna yarjû Liqâ-'a Rabbihî fal-ya'-mal 'amalan sâlihanwwa lâyushrik be-'ibâdati Rabbihî 'ahadâ.

SÛRAH MARYAM
Bismillâhir-Rahmânir-Rahîm
In the Name of Allâh, Most Gracious, Most Merciful.

Translation

1. Kâf. Hâ. Yâ. 'Ain. Sâd.

2. (This is) a mention of the Mercy of the Lord to His servant Zakarîya.

3. Behold! he cried to his Lord in secret.

4. Praying: "O my Lord! infirm indeed are my bones, and the hair of my head doth glisten with grey: but never am I unblest, O my Lord, in my prayer to Thee!

5. "Now I fear (what) my relatives (and colleagues) (will do) after me: but my wife is barren: so give me

Transliteration

1. Kâf-Hâ-Yâ-'Ain-Sâd.

2. Zikru Rahmati Rabbika 'abdahû Zakariyyâ.

3. 'Iz nâdâ Rabbahû nidâ-'an khafiyyâ.

4. Qâla Rabbi 'innî wahanal-'azmu minnî washta'alarra'-su shaybanw wa lam 'akum-bi-du-'â-'ika Rabbi shaqiyyâ!

5. Wa'innî khiftul-mawâ liya minw-warâ-'î wa kânatimra-'atî 'âqiran-fahab lî mil-

لَّدُنْكَ وَلِيًّا ۙ﴿۵﴾ يَرِثُنِىْ وَيَرِثُ مِنْ اٰلِ يَعْقُوْبَ ۖ وَاجْعَلْهُ رَبِّ رَضِيًّا ﴿۶﴾ يٰزَكَرِيَّآ اِنَّا نُبَشِّرُكَ بِغُلٰمِ ١ۨاسْمُهٗ يَحْيٰى ۙ لَمْ نَجْعَلْ لَّهٗ مِنْ قَبْلُ سَمِيًّا ﴿۷﴾ قَالَ رَبِّ اَنّٰى يَكُوْنُ لِىْ غُلٰمٌ وَّكَانَتِ امْرَاَتِىْ عَاقِرًا وَّقَدْ بَلَغْتُ مِنَ الْكِبَرِ عِتِيًّا ﴿۸﴾ قَالَ كَذٰلِكَ ۚ قَالَ رَبُّكَ هُوَ عَلَىَّ هَيِّنٌ وَّقَدْ خَلَقْتُكَ مِنْ قَبْلُ وَلَمْ تَكُ شَيْئًا ﴿۹﴾ قَالَ رَبِّ اجْعَلْ لِّىْۤ اٰيَةً ؕ قَالَ اٰيَتُكَ اَلَّا تُكَلِّمَ النَّاسَ ثَلٰثَ لَيَالٍ سَوِيًّا ﴿۱۰﴾ فَخَرَجَ عَلٰى قَوْمِهٖ مِنَ الْمِحْرَابِ فَاَوْحٰۤى اِلَيْهِمْ اَنْ سَبِّحُوْا بُكْرَةً وَّعَشِيًّا ﴿۱۱﴾

an heir as from Thyself,—

6. "(One that) will (truly) inherit me, and inherit the posterity of Jacob; and make him, O my Lord! One with whom Thou art well-pleased!"

7. (His prayer was answered): "O Zakarîya! We give thee good news of a son: his name shall be Yahya: on none by that name have We conferred distinction before."

8. He said: "O my Lord! how shall I have a son, when my wife is barren and I have grown quite decrepit from old age?"

9. He said: "So (it will be): thy Lord saith, 'That is easy for Me: I did indeed create thee before, when thou hadst been nothing!"

10. (Zakarîya) said: "O my Lord! give me a Sign," "Thy Sign," was the answer, "Shall be that thou shalt speak to no man for three nights, although thou art not dumb."

11. So Zakarîya came out to his people from his chamber: he told them by signs to celebrate Allâh's praises in the morning and in the evening.

ladunka waliyya,–

6. Yarithunî wa yarithu min'âlî Ya'-qûba waj-'alhu Rabbi radhiyyâ!

7. Yâ-Zakariyyâ 'Innâ nubashshiruka bi-ghulâminismu-hû Yahyâ lam naj-'al lahû min-qablu samiyyâ.

8. Qâla Rabbi 'annâ yakû-nu lî ghulâmunw wa kânatim-ra'atî 'âqiranw wa qad ba-laghtu minal-kibari 'itiyyâ?

9. Qâla kazâlik: qâla Rabbuka huwa 'alayya hayyinw wa qad khalaqtuka minqablu wa lam taku shay-'â!

10. Qâla Rabbij-'al-lî 'Aayah, Qâla 'Aayatuka 'allâ tukallimannâsa salâsa layâlin-sa-wiyyâ.

11. Fa-kharaja 'alâ qawmi-hî minal-mihrâbi fa-'awhâ 'ilayhim 'an sabbihû bukratanw wa 'ashiyyâ.

يٰيَحْيٰى خُذِ الْكِتٰبَ بِقُوَّةٍ ۖ وَاٰتَيْنٰهُ الْحُكْمَ صَبِيًّا ۙ﴿١٢﴾ وَّحَنَانًا مِّنْ لَّدُنَّا وَزَكٰوةً ۖ وَكَانَ تَقِيًّا ۙ﴿١٣﴾ وَّبَرًّۢا بِوَالِدَيْهِ وَلَمْ يَكُنْ جَبَّارًا عَصِيًّا ﴿١٤﴾ وَسَلٰمٌ عَلَيْهِ يَوْمَ وُلِدَ وَيَوْمَ يَمُوْتُ وَيَوْمَ يُبْعَثُ حَيًّا ﴿١٥﴾ وَاذْكُرْ فِى الْكِتٰبِ مَرْيَمَ ۘ اِذِ انْتَبَذَتْ مِنْ اَهْلِهَا مَكَانًا شَرْقِيًّا ﴿١٦﴾ فَاتَّخَذَتْ مِنْ دُوْنِهِمْ حِجَابًا ۖ فَاَرْسَلْنَآ اِلَيْهَا رُوْحَنَا فَتَمَثَّلَ لَهَا بَشَرًا سَوِيًّا ﴿١٧﴾ قَالَتْ اِنِّىٓ اَعُوْذُ بِالرَّحْمٰنِ مِنْكَ اِنْ كُنْتَ تَقِيًّا ﴿١٨﴾ قَالَ اِنَّمَآ اَنَا۠ رَسُوْلُ رَبِّكِ ۖ لِاَهَبَ لَكِ غُلٰمًا زَكِيًّا ﴿١٩﴾

12. (To his son came the command): "O Yahyâ! take hold of the Book with might": and We gave him Wisdom even as a youth,

13. And pity (for all creatures) as from Us, and purity: he was devout.

14. And kind to his parents, and he was not overbearing or rebellious.

15. So Peace on him the day he was born, the day that he dies, and the day that he will be raised up to life (again)!

16. Relate in the Book (the story of) Mary, when she withdrew from her family to a place in the East.

17. She placed a screen (to screen herself) from them: then We sent to her Our angel, and he appeared before her as a man in all respects.

18. She said: "I seek refuge from thee to (Allâh) Most Gracious: (come not near) if thou dost fear Allâh."

19. He said: "Nay, I am only a messenger from thy Lord (to announce) to thee the gift of a pure son."

12. Yâ-Yahyâ khuzil-Kitâba bi-quwwah: wa 'âtaynâhul-Hukma sabiyyâ.

13. Wa hanânam-milladunnâ wa zakâh: wa kâna taqiyyâ,

14. Wa barram-bi-wâlidayhi wa lam yakun jabbâran 'asiyyâ.

15. Wa Salâmun 'alayhi yawma wulida wa yawma yamûtu wa yawma yub-'a_th_u hayyâ!

16. Wazkur fil-Kitâbi Maryam. 'Izintabazat min 'ahlihâ makânan-sharqiyyâ.

17. Fattakhazat min dûnihim hijâbâ. Fa-'arsalnâ 'ilayhâ rûhanâ fa-tama_th_thala lahâ basharan-sawiyyâ.

18. Qâlat 'innî 'a-'ûzu bir-Rahmâni minka 'in-kunta taqiyyâ.

19. Qâla 'innamâ ana rasûlu Rabbiki li-'ahaba laki ghulâman-zakiyyâ.

قَالَتْ اَنّٰى يَكُوْنُ لِىْ غُلٰمٌ وَّلَمْ يَمْسَسْنِىْ بَشَرٌ وَّلَمْ اَكُ بَغِيًّا ۞ قَالَ كَذٰلِكِ ۚ قَالَ رَبُّكِ هُوَ عَلَىَّ هَيِّنٌ ۚ وَلِنَجْعَلَهٗۤ اٰيَةً لِّلنَّاسِ وَرَحْمَةً مِّنَّا ۚ وَكَانَ اَمْرًا مَّقْضِيًّا ۞ فَحَمَلَتْهُ فَانْتَبَذَتْ بِهٖ مَكَانًا قَصِيًّا ۞ فَاَجَآءَهَا الْمَخَاضُ اِلٰى جِذْعِ النَّخْلَةِ ۚ قَالَتْ يٰلَيْتَنِىْ مِتُّ قَبْلَ هٰذَا وَكُنْتُ نَسْيًا مَّنْسِيًّا ۞ فَنَادٰىهَا مِنْ تَحْتِهَاۤ اَلَّا تَحْزَنِىْ قَدْ جَعَلَ رَبُّكِ تَحْتَكِ سَرِيًّا ۞ وَهُزِّىْۤ اِلَيْكِ بِجِذْعِ النَّخْلَةِ تُسٰقِطْ عَلَيْكِ رُطَبًا جَنِيًّا ۞ فَكُلِىْ وَاشْرَبِىْ وَقَرِّىْ عَيْنًا ۚ فَاِمَّا تَرَيِنَّ مِنَ الْبَشَرِ

20. She said: "How shall I have a son, seeing that no man has touched me, and I am not unchaste?"

20. Qâlat 'annâ yakûnu lî-ghulâmunw wa lam yamsasnî basharunw wa lam 'aku baghiyyâ?

21. He said: "So (it will be): thy Lord saith, 'That is easy for Me: and (We wish) to appoint him as a Sign unto men and a Mercy from Us': it is a matter (so) decreed."

21. Qâla kazâlik: qâla Rabbukihuwa 'alayya hayyin: wa linaj-'alahû 'Aayatal-linnâsi wa Rahmatam-min-nâ: wa kâna 'amram-maq-dhiyyâ.

22. So she conceived him, and she retired with him to a remote place.

22. Fa-hamalat-hu fantabazat bihî makânan-qasiyyâ.

23. And the pains of childbirth drove her to the trunk of a palmtree: she cried (in her anguish): "Ah! would that I had died before this! would that I had been a thing forgotten.

23. Fa-'ajâ-'ahal-makhâdhu 'ilâ jiz-'innakhlah; qâla yâlaytanî mittu qabla hâ-zâ wa kuntu nasyam-man-siyyâ!

24. But (a voice) cried to her from beneath the (palm-tree): "Grieve not! for thy Lord hath provided a rivulet beneath thee;

24. Fa-nâdâhâ min-tahtihâ 'allâ tahzanî qad ja-'ala Rabbuki tahtaki sariyyâ;

25. "And shake towards thyself the trunk of the palm-tree: it will let fall fresh ripe dates upon thee.

25. Wa huzzî 'ilayki bijiz-'innakhlati tusâqit 'alayki rutaban-janiyyâ,

26. "So eat and drink and cool (thine) eye. And if thou dost see any man,

26. Fa-kulî washrabî wa qarrî'aynâ. Fa-'immâ tara-yinna minal-bashari

اَحَدًا ۙ فَقُوْلِيْٓ اِنِّیْ نَذَرْتُ لِلرَّحْمٰنِ صَوْمًا فَلَنْ اُكَلِّمَ الْيَوْمَ اِنْسِيًّا ۚ۞ فَاَتَتْ بِهٖ قَوْمَهَا تَحْمِلُهٗ ؕ قَالُوْا يٰمَرْيَمُ لَقَدْ جِئْتِ شَيْـًٔا فَرِيًّا ۞ يٰٓاُخْتَ هٰرُوْنَ مَا كَانَ اَبُوْكِ امْرَاَ سَوْءٍ وَّمَا كَانَتْ اُمُّكِ بَغِيًّا ۖ۞ فَاَشَارَتْ اِلَيْهِ ؕ قَالُوْا كَيْفَ نُكَلِّمُ مَنْ كَانَ فِى الْمَهْدِ صَبِيًّا ۞ قَالَ اِنِّیْ عَبْدُ اللّٰهِ ۣۖ۫ اٰتٰىنِیَ الْكِتٰبَ وَجَعَلَنِیْ نَبِيًّا ۙ۞ وَّ جَعَلَنِیْ مُبٰرَكًا اَيْنَ مَا كُنْتُ ۖ وَاَوْصٰنِیْ بِالصَّلٰوةِ وَالزَّكٰوةِ مَا دُمْتُ حَيًّا ۖ۞ وَّبَرًّۢا بِوَالِدَتِیْ ۖ وَلَمْ يَجْعَلْنِیْ جَبَّارًا شَقِيًّا ۞

say, 'I have vowed a fast to (Allâh) Most Gracious, and this day will I enter into no talk with any human being".'

'ahadan fa-qûlî'innî nazartu lir-Rahmâni sawman-falan 'ukal-limal-yawma 'insiyyâ.

27. At length she brought the (babe) to her people, carrying him (in her arms), they said: "O Mary! truly a strange thing has thou brought!

27. Fa-'atat bihî qawmahâ tahmiluh. Qâlû yâ-Maryamu laqad jì'-ti shay-'an-fariy-yâ.

28. "O sister of Aaron! thy father was not a man of evil, nor thy mother a woman unchaste!"

28. Yâ-'ukhta-Hârûna mâkana 'abûkimra-'a saw-'inwwa mâ kânat 'um-muki baghiyyâ!

29. But she pointed to the babe. They said: "How can we talk to one who is a child in the cradle?"

29. Fa-'ashârat 'ilayh. Qâlû kayfa nukallimu man-kâ-na fil-mahdi sabiyyâ?

30. He said: "I am indeed a servant of Allâh: He hath given me revelation and made me a prophet:

30. Qâla 'innî 'Abdullâh: 'âtâniyal-Kitâba wa ja-'alanî Nabiyyâ;

31. "And He hath made me blessed wheresoever I be, and hath enjoined on me prayer and zakât as long as I live;

31. Wa ja-'alanî mubârakan 'ayna-mâ kuntu, wa 'aw-sânî bis-Salâti waz-Zakâti mâ dumtu hayyâ:

32. "(He hath made me) kind to my mother, and not overbearing or unblest;

32. Wa barranı-bi-wâlidatî wa lam yaj-'alnî jabbâran shaqiyyâ;

وَالسَّلَامُ عَلَىَّ يَوْمَ وُلِدْتُّ وَيَوْمَ اَمُوْتُ وَ
يَوْمَ اُبْعَثُ حَيًّا ۞ ذٰلِكَ عِيْسَى ابْنُ
مَرْيَمَ ۚ قَوْلَ الْحَقِّ الَّذِيْ فِيْهِ يَمْتَرُوْنَ
مَا كَانَ لِلّٰهِ اَنْ يَّتَّخِذَ مِنْ وَّلَدٍ ۙ
سُبْحٰنَهٗ ؕ اِذَا قَضٰۤى اَمْرًا فَاِنَّمَا يَقُوْلُ لَهٗ
كُنْ فَيَكُوْنُ ۞ وَاِنَّ اللّٰهَ رَبِّيْ وَرَبُّكُمْ
فَاعْبُدُوْهُ ؕ هٰذَا صِرَاطٌ مُّسْتَقِيْمٌ ۞ فَاخْتَلَفَ
الْاَحْزَابُ مِنْۢ بَيْنِهِمْ ۚ فَوَيْلٌ لِّلَّذِيْنَ
كَفَرُوْا مِنْ مَّشْهَدِ يَوْمٍ عَظِيْمٍ ۞ اَسْمِعْ
بِهِمْ وَاَبْصِرْ ۙ يَوْمَ يَاْتُوْنَنَا لٰكِنِ الظّٰلِمُوْنَ
الْيَوْمَ فِيْ ضَلٰلٍ مُّبِيْنٍ ۞ وَاَنْذِرْهُمْ يَوْمَ
الْحَسْرَةِ اِذْ قُضِيَ الْاَمْرُ ۘ وَهُمْ فِيْ غَفْلَةٍ

33. "So Peace is on me the day I was born, the day that I die, and the day that I shall be raised up to life (again)"!

33. Was-Salâmu 'alayya yawma wulittu wa yawma 'amûtu wa yawma 'ub-'a<u>th</u>u hayyâ!

34. Such (was) Jesus the son of Mary: (it is) a statement of truth, about which they (vainly) dispute.

34. Zâlika 'îsabnu-Mar-yam: qawlal-haqqillazî fîhi yamtarûn.

35. It is not befitting to (the majesty of) Allâh that He should beget a son. Glory be to Him! when He determines a matter, He only says to it, "Be", and it is.

35. Mâ kâna lillâhi 'any-yattakhiza minw-waladin Subhânah! 'Izâ qa<u>dh</u>â 'amran fa-'innamâ yaqûlu lahû "Kun-Fa-yakûn."

36. Verily Allâh is my Lord and your Lord: Him therefore serve ye: this is a Way that is straight.

36. Wa 'innallâha Rabbî wa Rabbukum fa'-budûn: hâ<u>dh</u>â Sirâtum-Mustaqîm.

37. But the sects differ among themselves: and woe to the Unbelievers because of the (coming) Judgement of an awful Day!

37. Fakhtalafal-'ahzâbu mimbaynihim: fa-waylul-lillazîna kafarû mim-Mash-hadi yaw-min 'a<u>z</u>îm!

38. How plainly will they see and hear, the Day that they will appear before Us! but the unjust today are in error manifest!

38. 'Asmi' bihim wa 'absir yawma ya'-tûnan â lâkinizzâlimûnal-yawma fî <u>dh</u>alâlim-mubîn!

39. But warn them of the Day of Distress, when the matter will be determined: for (behold,) they are negligent

39. Wa 'anzirhum Yawmal-Hasrati 'iz qudhiyal-'amr. Wa hum fî <u>gh</u>aflatinw

وَهُمْ لَا يُؤْمِنُونَ ۝ إِنَّا نَحْنُ نَرِثُ الْأَرْضَ وَمَنْ عَلَيْهَا وَإِلَيْنَا يُرْجَعُونَ ۝ وَاذْكُرْ فِي الْكِتَابِ إِبْرَاهِيمَ ۚ إِنَّهُ كَانَ صِدِّيقًا نَبِيًّا ۝ إِذْ قَالَ لِأَبِيهِ يَا أَبَتِ لِمَ تَعْبُدُ مَا لَا يَسْمَعُ وَلَا يُبْصِرُ وَلَا يُغْنِي عَنْكَ شَيْئًا ۝ يَا أَبَتِ إِنِّي قَدْ جَاءَنِي مِنَ الْعِلْمِ مَا لَمْ يَأْتِكَ فَاتَّبِعْنِي أَهْدِكَ صِرَاطًا سَوِيًّا ۝ يَا أَبَتِ لَا تَعْبُدِ الشَّيْطَانَ ۖ إِنَّ الشَّيْطَانَ كَانَ لِلرَّحْمَٰنِ عَصِيًّا ۝ يَا أَبَتِ إِنِّي أَخَافُ أَنْ يَمَسَّكَ عَذَابٌ مِنَ الرَّحْمَٰنِ فَتَكُونَ لِلشَّيْطَانِ وَلِيًّا ۝ قَالَ أَرَاغِبٌ أَنْتَ عَنْ آلِهَتِي يَا إِبْرَاهِيمُ ۖ لَئِنْ لَمْ تَنْتَهِ

and they do not believe! wa hum lâ yu'minûn!

40. It is We Who will inherit the earth, and all beings thereon: to Us will they all be returned.

40. 'Innâ Nahnu narithul-'ardha wa man 'alayhâ wa 'ilaynâ yurja-'ûn.

41. (Also) mention in the Book (the story of) Abraham: he was a man of Truth, a prophet.

41. Wazkur fil-Kitâbi 'Ibrâhîm: 'innahû kâna Siddî-qan-Nabiyyâ.

42. Behold, he said to his father: "O my father! why worship that which heareth not and seeth not, and can profit thee nothing?

42. 'Iz qâla li-'abîhi yâ'abati lima ta'-budu mâ lâ yasma-'u wa lâ yubsiru wa lâ yughnî 'anka shay-'â?

43. "O my father! to me hath come knowledge which hath not reached thee: so follow me: I will guide thee to a Way that is even and straight.

43. Yâ-'abati 'innî qad jâ'anî minal-'ilmi mâ lam ya'-tika fattabi'-nî 'ahdika Sirâ-tan-sawiyyâ.

44. "O my father! serve not Satan: for Satan is a rebel against (Allâh) Most Gracious.

44. Yâ-'abati lâ ta'- budish-Shaytân: 'innash-Shaytâna kâna lir-Rahmâni 'asiyyâ.

45. "O my father! I fear lest a Chastisement afflict thee from (Allâh) Most Gracious, so that thou become to Satan a friend."

45. Yâ-'abati-'innî 'akhâfu 'any-yamassaka 'Azâbumminar-Rahmâni fatakûna lish-Shaytâni waliyyâ.

46. (The father) replied: art thou shrinking from my gods, O Abraham? If thou for bear not,

46. Qâla 'arâghibun 'anta 'an 'âlihatî yâ-'Ibrâhîm? La'illam tantahi

لَاَرْجُمَنَّكَ وَاهْجُرْنِي مَلِيًّا ۝ قَالَ سَلٰمٌ عَلَيْكَ سَاَسْتَغْفِرُ لَكَ رَبِّيْ ۭ اِنَّهٗ كَانَ بِيْ حَفِيًّا ۝ وَاَعْتَزِلُكُمْ وَمَا تَدْعُوْنَ مِنْ دُوْنِ اللّٰهِ وَاَدْعُوْا رَبِّيْ ۡ عَسٰٓى اَلَّآ اَكُوْنَ بِدُعَاۗءِ رَبِّيْ شَقِيًّا ۝ فَلَمَّا اعْتَزَلَهُمْ وَمَا يَعْبُدُوْنَ مِنْ دُوْنِ اللّٰهِ ۙ وَهَبْنَا لَهٗٓ اِسْحٰقَ وَيَعْقُوْبَ ۭ وَكُلًّا جَعَلْنَا نَبِيًّا ۝ وَوَهَبْنَا لَهُمْ مِّنْ رَّحْمَتِنَا وَجَعَلْنَا لَهُمْ لِسَانَ صِدْقٍ عَلِيًّا ۝ وَاذْكُرْ فِي الْكِتٰبِ مُوْسٰٓى ۡ اِنَّهٗ كَانَ مُخْلَصًا وَّكَانَ رَسُوْلًا نَّبِيًّا ۝ وَنَادَيْنٰهُ مِنْ جَانِبِ الطُّوْرِ الْاَيْمَنِ وَقَرَّبْنٰهُ نَجِيًّا ۝

I will indeed stone thee: now get away from me for a good long while!"

la-'árjumannaka wahjurnî maliyyâ!

47. Abraham said: "Peace be on thee: I will pray to my Lord for thy forgiveness: for He is to me Most Gracious.

47. Qâla Salâmun 'alayk: sa-'astaghfiru laka Rabbî: 'innahû kâna bî Hafiyyâ.

48. "And I will turn away from you (all) and from those whom ye invoke besides Allâh: I will call on my Lord perhaps, by my prayer to my Lord, I shall be not unblest."!

48. Wa 'a'-tazilukum wa mâtad-'ûna min dûnillâhi wa'ad'û Rabbî 'asâ 'allâ 'akûna bi-du-'â-'i Rabbî shaqiyyâ.

49. When he had turned away from them and from those whom they worshipped besides Allâh, We bestowed on him Isâc and Jacob, and each one of them We made a prophet.

49. Falamma'- tazalahum wa mâ ya'-budûna min-dûnillâhi wahabnâ lahû 'Ishâqa wa Ya'-qûb: wa kullan ja-'alnâ nabiyyâ.

50. And We bestowed of Our Mercy on them, and We granted them lofty honour on the tongue of truth.

50. Wa wahabnâ lahum-mir-Rahmatinâ wa ja-'alnâ lahum lisâna sidqin 'aliyyâ.

51. Also mention in the Book (the story of) Moses: for he was specially chosen. And he was a messenger and a prophet.

51. Wazkur fil-Kitâbi Mûsâ 'innahû kâna mukhlasanw wa kâna Rasûlan Nabiyyâ.

52. And We called him from the right side of Mount (Sinai), and made him draw near to Us, for converse in secret.

52. Wa nâdaynâhu min-jânibit-Tûril-'aymani wa qarrabnâhu najiyyâ.

وَوَهَبْنَا لَهٗ مِنْ رَّحْمَتِنَاۤ اَخَاهُ هٰرُوْنَ نَبِيًّا ۞ وَاذْكُرْ فِى الْكِتٰبِ اِسْمٰعِيْلَ ۫ اِنَّهٗ كَانَ صَادِقَ الْوَعْدِ وَكَانَ رَسُوْلًا نَّبِيًّا ۞ وَكَانَ يَاْمُرُ اَهْلَهٗ بِالصَّلٰوةِ وَالزَّكٰوةِ ۪ وَكَانَ عِنْدَ رَبِّهٖ مَرْضِيًّا ۞ وَاذْكُرْ فِى الْكِتٰبِ اِدْرِيْسَ ۫ اِنَّهٗ كَانَ صِدِّيْقًا نَّبِيًّا ۞ وَّرَفَعْنٰهُ مَكَانًا عَلِيًّا ۞ اُولٰٓئِكَ الَّذِيْنَ اَنْعَمَ اللّٰهُ عَلَيْهِمْ مِّنَ النَّبِيّٖنَ مِنْ ذُرِّيَّةِ اٰدَمَ ۗ وَمِمَّنْ حَمَلْنَا مَعَ نُوْحٍ ۫ وَّمِنْ ذُرِّيَّةِ اِبْرٰهِيْمَ وَاِسْرَآءِيْلَ ۫ وَمِمَّنْ هَدَيْنَا وَاجْتَبَيْنَا ۗ اِذَا تُتْلٰى عَلَيْهِمْ اٰيٰتُ الرَّحْمٰنِ خَرُّوْا سُجَّدًا وَّبُكِيًّا ۩ ۞

53. And, out of Our Mercy, We gave him his brother Aaron, (also) a prophet.

53. Wa wahabnâ lahû mir-Rahmatinâ 'akhâhu Hârûna Nabiyyâ.

54. Also mention in the Book (the story of) Ismâ'îl: he was (strictly) true to what he promised, and he was a messenger (and) a prophet.

54. Wazkur fil-Kitâbi 'Ismâ'îl; 'innahû kâna sâdiqal-wa'-di wa kâna Rasûlan-Nabiyyâ.

55. He used to enjoin on his people Prayer and zakât and he was most acceptable in the sight of his Lord.

55. Wa kâna ya'-muru 'ahlahû bis-Salâti waz-Zakâh: wa kâna 'inda Rabbihî mardhiyyâ.

56. Also mention in the Book Idrîs: he was a man of truth (and sincerity), (and) a prophet:

56. Wazkur fil-Kitâbi 'Idrîs: 'innahû kâna siddîqan-Nabiyyâ:

57. And We raised him to a lofty station.

57. Wa rafa'-nâhu makânan 'aliyyâ.

58. Those were some of the prophets on whom Allâh did bestow His Grace,— of the posterity of Adam, and of those whom We carried (in the Ark) with Noah, and of the posterity of Abraham and Israel—of those whom We guided and chose. Whenever the Signs of (Allâh) Most Gracious were rehearsed to them, they would fall down in prostrate adoration and in tears.

58. 'Ulâ-'ikallazîna 'an-'amallâhu 'alayhim-minan-na-biyyîna min-zurriyyati 'Aadama, wa mimman-hamalnâ ma'a Nûh wa min zurriyyati 'ibrâhîma wa 'Isrâ-'îl-wamimman hadaynâ wajta-bay-nâ. 'Izâ tut-lâ 'alayhim 'Aayâtur-Rahmâni kharrû sujjadanw wa bukiyyâ. (Bow-down)

فَخَلَفَ مِنْ بَعْدِهِمْ خَلْفٌ اَضَاعُوا الصَّلٰوةَ وَاتَّبَعُوا الشَّهَوٰتِ فَسَوْفَ يَلْقَوْنَ غَيًّا ۞ اِلَّا مَنْ تَابَ وَاٰمَنَ وَعَمِلَ صَالِحًا فَاُولٰٓئِكَ يَدْخُلُوْنَ الْجَنَّةَ وَلَا يُظْلَمُوْنَ شَيْئًا ۞ جَنّٰتِ عَدْنٍ الَّتِيْ وَعَدَ الرَّحْمٰنُ عِبَادَهٗ بِالْغَيْبِ ۚ اِنَّهٗ كَانَ وَعْدُهٗ مَأْتِيًّا ۞ لَا يَسْمَعُوْنَ فِيْهَا لَغْوًا اِلَّا سَلٰمًا ۚ وَلَهُمْ رِزْقُهُمْ فِيْهَا بُكْرَةً وَّعَشِيًّا ۞ تِلْكَ الْجَنَّةُ الَّتِيْ نُوْرِثُ مِنْ عِبَادِنَا مَنْ كَانَ تَقِيًّا ۞ وَمَا نَتَنَزَّلُ اِلَّا بِاَمْرِ رَبِّكَ ۚ لَهٗ مَا بَيْنَ اَيْدِيْنَا وَمَا خَلْفَنَا وَمَا بَيْنَ ذٰلِكَ ۚ وَمَا كَانَ

59. But after them there followed a posterity who missed prayers and followed after lusts soon, then, will they face Destruction,—

59. Fa-khalafa mim-ba'-dihim khalfun 'adhâ-'us-Salâta wattaba-'ush-shahawâti fa-sawfa yalqawna ghayyâ,

60. Except those who repent and believe, and work Righteousness: for these will enter the Garden and will not be wronged in the least,—

60. 'Illâ man-tâba wa 'âmana wa 'amila sâlihan-fa-'ulâ-'ika yadkhulûnal-Jannata wa lâ yuzlamûna shay'â,-

61. Gardens of Eternity, those which (Allâh) Most Gracious has promised to His servants in the Unseen: for His promise must (necessarily) come to pass.

61. Jannâti 'Adni-nillatî wa'adar-Rahmânu 'ibâdahû bil-Ghayb: 'innahû kâna wa'-duhû ma'-tiyyâ.

62. They will not there hear any vain discourse, but only salutations of Peace: and they will have therein their sustenance, morning and evening.

62. Lâ yasma-'ûna fîhâ laghwan 'illâ Salâmâ: wa lahum rizquhum fîhâ bukratanw wa 'ashiyyâ.

63. Such is the Garden which We give as an inheritance to those of Our Servants who guard against evil.

63. Tilkal-Jannatullatî nûrithu min 'ibâdinâ man-kâna taqiyyâ.

64. (The angels say:) "We descend not but by command of thy Lord: to Him belongeth what is before us and what is behind us, and what is between: and thy

64. Wa mâ natanazzalu 'illâ bi-'amri Rabbik: lahû mâ bayna 'aydînâ wa mâ khalfanâ wa mâ bayna zâlik: wamâ kâna

رَبُّكَ نَسِيًّا ۝ رَبُّ السَّمٰوٰتِ وَالْأَرْضِ وَمَا بَيْنَهُمَا فَاعْبُدْهُ وَاصْطَبِرْ لِعِبَادَتِهٖ ۚ هَلْ تَعْلَمُ لَهٗ سَمِيًّا ۝ وَيَقُوْلُ الْإِنْسَانُ ءَاِذَا مَا مِتُّ لَسَوْفَ أُخْرَجُ حَيًّا ۝ أَوَلَا يَذْكُرُ الْإِنْسَانُ أَنَّا خَلَقْنٰهُ مِنْ قَبْلُ وَلَمْ يَكُ شَيْئًا ۝ فَوَرَبِّكَ لَنَحْشُرَنَّهُمْ وَالشَّيٰطِيْنَ ثُمَّ لَنُحْضِرَنَّهُمْ حَوْلَ جَهَنَّمَ جِثِيًّا ۝ ثُمَّ لَنَنْزِعَنَّ مِنْ كُلِّ شِيْعَةٍ أَيُّهُمْ أَشَدُّ عَلَى الرَّحْمٰنِ عِتِيًّا ۝ ثُمَّ لَنَحْنُ أَعْلَمُ بِالَّذِيْنَ هُمْ أَوْلٰى بِهَا صِلِيًّا ۝ وَإِنْ مِنْكُمْ إِلَّا وَارِدُهَا ۚ كَانَ عَلٰى رَبِّكَ حَتْمًا مَقْضِيًّا ۝

Lord never doth forget,— Rabbuka nasiyyâ,

65. Lord of the heavens and of the earth, and of all that is between them: so worship Him, and be constant and patient in His worship: knowest thou of any who is worthy of the same Name as He?

65. Rabbus-samâwâti wal'ardhi wa mâ baynahumâ fa'-budhu wastabir li-'ibâdatih: halta'-lamu lahû samiyyâ?

66. Man says: "What! when I am dead, shall I then be raised up alive?"

66. Wa yaqûlul-'insânu 'a-'izâ-mâ-mittu la-sawfa 'ukhraju hayyâ?

67. But does not man call to mind that We created him before out of nothing?

67. 'Awalâ yazkurul-'insânu 'annâ khalaqnâhu min-qablu wa lam yaku shay-'â?

68. So, by thy Lord, without doubt, We shall gather them together, and (also) Satans (with them); then shall We bring them forth on their knees round about Hell;

68. Fawa Rabbika lanah-shurannahum wash-shayâtîna thumma la-nuhdhi-rannahum hawla Jahannama jithiyyâ;

69. Then shall We certainly drag out from every sect all those who were worst in obstinate rebellion against (Allâh) Most Gracious.

69. Thumma lananzi-'anna min kulli shî-'atin'ayyuhum 'ashaddu 'alar-Rahmâni 'itiyyâ.

70. And certainly We know best those who are most worthy of being burned therein.

70. Thumma la-nahnu 'a'-lamu billazîna hum 'awlâ bihâ siliyyâ.

71. Not one of you but will pass over it: this is, with thy Lord, a Decree which must be accomplished.

71. Wa 'imminkum 'illâ wâriduhâ: kâna 'alâ Rabbika Hatmam-maqziyyâ.

ثُمَّ نُنَجِّى الَّذِيْنَ اتَّقَوْا وَّنَذَرُ الظّٰلِمِيْنَ فِيْهَا جِثِيًّا ۞ وَاِذَا تُتْلٰى عَلَيْهِمْ اٰيٰتُنَا بَيِّنٰتٍ قَالَ الَّذِيْنَ كَفَرُوْا لِلَّذِيْنَ اٰمَنُوْٓا ۙ اَىُّ الْفَرِيْقَيْنِ خَيْرٌ مَّقَامًا وَّاَحْسَنُ نَدِيًّا ۞ وَكَمْ اَهْلَكْنَا قَبْلَهُمْ مِّنْ قَرْنٍ هُمْ اَحْسَنُ اَثَاثًا وَّرِءْيًا ۞ قُلْ مَنْ كَانَ فِى الضَّلٰلَةِ فَلْيَمْدُدْ لَهُ الرَّحْمٰنُ مَدًّا ۚ حَتّٰٓى اِذَا رَاَوْا مَا يُوْعَدُوْنَ اِمَّا الْعَذَابَ وَاِمَّا السَّاعَةَ ۭ فَسَيَعْلَمُوْنَ مَنْ هُوَ شَرٌّ مَّكَانًا وَّاَضْعَفُ جُنْدًا ۞ وَيَزِيْدُ اللّٰهُ الَّذِيْنَ اهْتَدَوْا هُدًى ۭ وَالْبٰقِيٰتُ الصّٰلِحٰتُ خَيْرٌ عِنْدَ رَبِّكَ ثَوَابًا وَّخَيْرٌ مَّرَدًّا ۞

72. But We shall save those who guarded against evil, and We shall leave the wrong-doers therein, (humbled) to their knees.

72. Summa nunajjil-lazînat-taqaw-wa nazaruz-zâlimîna fîhâ ji$\underline{th}$iyyâ.

73. When Our Clear Signs are rehearsed to them, the Unbelievers say to those who believe, "Which of the two sides is best in point of position and fairer in assembly,"

73. Wa 'izâ tutlâ 'alayhim 'Aayâtunna bayyinâtin-qâ-lallazîna kafarû lillazîna 'âmanû 'ayyul-farîqayni khayrum-Maqâmanw wa 'ahsanu Nadıyyâ?

74. But how many (countless) generations before them have We destroyed, who were even better in equipment and in glitter to the eye?

74. Wa kam 'ahlaknâ qablahum-min-qarnin hum 'ahsanu 'a$\underline{thâth}$anw wa ri'-yâ?

75. Say: "Whoever goes astray, (Allâh) Most Gracious extends (the rope) to them, until, when they see the warning of Allâh (being fulfilled)—either in punishment or in (the approach of) the Hour, —they will at length realise who is worst in position, and (who) weakest in forces!

75. Qul man-kâna fi$\underline{dh}$-$\underline{dh}$alâla-ti fa!yamdud lahur-Rahmânu maddâ: hattâ 'izâ ra-'aw mâ yû-'adûna 'immal-'azâba wa 'immas-Sâ-'ah. Fasaya'-lamûna man huwa sharrum-makânanw wa 'a$\underline{dh}$-'afu jundâ!

76. "And Allâh doth increase in guidance those who seek guidance: and the things that endure, Good Deeds, are best in the sight of thy Lord, as rewards, and best in respect of (their) eventual returns."

76. Wa yazîdul-lâhul-lazî-nahtadaw Hudâ; wal-Bâqiyâtus-Sâlihâtu khayrun 'inda Rabbika $\underline{th}$awâbanw wa khayrum-maraddâ.

سورة مريم

اَفَرَءَيْتَ الَّذِيْ كَفَرَ بِاٰيٰتِنَا وَقَالَ لَاُوْتَيَنَّ مَالًا وَّوَلَدًا ۝ اَطَّلَعَ الْغَيْبَ اَمِ اتَّخَذَ عِنْدَ الرَّحْمٰنِ عَهْدًا ۝ كَلَّا ۚ سَنَكْتُبُ مَا يَقُوْلُ وَنَمُدُّ لَهٗ مِنَ الْعَذَابِ مَدًّا ۝ وَّنَرِثُهٗ مَا يَقُوْلُ وَيَاْتِيْنَا فَرْدًا ۝ وَاتَّخَذُوْا مِنْ دُوْنِ اللّٰهِ اٰلِهَةً لِّيَكُوْنُوْا لَهُمْ عِزًّا ۝ كَلَّا ۚ سَيَكْفُرُوْنَ بِعِبَادَتِهِمْ وَيَكُوْنُوْنَ عَلَيْهِمْ ضِدًّا ۝ اَلَمْ تَرَ اَنَّا اَرْسَلْنَا الشَّيٰطِيْنَ عَلَى الْكٰفِرِيْنَ تَؤُزُّهُمْ اَزًّا ۝ فَلَا تَعْجَلْ عَلَيْهِمْ ۖ اِنَّمَا نَعُدُّ لَهُمْ عَدًّا ۝ يَوْمَ نَحْشُرُ الْمُتَّقِيْنَ اِلَى الرَّحْمٰنِ وَفْدًا ۝ وَّنَسُوْقُ الْمُجْرِمِيْنَ اِلٰى جَهَنَّمَ

77. Has thou then seen the (sort of) man who rejects Our Signs, yet says: "I shall certainly be given wealth and children?"

77. 'Afara-'aytallazî kafara bi-'Aayâtinâ wa qâla la'ûtayanna mâlanw wa waladâ?

78. Has he penetrated to the Unseen, or has he taken a promise with the Most Gracious?

78. 'Attala-'al-Ghayba 'amittakhaza 'indar-Rahmâni 'ahdâ?

79. Nay! we shall record what he says. and We shall add and add to his punishment.

79. Kallâ! Sanaktubu mâ yaqûlu wa namuddu lahû minal-'azâbi maddâ.

80. To Us shall return all that he talks of, and he shall appear before Us bare and alone.

80. Wa narithuhû mâ yaqûlu wa ya'tînâ fardâ.

81. And they have taken (for worship) gods other than Allah, to give them power and glory!

81. Wattakhazû min-dûnillâhi 'âlihatal-liyakûnû lahum-'izzâ!

82. Instead, they shall reject their worship, and become adversaries against them.

82. Kallâ! sayakfurûna bi-'ibâdatihim wa yakûnûna 'alayhim dhiddâ.

83. Seest thou not that We have set Satans on against the Unbelievers, to incite them with fury?

83. 'Alam tara 'annâ 'arsalnash-shayâtîna 'alal-kâfirîna ta-'uzzuhum 'azzâ?

84. So make no haste against them, for We but count out to them a (limited) number (of days).

84. Falâ ta'-jal 'alayhim: 'innamâ na-'uddu lahum 'addâ.

85. The day We shall gather the righteous to (Allâh) Most Gracious, like a band (presented before a king for honours.)

85. Yawma nah-shurul-Muttaqîna 'ilar-Rahmâni wafdâ,

86. And We shall drive the sinners to hell, (like thirsty cattle driven down to

86. Wa nasûqul-mujrimîna 'ilâ Jahannama

وَرْدًا ۞ لَا يَمْلِكُونَ الشَّفَاعَةَ إِلَّا مَنِ اتَّخَذَ عِنْدَ الرَّحْمَٰنِ عَهْدًا ۞ وَقَالُوا اتَّخَذَ الرَّحْمَٰنُ وَلَدًا ۚ لَقَدْ جِئْتُمْ شَيْئًا إِدًّا ۞ تَكَادُ السَّمَٰوَٰتُ يَتَفَطَّرْنَ مِنْهُ وَتَنشَقُّ الْأَرْضُ وَتَخِرُّ الْجِبَالُ هَدًّا ۞ أَن دَعَوْا لِلرَّحْمَٰنِ وَلَدًا ۞ وَمَا يَنبَغِي لِلرَّحْمَٰنِ أَن يَتَّخِذَ وَلَدًا ۞ إِن كُلُّ مَن فِي السَّمَٰوَٰتِ وَالْأَرْضِ إِلَّا آتِي الرَّحْمَٰنِ عَبْدًا ۞ لَقَدْ أَحْصَىٰهُمْ وَعَدَّهُمْ عَدًّا ۞ وَكُلُّهُمْ آتِيهِ يَوْمَ الْقِيَٰمَةِ فَرْدًا ۞ إِنَّ الَّذِينَ آمَنُوا وَعَمِلُوا الصَّٰلِحَٰتِ سَيَجْعَلُ لَهُمُ الرَّحْمَٰنُ وُدًّا ۞ فَإِنَّمَا يَسَّرْنَٰهُ بِلِسَانِكَ لِتُبَشِّرَ بِهِ الْمُتَّقِينَ وَتُنذِرَ بِهِ قَوْمًا لُّدًّا ۞

water,—) wirdâ.

87. None shall have the power of intercession, but such a one as has received permission (or promise) form (Allâh) Most Gracious.

87. Lâ yamlikûnash-shafâ'ata 'illâ manittakhaza 'indar-Rahmâni 'ahdâ.

88. They say: "The Most Gracious has betaken a son!"

88. Wa qâluttakhazar-Rahmânu waladâ!

89. Indeed ye have put forth a thing most monstrous!

89. Laqad ji'-tum shay-'an 'iddâ!

90. At it the skies are about to burst, the earth to split asunder, and the mountains to fall down in utter ruin,

90. Takâdus-samâwâtu yatafattarna minhu wa tanshaq-qul-'ardhu wa takhirrul-jibâlu haddâ,

91. That they attributed a son to the Most Gracious.

91. 'An-da-'aw lir-Rahmâni waladâ.

92. For it is not consonant with the majesty of the Most Gracious that He should beget a son.

92. Wa mâ yambaghî lir-Rahmâni 'any-yattakhiza waladâ.

93. Not one of the beings in the heavens and the earth but must come to the Most Gracious as a servant.

93. 'In-kullu man-fis-samâwâti wal-'ardhi 'illâ 'âtir-Rahmâni 'abdâ.

94. He does take an account of them (all), and hath numbered them (all) exactly.

94. Laqad'ah-sâhum wa'addahum 'addâ.

95. And everyone of them will come to Him singly on the Day of Judgement.

95. Wa kulluhum 'âtîhi yawmal-Qiyâmati fardâ.

96. On those who believe and work deeds of righteousness, will the Most Gracious bestow Love.

96. 'Innallazîna 'âmanû wa 'amilus-sâlihâti sayaj-'alu lahumur-Rahmânu wuddâ.

97. So have We made the (Qur'an) easy in thine own tongue, that with it thou mayest give glad tidings to the righteous, and warnings to people given to contention.

97. Fa-'innamâ yassarnâhu bi-lisânika li-tubash-shira bi-hil-Muttaqîna wa tunzira bi-hî qawmal-luddâ.

وَكَمْ أَهْلَكْنَا قَبْلَهُمْ مِّنْ قَرْنٍ هَلْ تُحِسُّ مِنْهُمْ مِّنْ أَحَدٍ أَوْ تَسْمَعُ لَهُمْ رِكْزًا ۝

سُوْرَةُ السَّجْدَةِ مَكِّيَّةٌ (٣٢) (٤٥)

بِسْمِ اللهِ الرَّحْمٰنِ الرَّحِيْمِ

الٓمّٓ ۝ تَنْزِيْلُ الْكِتٰبِ لَا رَيْبَ فِيْهِ مِنْ رَّبِّ الْعٰلَمِيْنَ ۝ أَمْ يَقُوْلُوْنَ افْتَرٰىهُ ۚ بَلْ هُوَ الْحَقُّ مِنْ رَّبِّكَ لِتُنْذِرَ قَوْمًا مَّا أَتٰىهُمْ مِّنْ نَّذِيْرٍ مِّنْ قَبْلِكَ لَعَلَّهُمْ يَهْتَدُوْنَ ۝ اَللّٰهُ الَّذِيْ خَلَقَ السَّمٰوٰتِ وَالْأَرْضَ وَمَا بَيْنَهُمَا فِيْ سِتَّةِ أَيَّامٍ ثُمَّ اسْتَوٰى عَلَى الْعَرْشِ ۖ مَا لَكُمْ مِّنْ دُوْنِهٖ مِنْ وَّلِيٍّ وَّلَا شَفِيْعٍ ۚ أَفَلَا تَتَذَكَّرُوْنَ ۝

98. But how many (countless) generations before them have We destroyed? Canst thou find a single one of them (now) or hear (so much as) a whisper of them?

98. Wa-kam 'ahlaknâ qablahum-min-qarn? Hal tuḥissu minhum-min 'aḥadin 'awtas-ma-'u lahum rikzâ?

SÛRAH AS-SAJDAH

Bismillâhir-Rahmânir-Rahîm
In the Name of Allâh, Most Gracious, Most Merciful.

Translation

1. 'Alif-Lâm-Mîm.

2. (This is) the revelation of the Book in which there is no doubt,— from the Lord of the Worlds.

3. Or do they say, "He has forged it"? Nay, it is the Truth from thy Lord that thou mayest admonish a people to whom no warner has come before thee: in order that they may be rightly guided.

4. It is Allâh Who has created the heavens and the earth, and all between them, in six Days, then He established Himself on the Throne: ye have none, besides Him, to protect or intercede (for you): will ye not then receive admonition?

Transliteration

1. 'Alif-Lâm-Mîm.

2. Tanzîlul-Kitâbi lâ rayba fîhi mir-Rabbil-'Aalamîn.

3. 'Am yaqûlû-naftarâh? Bal huwal-Ḥaqqu mir-Rabbika litunzira qawmam-mâ 'atâhum-min-nazîrim-min qablika la-'allahum yahtadûn.

4. 'Allâhullazî khalaqas-samâwâti wal-'ardha wa mâ baynahumâ fî sittati 'Ayyâ-min thummas-tawâ 'alal-'Arsh: mâ lakum-min dûnihî minw waliyyinw walâ shafî': 'afa-lâ tatazakkarûn?

يُدَبِّرُ الْأَمْرَ مِنَ السَّمَاءِ إِلَى الْأَرْضِ ثُمَّ يَعْرُجُ إِلَيْهِ فِي يَوْمٍ كَانَ مِقْدَارُهُ أَلْفَ سَنَةٍ مِّمَّا تَعُدُّونَ ۞ ذَٰلِكَ عَالِمُ الْغَيْبِ وَالشَّهَادَةِ الْعَزِيزُ الرَّحِيمُ ۞ الَّذِيٓ أَحْسَنَ كُلَّ شَيْءٍ خَلَقَهُ وَبَدَأَ خَلْقَ الْإِنْسَانِ مِنْ طِينٍ ۞ ثُمَّ جَعَلَ نَسْلَهُ مِنْ سُلَالَةٍ مِّنْ مَّاءٍ مَّهِينٍ ۞ ثُمَّ سَوَّاهُ وَنَفَخَ فِيهِ مِنْ رُّوحِهِ وَجَعَلَ لَكُمُ السَّمْعَ وَالْأَبْصَارَ وَالْأَفْئِدَةَ ۚ قَلِيلًا مَّا تَشْكُرُونَ ۞ وَقَالُوٓا أَإِذَا ضَلَلْنَا فِي الْأَرْضِ أَإِنَّا لَفِي خَلْقٍ جَدِيدٍ ۚ بَلْ هُمْ بِلِقَاءِ رَبِّهِمْ كَافِرُونَ ۞ قُلْ يَتَوَفَّاكُمْ مَّلَكُ

5. He directs the affairs from the heavens to the earth: then it escends unto Him, on a Day the measure of which is a thousand years of your reckoning.

5. Yudabbirul-'amra minassamâ-'i 'ilal-'ardhi thumma ya'-ruju 'ilayhi fî yawmin-kâna miqdâruhû 'alfa sanatim-mim-mâ ta-'uddûn.

6. Such is He, the Knower of all things, hidden and open, the Exalted (in power), the Merciful;—

6. Zâlika 'Aalimul-ghaybi wash-shahâdatil-'Azîzur-Rahîm;—

7. He Who created all things in the Best way and He began the creation of man from clay,

7. 'Allazî 'ahsana kulla shay'in khalaqahû wa bada-'a khalqal-'insâni min-tîn;

8. And made his progeny from a quintessence of despised fluid.

8. Thumma ja-'ala naslahû min-sulâlatim-mim-mâ-'im-mahîn:

9. But He fashioned him in due proportion, and breathed into him of His spirit. And He gave you (the faculties of) hearing and sight and understanding little thanks do ye give!

9. Thumma sawwâhu wa nafakha fîhi mir-Rûhihî wa ja'ala lakumus-samı-'a wal-'ab-sâra wal-'af-'idah: qalîlam-mâ tashkurûn!

10. And they say: "What! when we lie, hidden and lost, in the earth, shall we indeed be in a Creation renewed? Nay, they deny the Meeting with their Lord!"

10. Wa qâlû 'a-'izâ dhalalnâ fil-'ardhi'a-'innâ lafî khalqinjadîd? Bal hum-bi-Liqâ-'i Rabbihim kâfirûn!

11. Say: "The Angel of

11. Qul yata-waffâkum-Malakul-

الْمَوْتِ الَّذِىْ وُكِّلَ بِكُمْ ثُمَّ اِلٰى رَبِّكُمْ تُرْجَعُوْنَ ۞ وَلَوْ تَرٰٓى اِذِ الْمُجْرِمُوْنَ نَاكِسُوْا رُءُوْسِهِمْ عِنْدَ رَبِّهِمْ ۭ رَبَّنَآ اَبْصَرْنَا وَسَمِعْنَا فَارْجِعْنَا نَعْمَلْ صَالِحًا اِنَّا مُوْقِنُوْنَ ۞ وَلَوْ شِئْنَا لَاٰتَيْنَا كُلَّ نَفْسٍ هُدٰىهَا وَلٰكِنْ حَقَّ الْقَوْلُ مِنِّىْ لَاَمْلَـَٔنَّ جَهَنَّمَ مِنَ الْجِنَّةِ وَالنَّاسِ اَجْمَعِيْنَ ۞ فَذُوْقُوْا بِمَا نَسِيْتُمْ لِقَآءَ يَوْمِكُمْ هٰذَا ۚ اِنَّا نَسِيْنٰكُمْ وَذُوْقُوْا عَذَابَ الْخُلْدِ بِمَا كُنْتُمْ تَعْمَلُوْنَ ۞ اِنَّمَا يُؤْمِنُ بِاٰيٰتِنَا الَّذِيْنَ اِذَا ذُكِّرُوْا بِهَا خَرُّوْا سُجَّدًا وَّسَبَّحُوْا بِحَمْدِ رَبِّهِمْ وَهُمْ

Death, put in charge of you, will (duly) take your souls: then shall ye be brought back to your Lord."

Mawtillazî wukkila bikum thumma 'ilâ Rabbikum turja'ûn.

12. If only thou couldst see when the guilty ones will bend low their heads before their Lord, (saying:) "Our Lord! We have seen and we have heard: now then send us back (to the world): we will work righteousness: for we do indeed (now) believe."

12. Wa law tarâ 'izil-mujrimûna nâkisû ru-'usihim 'inda Rabbihim: Rabbanâ 'absarnâ wa sami'-nâ farji'-nâ na'-mal sâlihan 'innâ mûqinûn.

13. If We had so willed, we could certainly have brought every soul its true guidance: but the Word from Me will come true, "I will fill Hell with Jinns and men all together."

13. Wa law shi'-nâ la-'âtay nâ kulla nafsin hudâhâ wa lâkin haqqal-Qawlu minnî la-'amla-'anna Jahannama minal-jinnati wannâsi 'ajma-'în.

14. "Taste ye then—for ye forgot the Meeting of this Day of yours, and We too will forget you—taste ye the chastisement of Eternity for your (evil) deeds!"

14. Fazûqû bimâ nasîtum Liqâ-'a Yawmikum hâzâ. 'Inna nasînâkum wa zûqû 'Azâbal-khuldi bimâ kuntum ta'-malûn!

15. Only those believe in Our Signs, who, when they are recited to them fall down in adoration, and celebrate the praises of their Lord, nor are they (ever)

15. 'Innamâ yu'-minu bi-'Aayâtinallazîna 'izâ zukkirû bihâ kharrû sujjadanwwa sabbahû bi-Hamdi Rabbihim wa hum

لَا يَسْتَكْبِرُوْنَ ۩ تَتَجَافٰى جُنُوْبُهُمْ عَنِ الْمَضَاجِعِ يَدْعُوْنَ رَبَّهُمْ خَوْفًا وَّطَمَعًا وَّمِمَّا رَزَقْنٰهُمْ يُنْفِقُوْنَ ۞ فَلَا تَعْلَمُ نَفْسٌ مَّآ اُخْفِيَ لَهُمْ مِّنْ قُرَّةِ اَعْيُنٍ ۚ جَزَآءً بِمَا كَانُوْا يَعْمَلُوْنَ ۞ اَفَمَنْ كَانَ مُؤْمِنًا كَمَنْ كَانَ فَاسِقًا ۫ لَا يَسْتَوٗنَ ۞ اَمَّا الَّذِيْنَ اٰمَنُوْا وَعَمِلُوا الصّٰلِحٰتِ فَلَهُمْ جَنّٰتُ الْمَأْوٰى ۫ نُزُلًۢا بِمَا كَانُوْا يَعْمَلُوْنَ ۞ وَاَمَّا الَّذِيْنَ فَسَقُوْا فَمَأْوٰىهُمُ النَّارُ ۭ كُلَّمَآ اَرَادُوْٓا اَنْ يَّخْرُجُوْا مِنْهَآ اُعِيْدُوْا فِيْهَا وَقِيْلَ لَهُمْ ذُوْقُوْا عَذَابَ النَّارِ الَّذِيْ كُنْتُمْ بِهٖ تُكَذِّبُوْنَ ۞

puffed up with pride. lâ yastakbirûn. (Bow down)

16. They forsake their beds of sleep, the while they call on their Lord, in Fear and Hope: and they spend (in charity) out of the sustenance which We have bestowed on them.

16. Tatajâfâ junûbuhum 'anil-madhâji-'i yad-'ûna Rabbahum khawfanw wa tama'â: wa mimmâ razaqnâhum yunfiqûn.

17. Now no person knows what delights of the eye are kept hidden (in reserve) for them—as a reward for their (good) Deeds.

17. Falâ ta'-lamu nafsum-mâ 'ukhfiya lahum-min-qurrati 'a'-yun: jazâ-'am-bimâ kânû ya'-malûn.

18. Is then the man who believes no better than the man who is rebellious and wicked? Not equal are they.

18. 'Afaman kâna mu'-minan-kaman-kâna fâsiqâ? Lâ yastawûn.

19. For those who believe and do righteous deeds, are Gardens as hospitable homes, for their (good) deeds.

19. 'Ammallazîna 'âmanû wa 'amilus-sâlihâti falahum Jannâtul- ma'-wâ, nuzulam bimâ kânû ya'-malûn.

20. As to those who are rebellious and wicked, their abode will be the Fire: every time they wish to get away therefrom, they will be forced thereinto, and it will be said to them: "Taste ye the Chastisement of the Fire, the which ye were wont to reject as false."

20. Wa 'ammallazîna fasaqû fama'-wâhumun-Nâr: kullamâ 'arâdû 'any-yakhrujû minhâ 'u-'îdû fîhâ wa qîla lahum zûqû 'Azâban-Nâril-lazî kuntum-bihî tukazzibûn.

وَلَنُذِيقَنَّهُمْ مِّنَ الْعَذَابِ الْأَدْنٰى دُوْنَ الْعَذَابِ الْأَكْبَرِ لَعَلَّهُمْ يَرْجِعُوْنَ ۞ وَمَنْ اَظْلَمُ مِمَّنْ ذُكِّرَ بِاٰيٰتِ رَبِّهٖ ثُمَّ اَعْرَضَ عَنْهَا ؕ اِنَّا مِنَ الْمُجْرِمِيْنَ مُنْتَقِمُوْنَ ۞ وَلَقَدْ اٰتَيْنَا مُوْسَى الْكِتٰبَ فَلَا تَكُنْ فِيْ مِرْيَةٍ مِّنْ لِّقَآئِهٖ وَجَعَلْنٰهُ هُدًى لِّبَنِيْٓ اِسْرَآءِيْلَ ۞ وَجَعَلْنَا مِنْهُمْ اَئِمَّةً يَّهْدُوْنَ بِاَمْرِنَا لَمَّا صَبَرُوْا ؕ وَكَانُوْا بِاٰيٰتِنَا يُوْقِنُوْنَ ۞ اِنَّ رَبَّكَ هُوَ يَفْصِلُ بَيْنَهُمْ يَوْمَ الْقِيٰمَةِ فِيْمَا كَانُوْا فِيْهِ يَخْتَلِفُوْنَ ۞ اَوَلَمْ يَهْدِ لَهُمْ كَمْ اَهْلَكْنَا مِنْ قَبْلِهِمْ مِّنَ الْقُرُوْنِ يَمْشُوْنَ فِيْ مَسٰكِنِهِمْ ؕ

21. And indeed We will make them taste of the lighter Chastisement before the greater Chastisement in order that they may (repent and) return.

22. And who does more wrong than one to whom are recited the Signs of his Lord, and who then turns away therefrom? Verily from those who transgress We shall exact (due) Retribution.

23. We did indeed aforetime give the Book to Moses: be not then in doubt of its reaching (thee): and We made it a guide to the Children of Israel.

24. And We appointed, from among them, Leaders, giving guidance under Our command, so long as they persevered with patience and continued to have faith in Our Signs.

25. Verily thy Lord will judge between them on the Day of Judgment, in the matters wherein they differ (among themselves).

26. Does it not teach them a lesson, how many generations We destroyed before them, in whose dwellings they (now) go to and fro?

21. Wa lanuzîqannahum-minal-'Azâbil-'adnâ dûnal 'Azâbil-'akbari la-'allahum yarji'ûn.

22. Wa man 'azlamu mimman-zukkira bi-'Aayâti Rabbihî thumma 'a'-radha 'anhâ? 'Innâ minal-mujrimîna muntaqimûn.

23. Wa laqad 'âtaynâ Mûsal-Kitâba fala takun fî miryatim-mil-liqâ-'ihî wa ja'alnâhu hudal-li-Banî-'Isrâ'îl.

24. Wa ja-'alnâ minhum 'A'immatany-yahdûna bi-'Amrinâ lammâ sabarû; wa kânû bi-'Aayâtinâ yûqinûn.

25. 'Inna Rabbaka Huwa yafsilu baynahum Yawmal-Qiyâmati fîmâ kânû fîhi yakhtalifûn.

26. 'Awalam yahdi lahum kam'ahlaknâ min qablihim-minalqurûni yamshûna fî masâkinihim?

إِنَّ فِى ذَٰلِكَ لَآيَاتٍ أَفَلَا يَسْمَعُونَ ۝ أَوَلَمْ يَرَوْا أَنَّا نَسُوقُ الْمَاءَ إِلَى الْأَرْضِ الْجُرُزِ فَنُخْرِجُ بِهِ زَرْعًا تَأْكُلُ مِنْهُ أَنْعَامُهُمْ وَأَنْفُسُهُمْ أَفَلَا يُبْصِرُونَ ۝ وَيَقُولُونَ مَتَىٰ هَٰذَا الْفَتْحُ إِنْ كُنْتُمْ صَادِقِينَ ۝ قُلْ يَوْمَ الْفَتْحِ لَا يَنْفَعُ الَّذِينَ كَفَرُوا إِيمَانُهُمْ وَلَا هُمْ يُنْظَرُونَ ۝ فَأَعْرِضْ عَنْهُمْ وَانْتَظِرْ إِنَّهُمْ مُنْتَظِرُونَ ۝

سُورَةُ الْإِخْلَاصِ مَكِّيَّةٌ

بِسْمِ اللَّهِ الرَّحْمَٰنِ الرَّحِيمِ

قُلْ هُوَ اللَّهُ أَحَدٌ ۝ اللَّهُ الصَّمَدُ ۝ لَمْ يَلِدْ وَلَمْ يُولَدْ ۝ وَلَمْ يَكُنْ لَهُ

Translation	Transliteration
Verily in that are Signs: do they not then listen?	'Inna fî zâlika la-'Aayât: 'afalâ yasma-'ûn?
27. And do they not see that We do drive Rain to parched soil (bare of herbage), and produce therewith crops, providing food for their cattle and themselves? Have they not the vision?	27. 'Awalam yaraw 'annâ nasûqul-mâ-'a 'ilal-'ardhiljuruzi fanukhriju bihî zar-'an ta'kulu minhu 'an-'âmuhum wa 'anfusuhum? 'Afalâ yubsirûn?
28. They say: "When will this Decision be, if ye are telling the truth?"	28. Wa yaqûlûna matâhâzal-Fat-hu 'in kuntum sâdiqîna?
29. Say: "On the Day of Decision, no profit will it be to Unbelievers if they (then) believe! Nor will they be granted a respite."	29. Qul Yawmal-Fat-hi lâ yanfa-'ullazîna kafarû 'îmânuhum wa lâ hum yunzarûn.
30. So turn away from them, and wait: they too are waiting.	30. Fa-'a'-ridh 'anhum wantadhir 'innahum-mantadhirûn.

SÛRAH AL-IKHLÂS

Bismillâhir-Rahmânir-Rahîm
In the Name of Allâh, Most Gracious, Most Merciful.

Translation	Transliteration
1. Say: He is Allâh the One;	1. Qul Hu-wallâhu 'Ahad;
2. Allah, the Eternal, Absolute;	2. 'Allâhus-Samad;
3. He begetteth not, nor is He begotten;	3. Lam yalid, wa lam yûlad;
4. And there is none like	4. Walam yakul-la-Hû

كُفُوًا اَحَدٌ ۞

سُوْرَةُ الْفَلَقِ مَكِّيَّةٌ (١١٣) اٰیَاتُهَا ٥ رُكُوْعُهَا ١ (٢٠)

بِسْمِ اللّٰهِ الرَّحْمٰنِ الرَّحِيْمِ ۞

قُلْ اَعُوْذُ بِرَبِّ الْفَلَقِ ۞ مِنْ شَرِّ مَا خَلَقَ ۞ وَمِنْ شَرِّ غَاسِقٍ اِذَا وَقَبَ ۞ وَمِنْ شَرِّ النَّفّٰثٰتِ فِی الْعُقَدِ ۞ وَمِنْ شَرِّ حَاسِدٍ اِذَا حَسَدَ ۞

سُوْرَةُ النَّاسِ مَكِّيَّةٌ (١١٤) اٰیَاتُهَا ٦ رُكُوْعُهَا ١ (٢١)

بِسْمِ اللّٰهِ الرَّحْمٰنِ الرَّحِيْمِ ۞

قُلْ اَعُوْذُ بِرَبِّ النَّاسِ ۞ مَلِكِ النَّاسِ ۞ اِلٰهِ النَّاسِ ۞ مِنْ شَرِّ الْوَسْوَاسِ ۞ الْخَنَّاسِ ۞ الَّذِیْ یُوَسْوِسُ فِیْ صُدُوْرِ

unto Him.   kufuwan 'ahad.

SÛRAH AL-FALAQ
Bismillâhir-Rahmânir-Rahîm
In the Name of Allâh, Most Gracious, Most Merciful.

Translation   *Transliteration*

1. Say: I seek refuge with the Lord of the Dawn,
1. Qul 'a-'ûzu bi-Rabbil-Falaq,

2. From the mischief of created things;
2. Min-sharri mâ Khalaq:

3. From the mischief of Darkness as it overspreads;
3. Wamin-sharri ghâsiqin 'izâ waqab,

4. From the mischief of those who blow on knots;
4. Wa min-sharrin-Naffâthâti fil-'uqad,

5. And from the mischief of the envious one as he practises envy.
5. Wa min-sharri hâsidin 'izâ hasad.

SÛRAH AN-NÂS
Bismillâhir-Rahmânir-Rahîm
In the Name of Allâh, Most Gracious, Most Merciful.

Translation   *Transliteration*

1. Say: I seek refuge with the Lord and Cherisher of Mankind,
1. Qul 'a-'ûzu bi-Rabbin-Nâs.

2. The King (or Ruler) of Mankind,
2. Malikin-Nâs,

3. The God (or Judge) of Mankind,—
3. 'Ilâhin-Nâs.

4. From the mischief of the Whisperer (of Evil), who withdraws (after his whisper),—
4. Min-sharril-Waswâsilkhan-Nâs,-

5. Who whispers into the
5. 'Allazî yuwas-wisu fî

النَّاسِ ۞ مِنَ الْجِنَّةِ وَالنَّاسِ ۞

سُورَةُ الْبَقَرَةِ مَدَنِيَّةٌ

بِسْمِ اللهِ الرَّحْمٰنِ الرَّحِيْمِ

لِلّٰهِ مَا فِى السَّمٰوٰتِ وَمَا فِى الْاَرْضِ ۭ وَاِنْ تُبْدُوْا مَا فِىْۤ اَنْفُسِكُمْ اَوْ تُخْفُوْهُ يُحَاسِبْكُمْ بِهِ اللهُ ۭ فَيَغْفِرُ لِمَنْ يَّشَاۤءُ وَيُعَذِّبُ مَنْ يَّشَاۤءُ ۭ وَاللهُ عَلٰى كُلِّ شَىْءٍ قَدِيْرٌ ۞ اٰمَنَ الرَّسُوْلُ بِمَاۤ اُنْزِلَ اِلَيْهِ مِنْ رَّبِّهٖ وَالْمُؤْمِنُوْنَ ۭ كُلٌّ اٰمَنَ بِاللهِ وَمَلٰۤىِٕكَتِهٖ وَكُتُبِهٖ وَرُسُلِهٖ ۣ لَا نُفَرِّقُ بَيْنَ اَحَدٍ مِّنْ رُّسُلِهٖ ۣ وَقَالُوْا سَمِعْنَا وَاَطَعْنَا ۣ غُفْرَانَكَ رَبَّنَا وَاِلَيْكَ الْمَصِيْرُ ۞

hearts of Mankind—	sudûrin-Nâsi,–
6. Among Jinns and among men.	6. Minal Jinnati wan-Nâs.

SÛRAH BAQAR

Bismillâhir-Rahmânir-Rahîm
In the Name of Allâh, Most Gracious, Most Merciful.

Translation — *Transliteration*

284. To Allâh belongeth all that is in the heavens and on earth. Whether ye show what is in your minds or conceal it, Allâh calleth you to account for it. He forgiveth whom He pleaseth, and punisheth whom He pleaseth. For Allâh hath power over all things.

284. Lillâhi mâ fis-samâwâti wa mâ fil-'ardh. Wa 'intubdû mâ fî 'an-fusikum 'aw tukh-fûhu yuhâ-sibkum-bihillâh. Fa-yagh-firu limanyyashâ-'u wa yu-'azzibu manyyashâ': wallâhu 'alâ kulli shay-'in-Qadîr.

285. The Messenger believeth in what hath been revealed to him from his Lord, as do the men of faith, each one (of them) believeth in Allâh, His angels, His books, and His Messengers. "We make no distinction (they say) between one and another of his Messengers." And they say: "We hear, and we obey: (we seek) Thy forgiveness. our Lord, and to Thee is the end of all journeys."

285. 'Aa-manar-Rasûlu bimâ 'un-zila 'ilay-hi mir-Rab-bihî wal-Mû'-minûn. Kul-lun 'â-mana billâhi wa ma-lâ'ikati-hî wa kutubihî wa rusulih. Lâ nufarriqu bay-na 'ahadimmir-rusulih. Wa qâ-lû sami'nâ wa 'ata'-nâ: Ghufrânaka Rabbanâ wa 'ilaykal-masîr.

لَا يُكَلِّفُ اللّٰهُ نَفْسًا اِلَّا وُسْعَهَا
لَهَا مَا كَسَبَتْ وَعَلَيْهَا مَا اكْتَسَبَتْ ۗ رَبَّنَا
لَا تُؤَاخِذْنَا اِنْ نَسِيْنَا اَوْ اَخْطَأْنَا ۚ رَبَّنَا
وَلَا تَحْمِلْ عَلَيْنَا اِصْرًا كَمَا حَمَلْتَهٗ
عَلَى الَّذِيْنَ مِنْ قَبْلِنَا ۚ رَبَّنَا وَلَا
تُحَمِّلْنَا مَا لَا طَاقَةَ لَنَا بِهٖ ۚ وَاعْفُ
عَنَّا ۗ وَاغْفِرْ لَنَا ۗ وَارْحَمْنَا ۗ اَنْتَ مَوْلٰىنَا
فَانْصُرْنَا عَلَى الْقَوْمِ الْكٰفِرِيْنَ ۞

286. On no soul doth Allâh place a burden greater than it can bear. It gets every good that it earns, and it suffers every ill that it earns. (Pray:) "Our Lord! condemn us not if we forget or fall into error; our Lord! lay not on us a burden like that which Thou didst lay on those before us; our Lord! lay not on us a burden greater than we have strength to bear. Blot out our sins, and grant us forgiveness. Have mercy on us. Thou art our Protector; grant us victory over the unbelievers.

286. Lâ yukalli-fullâhu naf-san 'illâ wus-'ahâ. Lahâ mâ kasabat wa 'alay-hâ mak-tasabat. Rabbanâ lâ tu-'â-khiznâ 'in-nasînâ 'aw 'akhta'-nâ. Rabbanâ wa lâ tahmil 'alaynâ 'is-ran-kamâ hamal-ta-hû 'alal-lazîna min-qab-linâ. Rabbanâ wa lâ tuhammil-nâ mâ lâ tâqata lanâ bih. Wa'fu 'annâ, wagh-fir lanâ, warham-nâ. 'Anta Mawlâ-nâ fan-surnâ 'alal-qaw-mil-kâfirîn.

HAIKAL - I

Bismillâhir-Rahmânir-Rahîm

U'îzu nafsi bil-lâhil aliy-yil 'azîm Allâhû lâ-ilâha illâ huwal-haiy-yul qaiyûm; lâ tâkhuzuhû sinatunw-wala naum: lahû mâ fissamâwâti wa mâ fil ardh, man zal-lazî yashfa'u'indahû illâ bi-iznihî; ya'lamu mâ baina aidîhim wa mâ khalfahum, walâ yuhîtûna bishai'-im min 'ilmihî illa bimâ shâ'a wasi'a kursiy-yuhussamâwâti wal ardh, walâ ya'ûduhû hifzu-humâ, wa huwal 'aliy-yul 'azîm.

HAIKAL - II

Bismillâhir-Rahmânir-Rahîm

U'îzu nafsi-bil-lâhil 'aliy-yil 'azîm. Iz, qâlatimra-atu 'imrâna rabbi inni nazartu laka mâ-fî batni muharraran fataqabbal minni, innaka antas-samî'ul-'alîm. Sunnata man-qad-arsalnâ qablaka mir-rusulinâ walâ tajidu lisunnatina tah-weelâ. Aqimis-salâta lidulûkish-shamsi ilâ ghasaqil-laili wa Qur'ânal-

Haikal III

fajr; Inna Qur'ânal-fajri kâna mash-hûdâ. Wa-minal-laili fatahajjad bihî nâfilatal-laka, 'asâ any-yab athaka rabbuka maqâmam mahmûdâ.

Wa-Qul rabbi adkhilinî mudkhala sidqinw-wa akhrijnî mukhraja sidqinw-waj-al-lî-mil-ladunka sultânan nasîrâ.

HAIKAL - III

Bismillâhir-Rahmânir-Rahîm

U'îzu nafsi bil-lâhil-aliy-yil azîm Âmanar-rasûlu bimâ unzila ilaihi mir-rabbihî wal-mu'minûn kullun âmana billâhi wa-malâ'ikatihî wa kutubihî wa rusulihî lâ-nufarriqu baina ahadim-mir rusulihî, wa qâlû sami'na wa-at'anâ ghufrânaka rabbanâ wa ilaikal-masîr

La yukalliful-lâhu nafsan illâ wus'ahâ, lahâ mâ-kasabat wa'alaihâ makta-sabat; rabbanâ lâ tu'akhiznâ in nasînâ au akhtânâ. rabbanâ walâ tahmil 'alainâ isran kamâ hamaltahû 'alal-lazîna

Haikal IV, V

min qablinâ, rabbanâ walâ tuhammilnâ mâ-lâ-tâqata, lanâ bihi, wa'fu 'annâ, waghfirlanâ, war-hamnâ, anta, maulânâ, fan-surnâ 'alal qaumil kâfirîn.

مِنْ قَبْلِنَا رَبَّنَا وَلَا تُحَمِّلْنَا مَا لَا طَاقَةَ لَنَا بِهِ وَاعْفُ عَنَّا وَاغْفِرْ لَنَا وَارْحَمْنَا أَنْتَ مَوْلَانَا فَانْصُرْنَا عَلَى الْقَوْمِ الْكَافِرِينَ

HAIKAL - IV

Bismillâhir-Rahmânir-Rahîm

بِسْمِ اللهِ الرَّحْمٰنِ الرَّحِيمِ

U'îzu nafsi bil-lâhil-aliy-yil-azîm. Waqul Jâ'al-haqqu Wa-zahaqal bâtilu innal-bâtila kâna zahûqan Wa nunazzilu minal-qur'âni Mâ huwa shifâ'unw Warahmatul-lil-mu'minîna Walâ yazîduz-zâlimîna Illâ Khasarâ! Wa izâ An'amnâ 'alal-insân A'radha Wanâ-bijanibihi, Wa izâ Mas-sahush-sharru Kâna Yu'san, Qul Kulluny-ya'malu 'Alâ Shâkilatihî Farabbukum A'lamu Biman Huwa Ahdâ Sabîlâ Wa yas'alûnaka 'Anir-rûh Qulir-rûhu Min Amri Rabbi Wamâ ûtîtum-minal-'âlîmi Illâ Qalîlâ

HAIKAL - V

Bismillâhir-Rahmânir-Rahîm

U'îzu nafsi bil-lâhil-aliy-yil-azîm. Qâla,

Haikal VI

rabbi inni wa hanal'a*z*mu, minni wa-shta'ala-râsu shaibanw-wa lam akun bidu'â'ika rabbi shaqi-yâ.

Wa inni khiftul-mawaliya minw warâ'i wakanatimra-atî 'âqiran fahab li milladunka waliyan yarithuni wa yarithu min âli ya'qûba waj'alhu rabbi ra*dh*iyya.

Laqad sadaqal-lâhu rasûlahur ru'ya bil-haqqi, la-tadkhulunnal, masjidal-harâma inshâ'al-lâhu âminîna muhalliqîna ru'ûsakum wa muqassirîna lâ takhâfûn; fa'alima mâ lam ta'lamû faja'ala min dûni zâlika fat-han qarîbâ

HAIKAL - VI

Bismillâhir-Rahmânir-Rahîm

U'îzu nafsi billâhil-'aliyyil a*z*îm qul ûhiya ilaiy-ya annahus tama'a nafarumminal-jinni faqâlû-innâ sami'nâ qur'ânan 'ajabany yahdî ilar-ru*sh*di faâmanna bihî walan-nushrika bi-rabbinâ ahadanw-waannahu ta'âlâ jaddu rabbinâ mat-takhaza sâhibatanwwalâ waladanw-wa-annahû kâna yaqûlu safihuna 'alal-lâhi shatatâ

يَقُولُ سَفِيهُنَا عَلَى اللّٰهِ شَطَطًا

HAIKAL - VII

Bismillâhir-Rahmânir-Rahîm

U'îzu nafsi billâhil-'aliy-yil-'azîm! Wa iny-yakâdul-lazîna kafarû-layuz-liqûnaka bi-absârihim lammâ-sami'uz-zikra-wayaqûlûna innahû lamajnûn Wa mâ huwa illâ zikrul-lil-'âlamîn

بِسْمِ اللّٰهِ الرَّحْمٰنِ الرَّحِيمِ ۝ أُعِيذُ نَفْسِي بِاللّٰهِ الْعَلِيِّ الْعَظِيمِ ۝ وَإِنْ يَكَادُ الَّذِينَ كَفَرُوا لَيُزْلِقُونَكَ بِأَبْصَارِهِمْ لَمَّا سَمِعُوا الذِّكْرَ وَيَقُولُونَ إِنَّهُ لَمَجْنُونٌ ۝ وَمَا هُوَ إِلَّا ذِكْرٌ لِلْعَالَمِينَ ۝

SIX KEYS KEY I

Bismillâhir-Rahmânir-Rahîm

Bismillâhis-samî'il-basîril-lazî laisa kamithlihî shaiunw-wa-huwa bikulli shai-'in 'alîm.
Bi-rahmatika yâ-arhamar-râhimîn. wa sallal-lâhu 'alâ Muhammadinw-wa-âlihî ajma'în.

بِسْمِ اللّٰهِ الرَّحْمٰنِ الرَّحِيمِ ۝ بِسْمِ اللّٰهِ السَّمِيعِ الْبَصِيرِ الَّذِي لَيْسَ كَمِثْلِهِ شَيْءٌ وَهُوَ بِكُلِّ شَيْءٍ عَلِيمٌ ۝ بِرَحْمَتِكَ يَا أَرْحَمَ الرَّاحِمِينَ ۝ وَصَلَّى اللّٰهُ عَلَى مُحَمَّدٍ وَآلِهِ أَجْمَعِينَ ۝

KEY II

Bismillâhir-Rahmânir-Rahîm

Bismillâhil-Khâliqil 'aîmil-lazŷî laisa kamithlihî shaiunw-wa-huwal-fattâhul-'alîm. birahmatika yâ-arhamar-râhimîn.

بِسْمِ اللّٰهِ الرَّحْمٰنِ الرَّحِيمِ ۝ بِسْمِ اللّٰهِ الْخَالِقِ الْعَلِيمِ الَّذِي لَيْسَ كَمِثْلِهِ شَيْءٌ وَهُوَ الْفَتَّاحُ الْعَلِيمُ ۝ بِرَحْمَتِكَ يَا أَرْحَمَ الرَّاحِمِينَ ۝

KEY III

Bismillâhir-Rahmânir-Rahîm

Bismillâhis-sami'il-'alîmil-lazi laisa kamithlihî shai-'unw wahuwal-ghaniyyul-qadîr birahmatika yâ-arhamar-râhimîn.

KEY IV

Bismillâhir-Rahmânir-Rahîm

Bismillâhil-'azîzil-karîmil-lazî laisa kamithlihî sha'iunw-wahuwal-'azîzul-karîm birahmatika yâ arhamar-râhimîn.

KEY V

Bismillâhir-Rahmânir-Rahîm

Bismillâhis-sami'il-'alîmil-lazî laisa kamithlihî sha'iunw wahuwal-'alîmul-Khabîr birahmatika yâ arhamar-râhimîn.

KEY VI

Bismillâhir-Rahmânir-Rahîm

Bismillâhil-'azîzir-rahîmil-lazî

لَيْسَ كَمِثْلِهِ شَىْءٌ وَهُوَ الْعَزِيزُ الْغَفُورُ۞ فَاللَّهُ خَيْرٌ حَافِظًا وَهُوَ أَرْحَمُ الرَّاحِمِينَ۞

laisa kamithlihî sha'iunw-wahuwal-'azîzul-ghafûr. fallâhu khairun hâfizanw Wa huwa arhamur-râhimîn.

DU'A'-E-AMAN

بِسْمِ اللَّهِ الرَّحْمَنِ الرَّحِيمِ۞

Bismillâhir-Rahmânir-Rahîm

اَللَّهُمَّ فَرِّجْنَا بِدُخُولِ الْقَبْرِ وَاخْتِمْ لَنَا بِالْخَيْرِ وَالظَّفَرِ وَأَنْ صَرِّفْ عَنَّا وَعَنْ جَمِيعِ الْمُؤْمِنِينَ وَالْمُؤْمِنَاتِ بِرَحْمَتِكَ يَا أَرْحَمَ الرَّاحِمِينَ۞ وَصَلَّى اللَّهُ عَلَى مُحَمَّدٍ وَآلِهِ أَجْمَعِينَ۞

Allâhumma far-rijna bi-dukhûlil-qabri wakhtim lana bil-khairi waz-zafri wa-an sarrif 'anna wa'an jamî'il-mu'minîna wal-mu'minâti bi-rahmatika yâ arhamar-râhimîn wa-sallal-lâhu 'alâ Muhammadinw-wa-âlihî ajma'în.

DU'A' DAFA-E-WABA

بِسْمِ اللَّهِ الرَّحْمَنِ الرَّحِيمِ۞

Bismillâhir-Rahmânir-Rahîm

لِخَمْسَةٌ أُطْفِى بِهَا حَرَّ الْوَبَاءِ الْحَاطِمَةِ الْمُصْطَفَى وَالْمُرْتَضَى وَابْنَاهُمَا وَالْفَاطِمَةِ۞

Likhamsatun, utfî bihâ harral-wabâ'il hâtimati al-mustafâ wal-murtadhâ wabnâhuma wal-fatimati.

GANJUL ARSH

دُعَاءُ كَنْزِ الْعَرْشِ

بِسْمِ اللَّهِ الرَّحْمَنِ الرَّحِيمِ۞

Bismillâhir-Rahmânir-Rahîm

لَا إِلَهَ إِلَّا اللَّهُ سُبْحَانَ الْمَلِكِ الْقُدُّوسِ

Lâ-ilâha illal-lâhu subhânal-malikil-quddûsi,

Lâ-ilâha illal-lâhu subhânal 'azîzil-jabbâri,	لَا اِلٰهَ اِلَّا اللهُ سُبْحٰنَ الْعَزِيْزِ الْجَبَّارِ
Lâ-ilâha illal-lâhu subhânar ra'ûfir-rahîmi,	لَا اِلٰهَ اِلَّا اللهُ سُبْحٰنَ الرَّؤُوْفِ الرَّحِيْمِ
Lâ-ilâha illallâhu subhânal ghafûrir-rahîmi,	لَا اِلٰهَ اِلَّا اللهُ سُبْحٰنَ الْغَفُوْرِ الرَّحِيْمِ
Lâ-ilâha illallâhu subhânal karimil hakîmi,	لَا اِلٰهَ اِلَّا اللهُ سُبْحٰنَ الْكَرِيْمِ الْحَكِيْمِ
Lâ-ilâha illallâhu subhânal qawiyyil wafiyyi,	لَا اِلٰهَ اِلَّا اللهُ سُبْحٰنَ الْقَوِيِّ الْوَفِيِّ
Lâ-ilâha illallâhu subhânal latifil khabîr,	لَا اِلٰهَ اِلَّا اللهُ سُبْحٰنَ اللَّطِيْفِ الْخَبِيْرِ
Lâ-ilâha illallâhu subhânas samadil ma'bûdi,	لَا اِلٰهَ اِلَّا اللهُ سُبْحٰنَ الصَّمَدِ الْمَعْبُوْدِ
Lâ-ilâha illallâhu subhânal ghafûril wadûdi,	لَا اِلٰهَ اِلَّا اللهُ سُبْحٰنَ الْغَفُوْرِ الْوَدُوْدِ
Lâ-ilâha illallâhu subhânal wakîlil kafîli,	لَا اِلٰهَ اِلَّا اللهُ سُبْحٰنَ الْوَكِيْلِ الْكَفِيْلِ
Lâ-ilâha illallâhu subhânar raqîbil hafîzi,	لَا اِلٰهَ اِلَّا اللهُ سُبْحٰنَ الرَّقِيْبِ الْحَفِيْظِ
Lâ-ilâha illallâhu subhânad dâ'imil qâ'imi,	لَا اِلٰهَ اِلَّا اللهُ سُبْحٰنَ الدَّآئِمِ الْقَآئِمِ
Lâ-ilâha illallâhu subhânal muhyil mumîti,	لَا اِلٰهَ اِلَّا اللهُ سُبْحٰنَ الْمُحْيِى الْمُمِيْتِ
Lâ-ilâha illallâhu subhânal haiyyil qayyûmi,	لَا اِلٰهَ اِلَّا اللهُ سُبْحٰنَ الْحَىِّ الْقَيُّوْمِ
Lâ-ilâha illallâhu subhânal Khâliqil bâri'yi,	لَا اِلٰهَ اِلَّا اللهُ سُبْحٰنَ الْخَالِقِ الْبَارِئِ
Lâ-ilâha illallâhu subhânal 'aliyyil 'azîmi,	لَا اِلٰهَ اِلَّا اللهُ سُبْحٰنَ الْعَلِيِّ الْعَظِيْمِ
Lâ-ilâha illallâhu subhânal wâhidil ahadi,	لَا اِلٰهَ اِلَّا اللهُ سُبْحٰنَ الْوَاحِدِ الْأَحَدِ

Ganjul Arsh

Lâ-ilâha illallâhu subhânal mu'minil muhaymini,	لَا إِلٰهَ إِلَّا اللهُ سُبْحٰنَ الْمُؤْمِنِ الْمُهَيْمِنِ
Lâ-ilâha illallâhu subhânal hasîbish-shahîdi,	لَا إِلٰهَ إِلَّا اللهُ سُبْحٰنَ الْحَسِيبِ الشَّهِيدِ
Lâ-ilâha illallâhu subhânal halîmil karîmi,	لَا إِلٰهَ إِلَّا اللهُ سُبْحٰنَ الْحَلِيمِ الْكَرِيمِ
Lâ-ilâha illallâhu subhânal awwalil qadîmi,	لَا إِلٰهَ إِلَّا اللهُ سُبْحٰنَ الْأَوَّلِ الْقَدِيمِ
Lâ-ilâha illallâhu subhânal awwalil âkhiri,	لَا إِلٰهَ إِلَّا اللهُ سُبْحٰنَ الْأَوَّلِ الْآخِرِ
Lâ-ilâha illallâhu subhânaz-zâhiril bâtini,	لَا إِلٰهَ إِلَّا اللهُ سُبْحٰنَ الظَّاهِرِ الْبَاطِنِ
Lâ-ilâha illallâhu subhânal kabîril muta'âli,	لَا إِلٰهَ إِلَّا اللهُ سُبْحٰنَ الْكَبِيرِ الْمُتَعَالِ
Lâ-ilâha illallâhu subhânal Qâdhil hâjâti,	لَا إِلٰهَ إِلَّا اللهُ سُبْحٰنَ الْقَاضِي الْحَاجَاتِ
Lâ-ilâha illallâhu subhânar-rahmânir-rahîmi,	لَا إِلٰهَ إِلَّا اللهُ سُبْحٰنَ الرَّحْمٰنِ الرَّحِيمِ
Lâ-ilâha illallâhu subhâna rabbil 'arshil 'azîm,	لَا إِلٰهَ إِلَّا اللهُ سُبْحٰنَ رَبِّ الْعَرْشِ الْعَظِيمِ
Lâ-ilâha illallâhu subhâna rabbiyal-â'alâ,	لَا إِلٰهَ إِلَّا اللهُ سُبْحٰنَ رَبِّيَ الْأَعْلَى
Lâ-ilâha illallâhu subhânal burhânis-sultâni,	لَا إِلٰهَ إِلَّا اللهُ سُبْحٰنَ الْبُرْهَانِ السُّلْطَانِ
Lâ-ilâha illallâhu subhânas samî'il basîri,	لَا إِلٰهَ إِلَّا اللهُ سُبْحٰنَ السَّمِيعِ الْبَصِيرِ
Lâ-ilâha illallâhu subhânal wâhidil qahhâri,	لَا إِلٰهَ إِلَّا اللهُ سُبْحٰنَ الْوَاحِدِ الْقَهَّارِ
Lâ-ilâha illallâhu subhânal 'alîmil hakîmi,	لَا إِلٰهَ إِلَّا اللهُ سُبْحٰنَ الْعَلِيمِ الْحَكِيمِ
Lâ-ilâha illallâhu subhânas sattâril-ghaffâri,	لَا إِلٰهَ إِلَّا اللهُ سُبْحٰنَ السَّتَّارِ الْغَفَّارِ

Lâ-ilâha illallâhu subhânar rahmânid dayyâni,	لَا اِلٰهَ اِلَّا اللّٰهُ سُبْحَانَ الرَّحْمٰنِ الدَّيَّانِ
Lâ-ilâha illallâhu subhânal kabîril akbari,	لَا اِلٰهَ اِلَّا اللّٰهُ سُبْحَانَ الْكَبِيرِ الْأَكْبَرِ
Lâ-ilâha illallâhu subhânal 'alîmil 'allâmi,	لَا اِلٰهَ اِلَّا اللّٰهُ سُبْحَانَ الْعَلِيمِ الْعَلَّامِ
Lâ-ilâha illallâhu subhânash-shâfil kâfi,	لَا اِلٰهَ اِلَّا اللّٰهُ سُبْحَانَ الشَّافِي الْكَافِي
Lâ-ilâha illallâhu subhânal 'azîmil bâqi,	لَا اِلٰهَ اِلَّا اللّٰهُ سُبْحَانَ الْعَظِيمِ الْبَاقِي
Lâ-ilâha illallâhu subhânas samadil ahadi,	لَا اِلٰهَ اِلَّا اللّٰهُ سُبْحَانَ الصَّمَدِ الْأَحَدِ
Lâ-ilâha illallâhu subhâna rabbil ardhi was-samâwâti,	لَا اِلٰهَ اِلَّا اللّٰهُ سُبْحَانَ رَبِّ الْأَرْضِ وَالسَّمٰوَاتِ
Lâ-ilâha illallâhu subhâna-khâliqil makhlûqâti,	لَا اِلٰهَ اِلَّا اللّٰهُ سُبْحَانَ خَالِقِ الْمَخْلُوقَاتِ
Lâ-ilâha illallâhu subhâna man khalaqal-laila wan-nahâra,	لَا اِلٰهَ اِلَّا اللّٰهُ سُبْحَانَ مَنْ خَلَقَ اللَّيْلَ وَالنَّهَارَ
Lâ-ilâha illallâhu subhânal khâliqir râziqi,	لَا اِلٰهَ اِلَّا اللّٰهُ سُبْحَانَ الْخَالِقِ الرَّزَّاقِ
Lâ-ilâha illallâhu subhânal fattâhil 'alîmi,	لَا اِلٰهَ اِلَّا اللّٰهُ سُبْحَانَ الْفَتَّاحِ الْعَلِيمِ
Lâ-ilâha illallâhu subhânal 'azîzil ghaniyyi,	لَا اِلٰهَ اِلَّا اللّٰهُ سُبْحَانَ الْعَزِيزِ الْغَنِيِّ
Lâ-ilâha illallâhu subhânal ghafûrish-shakûri,	لَا اِلٰهَ اِلَّا اللّٰهُ سُبْحَانَ الْغَفُورِ الشَّكُورِ
Lâ-ilâha illallâhu subhânal 'azîmil 'alimi,	لَا اِلٰهَ اِلَّا اللّٰهُ سُبْحَانَ الْعَظِيمِ الْعَلِيمِ
Lâ-ilâha illallâhu subhâna zil-mulki wal-malakûti,	لَا اِلٰهَ اِلَّا اللّٰهُ سُبْحَانَ ذِي الْمُلْكِ وَالْمَلَكُوتِ
Lâ-ilâha illallâhu subhâna zil-'Izzati wal-'azmati,	لَا اِلٰهَ اِلَّا اللّٰهُ سُبْحَانَ ذِي الْعِزَّةِ وَالْعَظَمَةِ

Ganjul Arsh

دُعَاءُ كَنْجُ الْعَرْش

Lâ-ilâha illallâhu subhâna zil-haibati wal-qudrati, لَا إِلٰهَ إِلَّا اللّٰهُ سُبْحٰنَ ذِي الْهَيْبَةِ وَالْقُدْرَةِ

Lâ-ilâha illallâhu subhâna zil-kibriyâ'i wal-jabrûti, لَا إِلٰهَ إِلَّا اللّٰهُ سُبْحٰنَ ذِي الْكِبْرِيَاءِ وَالْجَبَرُوتِ

Lâ-ilâha illallâhu subhânas sattâril-'azîmi, لَا إِلٰهَ إِلَّا اللّٰهُ سُبْحٰنَ السَّتَّارِ الْعَظِيمِ

Lâ-ilâha illallâhu subhânal 'âlimil ghaibi, لَا إِلٰهَ إِلَّا اللّٰهُ سُبْحٰنَ الْعَالِمِ الْغَيْبِ

Lâ-ilâha illallâhu subhânal hamîdil majîdi, لَا إِلٰهَ إِلَّا اللّٰهُ سُبْحٰنَ الْحَمِيدِ الْمَجِيدِ

Lâ-ilâha illallâhu subhanal hakîmil-qadîmi, لَا إِلٰهَ إِلَّا اللّٰهُ سُبْحٰنَ الْحَكِيمِ الْقَدِيمِ

Lâ-ilâha illallâhu subhânal qâdiris sattâri, لَا إِلٰهَ إِلَّا اللّٰهُ سُبْحٰنَ الْقَادِرِ السَّتَّارِ

Lâ-ilâha illallâhu subhânas samî'il 'alîmi, لَا إِلٰهَ إِلَّا اللّٰهُ سُبْحٰنَ السَّمِيعِ الْعَلِيمِ

Lâ-ilâha illallâhu subhânal ghaniyyil 'azîmi, لَا إِلٰهَ إِلَّا اللّٰهُ سُبْحٰنَ الْغَنِيِّ الْعَظِيمِ

Lâ-ilâha illallâhu subhânal 'allâmis salâmi, لَا إِلٰهَ إِلَّا اللّٰهُ سُبْحٰنَ الْعَلَّامِ السَّلَامِ

Lâ-ilâha illallâhu subhânal malikin-nasîri, لَا إِلٰهَ إِلَّا اللّٰهُ سُبْحٰنَ الْمَلِكِ النَّصِيرِ

Lâ-ilâha illallâhu subhânal ghaniyyir rahmâni, لَا إِلٰهَ إِلَّا اللّٰهُ سُبْحٰنَ الْغَنِيِّ الرَّحْمٰنِ

Lâ-ilâha illallâhu subhâna qarîbil hasanâti, لَا إِلٰهَ إِلَّا اللّٰهُ سُبْحٰنَ الْقَرِيبِ الْحَسَنَاتِ

Lâ-ilâha illallâhu subhâna waliyyil hasanâti, لَا إِلٰهَ إِلَّا اللّٰهُ سُبْحٰنَ الْوَلِيِّ الْحَسَنَاتِ

Lâ-ilâha illallâhu subhanas sabûris sattâri, لَا إِلٰهَ إِلَّا اللّٰهُ سُبْحٰنَ الصَّبُورِ السَّتَّارِ

Lâ-ilâha illallâhu subhânal khâliqin nûri, لَا إِلٰهَ إِلَّا اللّٰهُ سُبْحٰنَ الْخَالِقِ النُّورِ

Lâ-ilâha illallâhu subhânal ghaniyyil mu'jizi,	لَا إِلٰهَ إِلَّا اللهُ سُبْحٰنَ الْغَنِيِّ الْمُعْجِزِ
Lâ-ilâha illallâhu subhanal fa<u>d</u>hilish-shakûri,	لَا إِلٰهَ إِلَّا اللهُ سُبْحٰنَ الْفَاضِلِ الشَّكُوْرِ
Lâ-ilâha illallâhu subhânal ghaniyyil qadîmi,	لَا إِلٰهَ إِلَّا اللهُ سُبْحٰنَ الْغَنِيِّ الْقَدِيْمِ
Lâ-ilâha illallâhu subhâna Zil-jalâlil-mubîni,	لَا إِلٰهَ إِلَّا اللهُ سُبْحٰنَ ذِى الْجَلَالِ الْمُبِيْنِ
Lâ-ilâha illallâhu subhânal khâlisil-mukhlisi,	لَا إِلٰهَ إِلَّا اللهُ سُبْحٰنَ الْخَالِصِ الْمُخْلِصِ
Lâ-ilâha illallâhu subhâna sâdiqil wa'di,	لَا إِلٰهَ إِلَّا اللهُ سُبْحٰنَ الصَّادِقِ الْوَعْدِ
Lâ-ilâha illallâhu subhânal haqqil-mubîni,	لَا إِلٰهَ إِلَّا اللهُ سُبْحٰنَ الْحَقِّ الْمُبِيْنِ
Lâ-ilâha illallâhu subhâna Zil-quwwatil matîni,	لَا إِلٰهَ إِلَّا اللهُ سُبْحٰنَ ذِى الْقُوَّةِ الْمَتِيْنِ
Lâ-ilâha illallâhu subhânal qawiyyil 'azîzi,	لَا إِلٰهَ إِلَّا اللهُ سُبْحٰنَ الْقَوِيِّ الْعَزِيْزِ
Lâ-ilâha illallâhu subhânal 'allâmil ghuyûbi,	لَا إِلٰهَ إِلَّا اللهُ سُبْحٰنَ الْعَلَّامِ الْغُيُوْبِ
Lâ-ilâha illallâhu subhânal hayyillazî lâ-yamûtu,	لَا إِلٰهَ إِلَّا اللهُ سُبْحٰنَ الْحَيِّ الَّذِىْ لَا يَمُوْتُ
Lâ-ilâha illallâhu subhânal sattaril-'uyûbi,	لَا إِلٰهَ إِلَّا اللهُ سُبْحٰنَ السَّتَّارِ الْعُيُوْبِ
Lâ-ilâha illallâhu subhânal musta'ânil ghafûri,	لَا إِلٰهَ إِلَّا اللهُ سُبْحٰنَ الْمُسْتَعَانِ الْغَفُوْرِ
Lâ-ilâha illallâhu subhâna rabbil 'âlamîna,	لَا إِلٰهَ إِلَّا اللهُ سُبْحٰنَ رَبِّ الْعٰلَمِيْنَ
Lâ-ilâha illallâhu subhânar rahmânis sattâri,	لَا إِلٰهَ إِلَّا اللهُ سُبْحٰنَ الرَّحْمٰنِ السَّتَّارِ
Lâ-ilâha illallâhu subhânar rahîmil ghaffâri,	لَا إِلٰهَ إِلَّا اللهُ سُبْحٰنَ الرَّحِيْمِ الْغَفَّارِ

Ganjul Arsh

Lâ-ilâha illallâhu subhânal 'azîzil wahhâbi, لَا إِلٰهَ إِلَّا اللهُ سُبْحٰنَ الْعَزِيزِ الْوَهَّابِ

Lâ-ilâha illallâhu subhânal qâdiril muqtadiri, لَا إِلٰهَ إِلَّا اللهُ سُبْحٰنَ الْقَادِرِ الْمُقْتَدِرِ

Lâ-ilâha illallâhu subhâna Zil-ghufrânil-halîm, لَا إِلٰهَ إِلَّا اللهُ سُبْحٰنَ ذِي الْغُفْرَانِ الْحَلِيمِ

Lâ-ilâha illallâhu subhânal Mâlikil mulki, لَا إِلٰهَ إِلَّا اللهُ سُبْحٰنَ الْمَالِكِ الْمُلْكِ

Lâ-ilâha illallâhu subhânal bâriyyil-musawwiri, لَا إِلٰهَ إِلَّا اللهُ سُبْحٰنَ الْبَارِئِ الْمُصَوِّرِ

Lâ-ilâha illallâhu subhânal 'azîzil-jabbâri, لَا إِلٰهَ إِلَّا اللهُ سُبْحٰنَ الْعَزِيزِ الْجَبَّارِ

Lâ-ilâha illallâhu subhânal jabbâril-mutakabbiri, لَا إِلٰهَ إِلَّا اللهُ سُبْحٰنَ الْجَبَّارِ الْمُتَكَبِّرِ

Lâ-ilâha illallâhu subhânal-lâhi 'amma yasifûna, لَا إِلٰهَ إِلَّا اللهُ سُبْحٰنَ اللهِ عَمَّا يَصِفُونَ

Lâ-ilâha illallâhu subhânal quddûsis-subbûhi, لَا إِلٰهَ إِلَّا اللهُ سُبْحٰنَ الْقُدُّوسِ السُّبُّوحِ

Lâ-ilâha illallâhu subhâna rabbil malâ'ikati war-rûhi, لَا إِلٰهَ إِلَّا اللهُ سُبْحٰنَ رَبِّ الْمَلَائِكَةِ وَالرُّوحِ

Lâ-ilâha illallâhu subhâna Zil-âlâ'i wan-na'mâ'i, لَا إِلٰهَ إِلَّا اللهُ سُبْحٰنَ ذِي الْآلَاءِ وَالنَّعْمَاءِ

Lâ-ilâha illallâhu subhânal malikil maqsûdi, لَا إِلٰهَ إِلَّا اللهُ سُبْحٰنَ الْمَلِكِ الْمَقْصُودِ

Lâ-ilâha illallâhu subhânal hannânil mannâni, لَا إِلٰهَ إِلَّا اللهُ سُبْحٰنَ الْحَنَّانِ الْمَنَّانِ

Lâ-ilâha illallâhu âdamu safiyyul-lâhi, لَا إِلٰهَ إِلَّا اللهُ آدَمُ صَفِيُّ اللهِ

Lâ-ilâha illallâhu Nûhun-najiyyul-lâhi, لَا إِلٰهَ إِلَّا اللهُ نُوحٌ نَجِيُّ اللهِ

Lâ-ilâha illallâhu Ibrâhîmu Khalîlul-lâhi, لَا إِلٰهَ إِلَّا اللهُ إِبْرَاهِيمُ خَلِيلُ اللهِ

Lâ-ilâha illallâhu Ismâ'ilu Zabîhul-lâhi,

Lâ-ilâha illallâhu Mûsâ kalîmul-lâhi,

Lâ-ilâha illallâhu Dawûdu khalîfatul-lâhi,

Lâ-ilâha illallâhu 'îsâ rûhul-lâhi,

Lâ-ilâha illallâhu Muhammadur-rasûlul-lâhi, Sallallâhu 'alâ Rasûli Khairi Khalqihî wa nûri 'arshihî afdhalil-ambiyâ'i wal-mursalîna habîbina wa sayyidina wa sanadina wa shafî'ina wa mawlâna Muhammadinw-wa'alâ âlihî wa-ashâbihî 'ajma'îna bi-rahmatika yâ-arhamar-râhimîn.

DU'A'-E-HABÎB

Bismillâhir-Rahmânir-Rahîm

Qum-Qum Yâ habîbi kam tanâm

'Ajabal-lil-muhibbi kaifa yanâm, Qum-Qum yâ Habîbi kam tanâm

Tâlibul-jannati lâ-yanâm, Qum-Qum yâ Habîbi kam tanâm

Khâliqul-laili lâ-yanâm, Qum-Qum yâ Habîbi kam tanâm

Khâliqul khalqi lâyanâm, Qum-Qum yâ Habîbi kam tanâm,

Du'a'-e-Habîb

Al'arshu wal-kursi lâyanâm, Qum-Qum yâ Habîbi kam tanâm	العَرْشُ وَالكُرْسِىٰ لَا يَنَامُ قُمْ قُمْ يَا حَبِيبِىْ كَمْ تَنَامُ
Al-lawhu wal-qalamu lâ yanâm, Qum-Qum yâ Habîbi kam tanâm	اللَّوْحُ وَالقَلَمُ لَا يَنَامُ قُمْ قُمْ يَا حَبِيبِىْ كَمْ تَنَامُ
Kullul-malakûti lâ-yanâm, Qum-Qum yâ Habîbi kam tanâm	كُلُّ المَلَكُوْتِ لَا يَنَامُ قُمْ قُمْ يَا حَبِيبِىْ كَمْ تَنَامُ
Ash-shamsu walqamaru lâyanâm, Qum-Qum yâ Habîbi kam tanâm,	الشَّمْسُ وَالقَمَرُ لَا يَنَامُ قُمْ قُمْ يَا حَبِيبِىْ كَمْ تَنَامُ
Al-ardhu was-samâ'u lâyanâm, Qum-Qum yâ Habîbi kam tanâm	الأَرْضُ وَالسَّمَاءُ لَا يَنَامُ قُمْ قُمْ يَا حَبِيبِىْ كَمْ تَنَامُ
An-najmu wash-shajaru lâyanâm, Qum-Qum yâ Habîbi kam tanâm	النَّجْمُ وَالشَّجَرُ لَا يَنَامُ قُمْ قُمْ يَا حَبِيبِىْ كَمْ تَنَامُ
Al-barru wal-bahru lâyanâm, Qum-Qum yâ Habîbi kam tanâm	البَرُّ وَالبَحْرُ لَا يَنَامُ قُمْ قُمْ يَا حَبِيبِىْ كَمْ تَنَامُ
Al-jannatu wan-nâru lâyanâm, Qum-Qum yâ Habîbi kam tanâm	الجَنَّةُ وَالنَّارُ لَا يَنَامُ قُمْ قُمْ يَا حَبِيبِىْ كَمْ تَنَامُ
Al-huru wal-qusûru lâyanâm, Qum-Qum yâ Habîbi kam tanâm	الحُوْرُ وَالقُصُوْرُ لَا يَنَامُ قُمْ قُمْ يَا حَبِيبِىْ كَمْ تَنَامُ
At-tairu wal-wahsh lâyanâm, Qum-Qum yâ Habîbi kam tanâm	الطَّيْرُ وَالوَحْشُ لَا يَنَامُ قُمْ قُمْ يَا حَبِيبِىْ كَمْ تَنَامُ
An-naumu 'alal muhibbi harâm, Qum-Qum yâ Habîbi kam tanâm	النَّوْمُ عَلَى المُحِبِّ حَرَامُ قُمْ قُمْ يَا حَبِيبِىْ كَمْ تَنَامُ
Tâlibul-maulâ lâyanam, Qum-Qum yâ Habîbi kam tanâm,	طَالِبُ المَوْلٰى لَا يَنَامُ قُمْ قُمْ يَا حَبِيبِىْ كَمْ تَنَامُ
Al-'âshiqu wal-ma'shûqu lâyanam, Qum-Qum yâ Habîbi kam tanâm,	العَاشِقُ وَالمَعْشُوْقُ لَا يَنَامُ قُمْ قُمْ يَا حَبِيبِىْ كَمْ تَنَامُ
Al-'ishqu wal-muhabbatu lâyanâm, Qum-Qum yâ Habîbi kam tanâm,	العِشْقُ وَالمَحَبَّةُ لَا يَنَامُ قُمْ قُمْ يَا حَبِيبِىْ كَمْ تَنَامُ
Al-lailu wan-nahâru lâyanâm, Qum-Qum yâ Habîbi kam tanâm	اللَّيْلُ وَالنَّهَارُ لَا يَنَامُ قُمْ قُمْ يَا حَبِيبِىْ كَمْ تَنَامُ

Ni'mal maulâ wal-ikrâmu lâ-yanâm, Qum-Qum yâ Habîbi kam tanâm,

Âdamu safiyyul-lâhi lâyanâm, Qum-Qum yâ Habîbi kam tanâm

Ibrâhimu Khalîlul-lâhi lâyanâm, Qum-Qum yâ Habîbi kam tanâm

Mûsa kalîmul-lâhi lâyanâm, Qum-Qum yâ Habîbi kam tanâm

'Îsâ rûhul-lâhi lâyanâm, Qum-Qum yâ Habîbi kam tanâm

Wa rasûlul-lâhi lâyanâm.

NAMES OF ALLÂH THE GREATEST

Bismillâhir-Rahmânir-Rahîm

Huwal-lâhul-lazî lâ ilâha illa huwar-rahmânu

Jalla jalâluhur-rahîmul-malikul-quddûsus-Salâmu

Al-mû'minul-muhaiminul-'azizul jabbârul-mutakabbiru

Al-khâliqul-bâri'ul-musawwirul-ghaffârul-qahhâru

Al-wahhâbur-razzâqul-fattâhul-'alîmul-qâbidhu

Al-bâsitul-khâfidhur-râfi'ul-mu'izzul muzillu

As-samî'ul-basîrul-hakamul-'adlul-latîfu

Names of Allâh the Greatest

Al-Khabîrul-halîmul-'azîmul-ghafûrush-shakûru	الْخَبِيرُ الْحَلِيمُ الْعَظِيمُ الْغَفُورُ الشَّكُورُ
Al-'aliyyul-kabîrul-hafîzul-muqîtul-hasîbu	الْعَلِيُّ الْكَبِيرُ الْحَفِيظُ الْمُقِيتُ الْحَسِيبُ
Al-Jalîlul-karîmur-Raqîbul mujîbul-wâsi'u	الْجَلِيلُ الْكَرِيمُ الرَّقِيبُ الْمُجِيبُ الْوَاسِعُ
Al-hakîmul-wadûdul-majîdul-bâ'ithush-shahîdu	الْحَكِيمُ الْوَدُودُ الْمَجِيدُ الْبَاعِثُ الشَّهِيدُ
Al-haqqul-wakîlul-qawiyyul-matînul-waliyyu	الْحَقُّ الْوَكِيلُ الْقَوِيُّ الْمَتِينُ الْوَلِيُّ
Al-hamîdul-muhsil-mubdi'ul-muhyyil-Mumîtu	الْحَمِيدُ الْمُحْصِي الْمُبْدِئُ الْمُحْيِي الْمُمِيتُ
Al-hayyul-qayyûmul-wâjidul-mâjidul-wâhidu	الْحَيُّ الْقَيُّومُ الْوَاجِدُ الْمَاجِدُ الْوَاحِدُ
Al-ahadul-mu'idus-samadul-qâdirul-muqtadiru	الْأَحَدُ الْمُعِيدُ الصَّمَدُ الْقَادِرُ الْمُقْتَدِرُ
Al-muqaddimul-mu'akhkhirul-awwalul-âkhiruz-zâhiru	الْمُقَدِّمُ الْمُؤَخِّرُ الْأَوَّلُ الْآخِرُ الظَّاهِرُ
Al-bâtinul-wâlil muta'âlil-barrut-tawwâbul-mun'imu	الْبَاطِنُ الْوَالِي الْمُتَعَالِي الْبَرُّ التَّوَّابُ الْمُنْعِمُ
Al-muntaqimu-al-'afuwwur-ra'ûfu mâlikul-mulki	الْمُنْتَقِمُ الْعَفُوُّ الرَّؤُوفُ مَالِكُ الْمُلْكِ
Zul-jalâli-wal-ikrâmir-rabbul-muqsitul-jâmi'u	ذُو الْجَلَالِ وَالْإِكْرَامِ الرَّبُّ الْمُقْسِطُ الْجَامِعُ
Al-ghaniyyul-mughnil-mu'ti'l-mâni'udh-dhârru	الْغَنِيُّ الْمُغْنِي الْمُعْطِي الْمَانِعُ الضَّارُّ
An-nâfi'un-nûrul-hâdil-badî'ul-bâqi	النَّافِعُ النُّورُ الْهَادِي الْبَدِيعُ الْبَاقِي
Al-wârithur-rashîdus-sabûrul-ladhi-laisa kamithlihi	الْوَارِثُ الرَّشِيدُ الصَّبُورُ الَّذِي لَيْسَ كَمِثْلِهِ

Shai'unw-wahuwas-samî'ul-basîru ghufrânaka rabbanâ wa-ilaikal masîru ni'mal-maulâ wa ni'man-nasîru

sami'un basîrun 'alîmun qadîrum-Murîdun-mutakal-limun

NAMES OF THE PROPHET MUHAMMAD (SAW)

Bismillâhir-Rahmânir-Rahîm

Muhammadun Ahmadun Hâmidun Mahmûdun Qâsimun

'Âqibun Fâtihun Khâtimun Hâshirun Mâhin

Dâ'in Sirâjun Rashîdun Munîrun Bashîrun

Nazîrun Hâdin Mahdin Rasûlun Nabiyyun

Tâhâ Yâ-Sîn Muzammilun Mudath-thirun Shafî'un

Khalîlun Kalîmun Habîbun Mustafa Murtadhâ

Mujtabâ Mukhtârun Nâsirun Mansûrun Qâ'imun

Hâfizun Shahîdun 'Âdilun Hakîmun Nûrun

Hujjatun Burhânun Abtahiy-yun Mu'minun Muti'un

Muzakkirun Wâ'izun Amî-nun Madaniyyun Arabiyyun

Names of The Prophet Muhammad

أَسْمَاءُ نَبِيٍّ كَرِيمٌ

Hâshimiy-yun Tihâmiun Hijâziy-yun Nazariy-yun Qurashiy-yun	هَاشِمِيٌّ تِهَامِيٌّ حِجَازِيٌّ نَزَارِيٌّ قُرَشِيٌّ
Mudhariyyun Ummiyun 'Azîzun Harîsun Ra'ûfun	مُضَرِيٌّ أُمِّيٌّ عَزِيزٌ حَرِيصٌ رَءُوفٌ
Rahîmun Yatîmun Ghaniy-yun Jawwâdun Fattâhun	رَحِيمٌ يَتِيمٌ غَنِيٌّ جَوَّادٌ فَتَّاحٌ
'Alimun Tayyibun Tâhirun Mutahharrun Khatîbun	عَالِمٌ طَيِّبٌ طَاهِرٌ مُطَهَّرٌ خَطِيبٌ
Fasîhun Sayyidun Munta-qan Imâmun Bârrun	فَصِيحٌ سَيِّدٌ مُنْتَقًى إِمَامٌ بَارٌّ
Shâfin Mutawassitun Sâbiqun Mutasaddiqun Mahdiyyun	شَافٍ مُتَوَسِّطٌ سَابِقٌ مُتَصَدِّقٌ مَهْدِيٌّ
Haqqun Mubînun Awwalun Âkhirun Zâhirun	حَقٌّ مُبِينٌ أَوَّلٌ آخِرٌ ظَاهِرٌ
Bâtinun Rahmatun Muhal-lilun Muharrimun Âmirun	بَاطِنٌ رَحْمَةٌ مُحَلِّلٌ مُحَرِّمٌ آمِرٌ
Sadiqun Musaddiqun Nâtiqun Sâhibun	صَادِقٌ مُصَدِّقٌ نَاطِقٌ صَاحِبٌ
Makkiy-yun Nâhin Shakûrun Qarîbun	مَكِّيٌّ نَاهٍ شَكُورٌ قَرِيبٌ
Munîbun Mubal-lighun Tâ-Sîn Hâ-Mîm Habîbun	مُنِيبٌ مُبَلِّغٌ طس حم حَبِيبٌ
Awlâ Wasallallâhu 'Alâ Khairi Khalqihî	أَوْلَى وَصَلَّى اللهُ عَلَى خَيْرِ خَلْقِهِ
Sayyidina Muhammadinw-Wa-'alâ Âlihî Wa-ashâbihî Ajma'în.	سَيِّدِنَا مُحَمَّدٍ وَعَلَى آلِهِ وَأَصْحَابِهِ أَجْمَعِينَ ۞

REVISE TEN IMPORTANT VERSES
MUSABBÂTE 'ASHRA

Bismillâhir-Rahmânir-Rahîm

Seven Times

Alhamdulil-lâhi Rabbil-'âlamîn, Ar-rahmânir-rahîm Mâliki Yaumid-dîn, Iyyâka Na'budu Wa-iyyâka Nasta'în, Ihdinas-sirâtal Mustaqîm, Sirâtal-lazîna An'amta 'Alaihim, Ghairil-maghdhûbi 'Alaihim waladh-dhâl-lîn.

Bismillâhir-Rahmânir-Rahîm

Seven Times

Qul A'ûzu birabbin-nâs, Malikin-nâs, ilâhin nâs, min sharril-waswâsil-khannâsil-lazi Yuwaswisu Fi-sudûrin-nâs, minal-jinnati wan-nâs.

Bismillâhir-Rahmânir-Rahîm

Seven Times

Qul A'ûzu bi-rabbil Falaq, Min Sharri Mâ-khalaq, Wa min sharri Ghâsiqin Izâ-waqab, Wa min sharrin-naffâthâti fil-'uqadi, Wa min Sharri Hâsidin Izâ Hasad.

Musabbate Ashra

Bismillâhir-Rahmânir-Rahîm
Seven Times

Qul-huwal-lâhu Ahad Allâhus-samad Lam-yalid Walam-yûlad, Walam yakul lahu Kufuwan Ahad.

Bismillâhir-Rahmânir-Rahîm
Seven Times

Qul yâ ayyuhal kâfirûn; lâ-â'budu Mâ ta'budûn, walâ antum 'âbidûna mâ-'abud Walâ anâ 'âbidum mâ 'abattum walâ antum 'âbidûna mâ-a'bud Lakum Dînukum Waliya Dîn.

Bismillâhir-Rahmânir-Rahîm

Allâhu Lâ-ilâha Illâ huwa Al-hayyul-qayyûm Lâ-takhuzuhû Sinatunw-walâ-naum; Lahû Mafis-samâwâti Wamâfil-ardh, Man-zal-lazi Yashfa'u 'Indahû Illâ-Bi-'idhnihî Ya'lamu Mâ-baina Aidihim Wamâ Khalfahum Walâ Yuhîtûna Bishai'im-min-'ilmihî Illâ bimâ-shâ'a Wasi'a Kursiy-yuhus-samâwâti Wal-

Musabbate Ashra

الْأَرْضَ ج وَلَا يَؤُدُهُ حِفْظُهُمَا ج وَهُوَ الْعَلِيُّ الْعَظِيْمُ ۝ لَآ اِكْرَاهَ فِى الدِّيْنِ قف قَدْ تَّبَيَّنَ الرُّشْدُ مِنَ الْغَيِّ ج فَمَنْ يَّكْفُرْ بِالطَّاغُوْتِ وَيُؤْمِنْۢ بِاللّٰهِ فَقَدِ اسْتَمْسَكَ بِالْعُرْوَةِ الْوُثْقٰى ج لَا انْفِصَامَ لَهَا ط وَاللّٰهُ سَمِيْعٌ عَلِيْمٌ ۝

ardh Walâ ya'ûduhû Hifzuhuma Wahuwal-'aliyyul 'azîm Lâ-ikrâha Fid-dîn Qat-tabay-yanarrushdu minal-ghai Famany-yakfur bit-tâghûti Wa yu'mim billâhi faqadistamsaka bil-'urwatil wuthqâ Lanfisâma lahâ wallâhu samî'un 'alîm

اَللّٰهُ وَلِيُّ الَّذِيْنَ اٰمَنُوْا يُخْرِجُهُمْ مِّنَ الظُّلُمٰتِ اِلَى النُّوْرِ ۝ وَالَّذِيْنَ كَفَرُوْٓا اَوْلِيٰٓــؤُهُمُ الطَّاغُوْتُ ۙ يُخْرِجُوْنَهُمْ مِّنَ النُّوْرِ اِلَى الظُّلُمٰتِ ۗ اُولٰٓـئِكَ اَصْحٰبُ النَّارِ ۚ هُمْ فِيْهَا خٰلِدُوْنَ ۝

ساب بار

Allâhu waliyyul-lazîna Âmanu Yukhrijuhum-minazzulumâti ilan-nûr; Wal-lazîna Kafarû-'Auliyâ'uhumut-Tâghûtu Yukhrijunahum-minan-nûri ilaz-zulumâti, Ulâ'ika as-hâbun-nâri Hum fihâ Khâlidûn. (Seven Times)

بِسْمِ اللّٰهِ الرَّحْمٰنِ الرَّحِيْمِ

Bismillâhir-Rahmânir-Rahîm

سُبْحَانَ اللّٰهِ وَالْحَمْدُ لِلّٰهِ وَلَا اِلٰهَ اِلَّا اللّٰهُ وَاللّٰهُ اَكْبَرُ وَلَا حَوْلَ وَلَا قُوَّةَ اِلَّا بِاللّٰهِ الْعَلِيِّ الْعَظِيْمِ

سات بار

Subhânallâhi Wal-hamdulillâhi Walâ-ilâha Illallâhu Wallâhu Akbaru Walahawla Walâ-quwwata Illâ-bil-lâhil 'aliyyil 'azîm. (Seven Times)

عَدَدَ مَا عَلِمَ اللّٰهُ وَزِنَةَ مَا عَلِمَ اللّٰهُ وَمِلْءَ مَا عَلِمَ اللّٰهُ

تین بار

'Adada mâ 'alimal-lâhu wazinata Ma-'alimal-lâhu wamilâ-mâ 'âlimal-lâhu (Three Times)

Musabbâte 'Ashra

مسبّعات عشر

بِسْمِ اللهِ الرَّحْمٰنِ الرَّحِيْمِ

Tabarra'tu min Hawli wa-quwwati wa-aljâtu ilâ Hawlil-lâhi wa-quwwatihî Fi Jamî'i Umûri (One Time)

Bismillâhir-Rahmânir-Rahîm

Allâhumma-Salli 'Alâ Muhammadin 'Abdika Wa nabiyyika Wa Habîbika Wa-rasûlikan-Nabiyyil-Ummiyyi Wa 'alâ âlihî Wa as-hâbihî Wa bârik Wasallim.
(Seven Times)

Bismillâhir-Rahmânir-Rahîm

Allâhummagh-firlî Waliwâlidayya Warhamhuma Kamâ Rabbayâni Saghîranw-waghfiral-lâhumma Lijamî'il Mu'minîna Walmu'minâti Wal-muslimîna Wal-muslimâtil Ahyâ'i Minhum Wal-amwâti Bi-rahmatika Yâ-arhamar-Râhimîn. (Seven Times)

Bismillâhir-Rahmânir-Rahîm

Allâhumma Yâ-rabbif'al Biwabihim 'Âjilanw-wa-âjilan

Du'a'-e-Sunnat Asra

Fid-dîni Wad-dunyâ Wal-âkhirati Mâ-anta lahû Ahlunw-walâ taf'al binâ Yâ Maulânâ Mâ Nahnu Lahû Ahlun Innaka Ghafûrun Halîmun, Jawâdun Karîmum Malikum Barrur-Ra'ûfur-Rahîm. (Seven Times)

Bismillâhir-Rahmânir-Rahîm

Allâhumma ahdinî bira'-fatika Yâ Nâfi'u Wa-râfi'u Tawaffanî Muslimanw-Wa-al-hiqni Bis-sâlihîna. (Seven Times) Yâ Jabbâru (Twenty One Times)

DU'A-E-SUNNAT ASRA

Bismillâhir-Rahmânir-Rahîm

Yâ Dâ'imal Fadhli 'Alal bariyyati Yâ Bâsital-yadaini Bil-'atiyyati Wa yâ sâhibal-mawâhibis-saniy-yati Wa yâ dâfi'al-Balâ'i Wal-baliyyati Salli 'Alâ Muhammadin Khairil-Waras-sajiyyati Wa 'alâ Âlihil-bararatin-Naqiyyati Waghfir lanâ Yâzal-hudal 'Ulâ Fî-Hâzal-'asri Wal-'ashiyyati Rabbana Tawaffana Muslimîna Wa al-hiqna Bis-sâlihîna Salli 'alâ Muhammadinw-Wa-

'alâ Âlihî wa-as-hâbihî Ajma'îna Bi-rahmatika Yâ Arhamar-Râhimîn.

AURÂDE ASBU-E-SHARÎF

Sayyidina Al-Ghausul A'azam Abi Muhammad Hazrat Shaikh Abdul Qâdir Gilâni (R.A.)

To Revise on Sunday

Bismillâhir-Rahmânir-Rahîm

Huwallâhul-lazî Lâ-ilâha Illâ Huwal Jamîlur-Rahmânur-Rahîm, Al-latîful-halîm, Arra'ûfû Al-'afuwwu, Al-mu'minu, An-nasîru, Al-Mujîbu, Al-Mughîthu, Al-qarîbu

As-sarî'u, Al-karîmu, Zul-ikrâmi, Zut-tawli, Rabbi Aksinî Min Jamâli Badî'il Anwâril-Jamâliyyâti, Wamâ Yudhishu Abwâbaz-Zar-râtil-kawniyyati Fatawaj-jahu Ilayya

Haqâ'iqul-Mukawwanâti Tawajjahul Muhabbatiz-Zatiyyatil-Jâzibati Ilâ Shuhûdi Mutlaqil-jamâlil-lazî Lâ-yudhârruhû Qubhunw-walâ-yaqta'u 'Anhu Îlâmun-w-waj'alni Marhûmam-min

Kulli Rahmim Bihukmil 'Atfil Hubbil Lazî Lâ-yashûbuhu intiqâmunw-walâ Yunaqqisuhû Ghazabunw Walâ-Yaqta'û Madadahû Saba-bunw Watawalla Zâlika Bi-hukmi abadiyyati Wâri-thiy-yatika ilâ ghairi nihâya-tin Taqta'ûha Ghâyatun Yâ Rahîmu Huwar-rahîmu, Rabbâhû, Rabbâhû, Ghaw-thâhû, Yâ Khafiyyal Lâ-yazharu Yâ-Zâhiral-La Yakhfâ

Latufat Asrâru Wujûdikal a'alâ Faturâ Fi-kulli mawjû-dinw-Wa-'alat Anwâru Zuhûrikal aqdasu Fabadat Fî Kulli Mash-hûdinw-wa-antal Halîmul-Mannânu

Bir-râfati wal-'afwis-sarî'i bilmagh-firati Mu'minul-Khâ'ifîna Nasîrul-mus-taghîthînal-qarîbi Bi-mahwi Jihâtil-Qurbi Wal-bu'di 'an 'Uyûnil-'Ârifîna

Yâ Karîmu, Yâ Karîmu Yâ Zat-tawli Wal-Ikrâmi Salâmun Qawlam-mir Rabbir-rahîm, Wal-hamdu-lillâhi Rabbil-'âlamîn.

To Revise on Monday

Bismillâhir-Rahmânir-Rahîm

Huwallâhullazî Lâ Ilâha Illâ Huwal Halîmur Rahîmul Fa'alul-Latîful Waliyyul Hamîdus-Sabûrur-Rashidur-Rahmânu Rabbi Aziqni mim Bardi Hilmika 'alayya Mâ-abtahiju Bihî Fî 'Awâlimî Falâ Ashhadu Fil-kauni

Aurâde Asbu-e-Sharîf

illa mâ Yaqtadhî Sukûnî Warizâ'î Fa-innakal-Haqqu Wa-amrukal-haqqu Wa-antal Hakîmur-rahîmu, Rabbi Ash-hidni Mutlaqa Fâ 'iliyyatika Fi kulli Maf'ûlin

Hattâ Lâ arâ Fâ'ilan Ghairaka Li-akûna Mutma'innan tahta Jiryâni Aqdârika Munqâdal-likulli Hukminw Wujûdiyyin 'Ainiy-yinw Wa Ghaibiy-yinw Wabarzakhi-yyin-yâ nâfikhar-rûha

Amrihî Fî Kulli 'Aynin Ij'alnî Mun-fa'ilan Fî Kulli Hâlil-limâ Yuhawwiluni 'An Zulumâti Takwînâti Wamhaq Fi'li wa fi'lal-fâ'ilîna Fî Ahadiyyati Fi'lika Wa Tawallanî

Bi-jamîli Hamîdi Ikhtiyârika Li Fi Jamî'i Tawajjuhâti Wa-afni Minnî Iradâtî Wasabbirni Wa-saddidni War-hamni Was-habni Bil-lutfi Wal-'inâyati Bi-ma'iy-yatin Khâs-satim-minka Wahaqqiqni Bi-qurbikallazî Lâ wahshata ma'ahû Yâ Rahmânu Yâ salâmu wal-hamdu-lillâhi Rabbil-'âlamîn.

To Revise On Tuesday

Bismillâhir-Rahmânir-Rahîm

Ilâhî Mâ Ahlamaka 'alâ man 'asâka wamâ Aqrabaka

Aurâde Asbu-e-Sharîf

Mimman Da'âka wamâ A'atafaka 'alâ man Sâ'alaka wamâ araf'aka biman ammalaka man zal-lazî sa-alaka faharramtahû awlajâ'a Ilaika Faahmaltahû aw-taqarraba minka faba'attahû

Awha-riba Ilaika Fatarad-tahû Lakal-Khalqu Wal-Amru, Ilâhî Ataraka Tu'azzibuna Watawhiduka Fi qulûbinâ wamâ Ikhâluka Taf'al Wala'in Fa'alta Atajmaunâ ma'a qawmin

Tâla Mâ-baghadhnâ hum Laka Fabil-Maknûni min Asmâ'ika Wama Warat-hul Hajabu Mim Bahâ'ika An Taghfir lihâzihin-Nafsil Halû'i Walihâzal-qalbil-jazû'il-lazî Lâ-

yasbiru-liharrish-shamsi Fakaifa Yasbiru liharri-nârika Yâ halîmu Yâ 'azîmu Ya karîmu Yâ Rahîmu Allâhumma Inna na'ûzubika Minaz-zulli Illâ Laka Waminal-

Khaufi Illâ minka Waminal-Faqri Illâ Ilaika Allâhumma Kamâ sunta Wujûhanâ an Tasjuda Li-ghairika Fasun Aidînâ an Tamtadda Bissu'âli Li-ghairika Lâ Ilâha Illâ Anta Subhânaka Inni Kuntu minaz-zâlimîn Walhamdu-lillâhi Rabbil-'âlamîn.

To Revise On Wednesday

Bismillâhir-Rahmânir-Rahîm

Ilâhi 'amma Qidamuka Hadathi Falâ anâ-wa-ashraqa Sultânu Nûri Wajhika Fa-adhâ'a Haikala Bashariyyati Walâ-siwâka famâ Dâma minnî Fabida Wâmika Wamâ Fanâ 'anni fabirû'

yatî Iyya-ya Wa-antad-Dâ'imu Lâ Ilâha Illâ Anta As'aluka Bil-alfi izâ Taqaddamat Wabilhâ'i Izâ-ta-akh-kharat, Wabilhâ'i Minnî izan-qalabat Lâman an Tufniyanî bika

'anni hattâ Taltahiqqas-sifatu bis-sifati Wataqa'ar Râbitatu Biz-zâti Lâ Ilâha Illâ Anta Yâ-hayyu Yâ qayyumu Yâ Zal-jalâli Wal-ikrâmi Wasallallâhu Ta'alâ wasallama

'Alâ Sayyidinâ Muhammadinw-Wa-'alâ Âlihî Wasahbihî Ajma'îna Walhamdu-lillâhi Rabbil-'âlamîn Wal-hamdulillâhi Wahdahû.

To Revise On Thursday

Bismillâhir-Rahmânir-Rahîm

Allâhu lâ ilâha Illâ Hû Alhayyul qayyûmu Alif-Lâm-Mîm Allâhu Lâ Ilâha Illâ huwal-hayyul qayyûmu Wa-'anatil Wujûhu lil-hayyilqayyûm. Allâhumma Innî As-'aluka Yâ Allâhu Yâ Allâhu Yâ Allâhu Bimâ Sâ-'alaka bihî nabiyyuka Muhammadun Sallallâhu Ta'alâ 'alayhi Wa-âlihî Wasallama Yâ wadûdu Yâ wadûdu Yâ Zal-'arshil Majîd.

Yâ mubdi'u Yâ mu'îdu Yâ Fa-'âlal-limâ yurîdu As-aluka Binûri Wajhikal-lazî Mala-a-arkâna-arshika wa biqudratikal-latî Qadarta Biha 'alâ Jamî'i Khalqika

wa birahmatikal-latî wasi'at Kulla Sha'in Lâ Ilâha Illâ Anta Yâ Mughîthu Aghithni Aghithni Aghithni Allâhum-ma Innî Asaluka Yâ latîfu Qabla Kulli Latîfin Wayâ Latîfu

B'ada Kulli Latîf, Yâ Latîfu Yâ Latîfu Yâ Latîfu latufta Bikhalqis-Samâwâti Wal Ardha As-aluka Yâ Rabbi Kama Latufta bî fî Zulumâtil Ahshâ'i Ultuf

bî fî Qadhâ-'ika Wa qadrika Wafarrij 'Annidh-dhîqa walâ Tuham-milni Mâlâ Utiqu Bihurmati Muhammadin Sallallâhu ta'alâ 'alaihi wa âlihî wasallam wa Abi Bakri-nis-Siddîque Radhiyallâhu ta'alâ 'anhu Yâ Latîfu Yâ Latîfu Yâ Latîfu Ultuf Bî

Bi-Khafiyyi Khafiyyi Khafiyyi Lutfikal Khafiyyi Innaka Qulta Wa qawlukal Haqqu Allâhu Latîfun Bi-'ibâdihî Yarzuqu Many-yashâ'û Wahuwal-qawiyyul 'azîzu Wa hasbunallâhu wani'mal wakîl Wal-hamdulillâhi Rabbil-'âlamîn.

To Revise On Friday

Bismillâhir-Rahmânir-Rahîm

Allâhumma Innî As-aluka Bi'azîmi Qadîmi Karîmi maknûni Makhzûni Asmâ-'ika Wabi-anwâ'i Ajnâsi Ruqûmi Nuqûshi Anwârika Wa bi-'azîzi ta'az-zuzi 'Izzatika Wa bihawli tawli

Jauli Shadidi Quw-watika wabiqadari miqdâri Iqtidâri Qudratika Wa bitâîdi tahmîdi Tamjîdi Ta'zîmi 'azmatika Wa-bisumuwwi numuwwi 'uluwwi Rif'atika Wa biqayyûmi daimûmi Dawâmi Muddatika Wa

biridhwâni Ghufrâni Amâni Maghfiratika Wa birafî'i Badî'i manî'i Sultânika Wasatwatika Wa birahbûti 'Azmûti Jabrûti Jalâlika Wa bisalâti Su'âti si'ati bisâti

Rahmatika Wa bilawâmi'i Bawâriqi Sawâ'iqi 'ajîji Hajîji Rahîji Bahîji Nûri Zâtika Wabibahri Qahri Jahri Maimûni Irtibât Wahdâ-niyyatika Wabihadîri hayyâri Tayyâri Nayyâri Amwâji Bahrika

Al-mûhîti 'Bima lakûtika Wabi-ittisâhin-fisâh Mabâdîni Barâzikhi Kursiyyika Wa bihaikaliyyâti 'ulwiyyâti Rûhâniyyâti Amlâki Aflâki 'Arshika Wabiamlâkir-Rûhâniyyînal

Mudabbirîna Lilkawâkibil mudîrati Bi-aflâkika Wa bihanîni anîni Taskîni Qulûbil-murîdîna Bi-qurbika Wa bikhadha'âti Haraqâti Zafarâtil-Khâifîna min

Satwatika Wabi-âmâli Nawâli Aqwâlil Mujtahidîna Fî Mardhatika Bitakhdhi'i Tafzi'i Tafaz-zu'i Ta'zîmi Marâ'irissâbirîna 'Alâ Balwâ'ika Wa bita'abbudi Tamajjudi Tajalludil

'âbidîna 'alâ Ta'atika Yâ awwalu Yâ âkhiru Yâ zâhiru Yâ Bâtinu Yâ qadîmu Yâ Muqîmu Ya qawîmu Itmis Bitalismi.

Bismillâhir-Rahmânir-Rahîm
Sharra suwaida-â'i Qulûbi â'adâ'ina Wa â'adâ'ika Waduqqa

A'anaqa Ru'ûsiz-zalamati Bisuyûfi Nashaâti Qahrika Wa satwatika Waḥjubna Bi-hujubikal kathîfati Bi-hawlika Wa Quwwatika Wa Qudratika 'An lahaz-zati

Lamahâti Absârihimidh-dha'îfati Bi'izzatika Wa qudratika Wa-saṭwatika Yâ Allâhu Yâ Allâhu Yâ Allâhu Wa subba 'alaina min anâbîbi Mayâzîbit-tawfîqi Fî Rauḍhâtis

Sa'âdâti ânâ'a Lailika wa Atrafa Nahârika Waghmisnâ Fî Ahwâḍhi Sawâqiyu Masâqi birri birrika warahmatika wa qayyidna biquyûdis Salâmati 'anil wuqû'i Fi

ma'şiyyatika Yâ Awwalu Yâ Âkhiru Yâ Ẓâhiru Yâ bâtinu Yâ qadîmu Yâ Qawîmu Yâ muqîmu Yâ Mawlâ'iy Yâ qâdiru Ya mawlâ'i Yâ Ghâfîru Yâ Latîfu Yâ Khabîru

Allâhumma Zahalatil 'uqûlu Wanhamaratil Absâru Wahâ-ratil Awhâmu Waḍhaqatil Afhâ-mu Wab'udatil Khawâ-tiru Wa Qasuratiz Zunnûnu 'An Idrâki Kunhi Kaifiyyati Zâtika

Wa Mâẓahara min Bawâdi 'ajâ'ibi Anwâ'i Asnâfi Qudratika Dûnal-Bulughi Ilâ Talâlu'wi lamahâti Burûqi Shurûqi Asmâ'ika Yâ Allâhu Yâ Allâhu Yâ Allâhu Yâ Awwalu

Yâ âkhiru Yâ Zâhiru Yâ Batinu Yâ Qadîmu Yâ Qawîmu Ya muqîmu Yâ nûru Ya Hâdi Ya Badî'u Ya Bâqi Yâ Zal-jalâli Wal-ikrâmi Lâ Ilâha Illâ Anta Birahmatika

Nastaghîthu Yâ Ghayâthul mustaghîthîna Aghithna, Lâ Ilâha Illâ anta Birahmatika Ar-hamna Allâhumma Muharrikil harakâti Wa mubdi'a nihâyâtil Ghâyati Wa mukhrija Yanâbî'a

Qadhabâni Qadhabâtin-nabâti Wa mushaqqiqa Summi Jalâmidis-sukhûrir râsiyâti Walmumbi'a Minhâ Mâ'am-Ma'înan Lilmakhluqâti Walmuhyiya Bihî Sâ'iral

Haiwânâti Wan-nabâtâti Wal'âlima bimakhtalaja fi Sudûrihim Min asrârihim Wa afkârihim Wa fakki ramzi Nutqi Isharâti Khafiyyâti Lughâ-tin-namlis-sârihâti

Yâman sabbahat Wa qaddasat Wa 'Azzamat Wa kabbarat Wa majjadat Li-jalâli Jamâli Kamâli Aqdâmi Aqwâli A'azâmi 'Izzihî Wa jabarûtihî Malâ'iku Sab'i Samâwâtika j'alna fî Hâzal 'âmi wa fî Hâzash-shahri Wafî

Aurâde Asbu-e-Sharîf

اورادِ اُسبوع شريف

هَذِهِ الْجُمُعَةِ وَفِى هَذَا الْيَوْمِ وَفِى هَذِهِ السَّاعَةِ وَفِى هَذَا الْوَقْتِ الْمُبَارَكِ مِمَّنْ دَعَاكَ فَأَجَبْتَهُ وَسَأَلَكَ فَأَعْطَيْتَهُ وَتَضَرَّعَ إِلَيْكَ فَرَحِمْتَهُ وَاِلٰى دَارِكَ السَّلَامِ أَدْنَيْتَهُ بِفَضْلِكَ يَاجَوَّادُ يَاجَوَّادُ يَاجَوَّادُ جُدْ عَلَيْنَا وَعَامِلْنَا بِمَا أَنْتَ أَهْلَهُ وَلَا تُقَابِلْنَا بِمَا نَحْنُ أَهْلُهُ ۚ إِنَّكَ أَنْتَ أَهْلُ التَّقْوٰى وَأَهْلُ الْمَغْفِرَةِ يَا أَرْحَمَ الرَّاحِمِيْنَ يَا اَللّٰهُ يَا اَللّٰهُ يَا اَللّٰهُ يَا أَوَّلُ يَا آخِرُ يَا ظَاهِرُ يَا بَاطِنُ يَا قَدِيْمُ يَا قَوِيْمُ يَا مُقِيْمُ يَا نُوْرُ يَا هَادِى يَا بَدِيْعُ يَا بَاقِى يَا ذَا الْجَلَالِ وَالْاِكْرَامِ لَا اِلٰهَ اِلَّا أَنْتَ بِرَحْمَتِكَ نَسْتَغِيْثُ يَا غِيَاثَ الْمُسْتَغِيْثِيْنَ أَغِثْنَاهُ لَا اِلٰهَ اِلَّا أَنْتَ وَبِرَحْمَتِكَ يَا أَرْحَمَ الرَّاحِمِيْنَ أَسْأَلُكَ اللّٰهُمَّ أَنْ تُصَلِّىَ عَلٰى سَيِّدِنَا مُحَمَّدٍ وَّآلِهٖ وَصَحْبِهٖ وَتُسَلِّمَ وَأَنْ تَقْضِىَ حَوَائِجَنَا يَا اَللّٰهُ يَا اَللّٰهُ يَا اَللّٰهُ وَالْحَمْدُ لِلّٰهِ رَبِّ الْعَالَمِيْنَ ۵

Hâzihil Jumu'ati Wafi Hâzalyaumi Wafi Hâzihis-Sa'ati Wafî Hâzal-waqtil Mubâraki mimman Da'âka Fa-ajabtahû Wasa-alaka Fa-a'ataitahû Wa tadharra'a

Ilaika Farahimtahû Wa ilâ dârikas-Salâmi Adnaitahû Bifadhlika Yâ Jawwâdu, Yâ Jawwâdu, Ya Jawwâdu Jud 'alaina Wa 'âmilna Bimâ Anta Ahlahû Walâ Tuqâbilna Bimâ Nahnu

Ahluhû, Innaka Anta Ahluttaqwâ Wa ahlul Maghfirati Yâ Arhamar-râhimîn Yâ Allâhu Yâ Allâhu Yâ Allâhu Ya Awwalu Yâ Âkhiru Yâ Zâhiru, Yâ Bâtinu Yâ Qadîmu,

Yâ Qawîmu Yâ Muqîmu Yâ Nûru Yâ Hadi, Yâ Badî'u Yâ Bâqi Yâ Zal-jalâli Wal-Ikrâmi, Lâ Ilâha Illâ Anta Birahmatika Nastaghîthu Ya Ghayathul Mustaghîthîna

Aghithna, Lâ Ilâha Illâ Anta Wa birahmatika Yâ Arhamar-Râhimîna As'aluka Allâhumma An Tusalliya 'alâ Sayyidina Muhammadinw-wa-Âlihî Wa-Sahbihî Wa-tusallima Wa-an

taqdhiya Hawâ'ijana, Yâ Allâhu, Yâ Allâhu, Yâ Allâhu Wal-hamdu-lillâhi Rabbil-'âlamîn.

To Revise On Saturday

Bismillâhir-Rahmânir-Rahîm

بِسْمِ اللهِ الرَّحْمٰنِ الرَّحِيْمِ

Allâhumma Yaman Ni'amuhû Lâ Tuhsâ Wa-Amruhû Lâ Yu'sâ Wa Nûruhû Lâ Yutfâ Wa lutfuhû Lâ Yukhfâ. Yâ man falaqal-bahra Limûsâ Wa-ahyiyal Mayyita Li'îsâ, Waja'alan-

nâra Bardanw Wasalâman 'alâ Ibrâhîma Salli 'alâ Sayyidina Muhammadinw Wa-'alâ âli Sayyidina Muhammadinw-Waj'al-Li min amrî Farajanw-Wamakhrajan, Allâhumma Bitalaluwi

Nûri Bahâ'i Hujubi 'Arshika min â'adâ'î Ihtajabtu Wabisatwatil Jabrûti Mimmany-yakiduni Tahassantu Wa bihawli tawli jawli Shadîdi Quwwatika

min Kulli Sultânin tahassantu wabidai-mûmi Qayyûmi Dawâmi Abadiyyatika Min Kulli Shaitânin Ista'aztu Wa bi-maknûnis-Sirri min sirri sirrika min Kulli Hâmmatin

Takhallastu Wa Tahssantu Yâ Hâmilal-Arshi 'an Hamalatil-'arshi Yâ Hâbisal-Wahshi Yâ Shadî-dal-Batshi 'alaika Tawak-kaltu Wa Ilaika Anabtu Ihbas 'Annî man

Zalamanî Wa-aghlib 'alayya man Ghalabani Kataballâhu La-aghlibanna ana warusulî Innallâha qawiyyun 'azîzun Allâhu Akbar Allâhu Akbar Allâhu Akbar Wa-a'azzu min Khalqihî Jamî'an Allâhu a'azzu mimman Akhâfu Wa ahzaru

A'ûzu Billâhil-lazî Lâ Ilâha Illâ Huwa Mumsikus-Samâwâtis-Sab'i an taqa'a 'alal-ardhi illâ bi-iznihî min Sharri 'abdika Fulâninw-Wajnûdihî Wa atbâ'ihî Wa ashbâ'ihî minaljinni Wal-insi Allâhumma kulli jâram-Min Sharrihim Jamî'an Jalla Thanâ'ûka Wa'azza Jâruka Watabârakasmuka Walâ Ilâha Ghairuka

Taf'alu Mâ-tashâ'û Wa anta 'alâ Kulli Sha'in Qadîr Walhamdu-lillâhi Rabbil-'âlamîn.

HOLY DARÛD MUSTAGHÂS

Bismillâhir-Rahmânir-Rahîm

Al-hamdu lillâhil-lazî Zay-yanan-nabiy-yîna Bi-habîbihil Mustafâ Wamanna-'alal-Mu'-minîna binabiy-yihil Mujtabâ As-salâtu Was-salâmu 'alâ rasûlihî Muhammadin Khairi-lwarâ Al-musay-yaribihî min fawqil-'arshi Ilâ tahtith-tharâ Al-hamdu Lillâhi 'alâ Mâ Madhâ wal-hamdu-lillâhi 'Alâ Mâ baqâ Was-Salâtu Was-salâmu 'alâ Rasûlihî Muhammadin Khairil-warâ Madahtuka

Yâ Rasûlallâhi Sallallâhu 'alan-nabiy-yil-ummiy-yi anta Khiyârullâhi Almustaghâthu Ilâ Hadhra-tillâhi Ta'âlâ As-salâtu Was-salâmu 'Alaika Yâ Rasûla-llâhi wârithul-ambiyâ'i Rasûlun Sâhibul wahiy-yi Ahmadu Shafî'-ullâhi Al-mustaghâthu Ilâ Hadhratillâhi Ta'âlâ As-salâtu Was-salâmu 'alaika Yâ Rasûlun Say-yidul Kawnaini Wath-thaqalaini Shafî'ulumami Fid-dâraini Fattâhun Fâtihul-lâhi Al-mus-taghâthu ilâ hadhratillâhi ta'âlâ As-salâtu Was-salâmu 'alaika Yâ rasûlal-lâhi, An-nabiy-yul Mustafâ Rasûlun Sirâjul 'âlamî-na Mahmûdum Mutay-yabul-lâhi Al-mustaghâthu Ilâ Hadh-ratil-lâhi Ta'âlâ As-salâtu Was-salâmu 'Alaika Yâ Rasûlallâhi As-sayyidul-mu'allâ Rasûlun-nabiyyul Khâfiqaini Qâsimun Khairu Khalqil-lâhil Al-Mustaghâ-thu Ilâ Hadhratil-lâhi Ta'âlâ As-salâtu Was-salâmu 'alaika

Darûd Mustaghâs

Yâ Rasûlallâhi Almusta'ânu
Yâ Rasûlallâhi Ash-shafâ'âtu
Yâ Rasûlal-lâhi Al-Khalâsu
Yâ Rasûlal-lâhi Awlâ min
'Ibâdillâhi Afdhaluna Rasûlun-
Nabiy-yun Sâhibud-dâraini

Khâdi-mun Tayyibullâhi Al-
mustaghâthu Ilâ Hadhratil-lâhi
Ta'âlâ As-salâtu Was-salâmu
'alaika Yâ Rasûlal-lâhi An-
nabiyyul-muzakkâ Rasûlun
Tâjul Haramaini Âmirun-

Nâhin Nâjin Tâhir-ullâhi Al-
mustaghâthu Ilâ Hadhratillâhi
Ta'âlâ As-salâtu Was-salâmu
'Alaika Yâ rasûlallâhi Hadâna-
Rasûlun Jadduttayyibainil
Hasani Wal-Husaini

Dâin Mutahharullâhi Al-
musta-ghâthu Ilâ Hadhratillâhi
Ta'âlâ As-salâtu Was-salâmu
'alaika Yâ Rasûlallâhi Al-
musta'ânu Yâ rasûlallâhi Ash-
shafâ'âtu Yâ Rasûlal-lâhi

Al-Khalâsu Yâ rasûlallâhi
Nabiyyum Mukhtârum-
Murtadhan Imâmur Rasû-
lum-muqtadal A'immatil
mahdiy-yîna Hâdim-Mûbînul-
lâhi Al-mustaghâthu Ilâ
Hadhratillâhi Ta'âlâ As-
salâtu Was-salâmu 'alaika
Yâ Rasûlallâhi Hadânâ
Rasûlun Bihidâ

Darûd Mustaghâs

yatillâhi Ta'âlâ Muhdil-Ummati minadh-dhalâlati Muhtadim Mutîullâhi Al-mustaghâthu Ilâ Hadhratil-lâhi Ta'âla As-salâtu Was-salâmu 'alaika Yâ rasûlallâhi Habîbunâ

Rasûlum muhdil-Ummati Muhammadunw Warasûlun Safiyyun Hujjatullâhi Almustaghâthu Ilâ Hadhratillâhi Ta'âlâ As-salâtu Was-salâmu 'Alaika Yâ Rasulallâhi Al-mustaghâthu Yâ Rasûlal-

lâhi Al-Musta'ânu Yâ rasûlallâhi Ash-shafâ'âtu Yâ rasûlal-lâhi Al-khalâsu Yâ Rasûlal-lâhi Muhmmadun Ahmadun Hâmidun Mahmûdun Mahbûbun Muhibbullâhi muhibbuna Rasûlun Karîmul-

lâhi Mardhiyyun Habîbuna Rasûlun Karîmum Murtadhan Khalîfatullâhi Al-mustaghâthu Ilâ Hadh-ratillâhi Ta'âlâ As-Salâtu Was-salâmu 'alaika Yâ Rasûlallâhi Rasûluna Rasûlun 'Alad-

dawâmi nabiyyun Tâ-Hâ Yâ-Sîn Qâ'imun Hâmidullâhi Almustaghâthu Ilâ Hadhratillâhi Ta'âlâ As-Salâtu Was-Salâmu 'Alaika Yâ-rasûlallâhi Amîruna rasûlunw Wa nabiyyun Karîmum-Muhammadur

Rasûlullâhi Ismuhû Ahmadun Nâsirun Kalîmullâhi. Al-mustaghathu Ilâ Hadhratillâhi Ta'âlâ As-salâtu Was-salâmu 'alaika Yâ Rasûlallâhi Al-mustaghathu Yâ rasûlallâhi Al-musta'ânu

Yâ Rasûlallâhi Ash-shafâ'âtu Yâ Rasûlallâhi Al-Khalâsu Yâ Rasûlallâhi Mu'înunâ Rasûlunw Wa-durrun nabiyyun Ilyâsînu Imâmun Amînullâhi. Almustaghathu Ilâ Hadhratillâhi

Ta'âlâ As-Salâtu Was-salâmu 'alaika Yâ rasûlallâhi Musaddiquna rasûlunw Wa habîbun-Nabiyyum-Muzammilum Bayânur Rasûlullâhi Almustaghathu Ilâ Hadhratillâhi Ta'âlâ

As-salâtu Was-salâmu 'Alaika Yâ rasûlal-lâhi Shâhiduna Shâfi'una Rasûlunw-Wa nabiyyum Mudath-thirun Sâhibul Qur'âni Nûrullâhi Al-mustaghathu Ilâ Hadh-ratillâhi Ta'âlâ As-Salâtu Was-

Salâmu 'alaika Yâ Rasûlallâhi Al-mustaghathu Yâ Rasûlallâhi, Al-musta'ânu Yâ Rasûlal-lâhi, Ash-Shafâ'âtu Yâ Rasûlallâhi, Al-Khalâsu Yâ Rasûlallâhi, Muzak-kirunâ Rasûlum Mu'attarur Rûhi Mutahharul Jismi Bârun Jawâdullâhi, Al-mustaghathu

Ilâ Hadhratil-lâhi Ta'âla As-Salâtu Was-Salâmu 'Alaika Yâ Rasûlallâhi, Sultânul-Ambiyâ'i Wa Burhânul-asfiyâ'i Mufakh-kharunâ Rasûlun Sâhibul Furqâni 'aliy-yum Makiyyun Shakûrul-lâhi. Al-musta-ghâthu Ilâ Hadhratil-lâhi Ta'âlâ As-Salâtu Was-Salâmu 'alaika Yâ Rasûlallâhi, Imâmul-atqiyâ'i Nâsirunâ Rasûlun Sâhibul Kauthari Murabbim Mada-niyyum Munîrul-lâhi

Almus-taghâthu Ilâ Hadhratillâhi Ta'âlâ As-Salâtu Was-Salâmu 'Alaika Yâ Rasûlallâhi. Al-mustaghâthu Yâ Rasûlallâhi, Al-musta'ânu Yâ Rasûlallâhi Ash-Shafâ'âtu Yâ Rasûlal-lâhi Al-Khalâsu Yâ Rasûlallâhi, Sirâjul Auliyâ'i dhiyâ'una Rasûlun Sâhibul Mîzâni Abtahiyyu Qarîbul-lâhi. Al-mustaghâthu Ilâ Hadhratillâhi Ta'âlâ As-Salâtu Was-Salâmu

'alaika Yâ Rasûlallâhi Burhânul-Asfiyâ'i Rasûlun Sâhibul Burâqi Say-yidul Qawmi 'arabiyyun Yatîmullâhi Al-mustaghâthu Ilâ Hadh-ratillâhi Ta'âlâ As-Salâtu Was-Salâmu 'alaika Yâ

Darûd Mustaghâs

Rasulallâh Shafî'una Rasûlum Mujziyyum Mah-diyyun Quraishiyyun Shahî-dullah. Al-mustaghâthu Ilâ Hadhratillâhi Ta'âlâ As-Salâtu Was-Salâmu 'alaika Yâ Rasûlallâhi. Al-musta-ghâthu Yâ Rasûlallâhi

Al-musta'ânu Yâ Rasûlallâhi Ash-Shafâ'âtu Yâ Rasûlallâhi Al-Khalâsu Yâ Rasûlallâhi Imâmul-mu'minîna Wazînatul-ambiyâ'i Wal-mursalîna Wa-sîlatuna Rasûlun Khâdimul-fuqarâ'i

Hijâziyyun Nazîrul-lâhi, Al-mustaghâthu Ilâ Hadhratillâhi Ta'âlâ As-Salâtu Was-Salâmu 'alaika Yâ Rasûlallâhi Khat-mul-Ambiyâ'i Ahmadu Wa Khâtimun-Nabi-îna Rasûlum-mâhil-kufri

Wal-bid'ati Muhammadu bnu 'abdil-lâhi. Al-mustaghâthu Ilâ Hadhratillâhi Ta'âlâ As-Salâtu Was-Salâmu 'alaika Yâ Rasûlallâhi, Sadaqa Rasûluna Mursalum-muta-wassitur-rasûlur-rahîmullâh.

Al-mustaghâthu Ilâ Hadhra-tillâhi Ta'âlâ As-Salâtu Was-Salâmu 'alaika Yâ rasulallâhi. Al-musta-ghâthu Yâ rasulallâhi Al-musta'ânu Yâ Rasûlallâhi Ash-Shafâ'âtu Yâ Rasûlal-lâhi

Al-Khalathu Yâ Rasûlallâhi. Sayyidunâ Rasûlum Mustaghîthum Muqtasidun Halîmullâhi. Al-mustaghâthu Ilâ Hadhratillâhi Ta'âlâ As-Salâtu Was-Salâmu 'alaika Yâ Rasûlallâhi. Aghithna Yâ Rasûlath-thaqalaini Anta Haqqum Mubînullâhi. Al-mustaghâthu Ilâ Hadh-ratillâhi Ta'âlâ As-Salâtu Was-Salâmu 'alaika Yâ rasûlallâhi, (Three Times)

Revised Each Of The Kalimât

Bismillâhir-Rahmânir-Rahîm

Al-mustaghâthu Yâ rasûlal-lâhi. Al-musta'ânu Yâ Rasûlallâhi. Ash-Shafâ'âtu Yâ Rasûlallâhi Al-mushaf-fa'u Yâ Rasûlallâh, Wâ-'izunâ Rasûlunw-wa rasûluhu Al-mujtabâ Sâhibur-Risâlati

Awwalun Qadîmun Habîbullâh. Al-mustaghâthu Ilâ Hadhratillâhi Ta'âlâ As-salâtu Wassalâmu 'alaika Yâ Rasûlallâhi Al-musta-ghâthu Yâ Rasûlallâhi. Al-musta'ânu Yâ Rasûlallâhi.

Ash-Shafâ'âtu Yâ Rasûlallâhi. Al-Khalâsu Yâ Rasûlallâhi. Akramunâ Rasûlun Sâhibush-sharî'ati Wa Kâshiful-ghammati Âkhirun 'Azîzullâh. Al-mustaghâthu Ilâ Hadh-ratillâhi Ta'âlâ

Darûd Mustaghâs

As-Salâtu Was-Salâmu 'alaika Yâ Rasûlallâh. Ahlut-taqwâ Wa burhânul Atqiyâ'i Rashîdunâ Rasûlun Sâhibut-tarîqati Shifâ'un Fasîhullâh. Al-mustaghâthu

Ilâ Hadh-ratillâhi Ta'âlâ As-Salâtu Was-Salâmu 'alaika Yâ Rasûlallâhi Âmanna bika anta nabiyyuna Rasûlun Sâhibul-haqîqati Muzariyyum Bashîrun-nazîrullâh. Al-mustaghâthu

Ilâ Hadhra-tillâhi Ta'âlâ As-Salâtu Was-Salâmu 'alaika Yâ Rasûlallâh. Al-mustaghâthu Yâ Rasûlallâhi. Al-musta'ânu Yâ Rasûlallâhi. Ash-shafâ'âtu Yâ Rasûlallâhi Al-Khalâsu Yâ Rasûlallâhi. Imâmul-umami Muqaddimuna Rasûlun Sâhibul Ma'rifati Burhânur Rahmatullâhi. Al-musta-ghâthu Ilâ Hadhratillâhi Ta'âlâ As-Salâtu Was-salâmu 'alaika Yâ Rasûlallâhi Kabîrunâ Rasûlun Sâhibun-minnati Zâhirun Karîmullâhi. Al-mustaghâthu Ilâ Hadh-ratillâhi Ta'âlâ As-Salâtu Was-Salâmu 'alaika Yâ Rasûlallâhi. Sanadul-'âsîna Rasûlun Sâhibul-jannati Fârighu Jahannama Sultânun Tihâmiyyum-

Darûd Mustaghâs

Mu'minullâh. Al-mustaghâthu Ilâ Hadh-ratillâhi Ta'âlâ As-Salâtu Was-Salâmu 'alaika Yâ Rasûlallâhi. Al-mustaghâthu Yâ Rasûlallâhi. Al-musta-'ânu Yâ Rasûlallâh. Ash-shafâ'âtu Yâ Rasûlallâh. Al-Khalâsu Yâ Rasûlallâhi Faqiyhunâ Rasûlun Sâhi-bus-sirâti Muballighun 'âqibullâh. Al-mustaghâthu Ilâ Hadhratillâhi Ta'âlâ As-Salâtu Was-Salâmu 'alaika Yâ Rasûlallâh. Anta waliy-yuna Rasûlun Sâhibush-shafâ'âti Bâzillum Bâtinun Khalîlullâh. Al-mustaghâthu Ilâ Hadhratillâhi Ta'âlâ As-Salâtu Was-Salâmu 'alaika Yâ Rasûlallâh. Shafî'un 'Awâm-minâ Rasûlun Sâhibut-tâji Wal-Mi'râji Muhalilum, Bi-iznillâhi. Al-mustaghâthu Ilâ Hadh-ratillâhi Ta'âlâ As-Salâtu Was-Salamû 'Alaika Yâ Rasûlallâh. Al-mustaghâthu Yâ Rasûlallâhi. Al-musta-'ânu Yâ Rasûlallâhi. Ash-Shafâ'âtu Yâ Rasûlallâhi. Al-Khalâsu Yâ Rasûlallâhi. Waminan-nâri Mukhallisunâ Rasûlun Sâhibul-Mihrâbi Hâshirun-Nabiy-yullâhi. Al-mustaghâthu Ilâ Hadhra-tillâhi Ta'âlâ As-Salâtu Was-Salâmu 'Alaika Yâ Rasûlallâhi. Afdhalu

Darûd Mustaghâs

Minan-nabiyyîna Was-siddiqîna Wash-shuhadâ'i Was-Sâlîhîna Mahbûbuna Rasûlun Sâhibul-mimbari Khatîbun Rahmatullâhi. Al-Mustaghâthu Ilâ Hadhra-tillâhi Ta'âlâ

As-Salâtu Was-Salâmu 'Alaika Yâ Rasûlallâhi Mubash-shiruna Rasûlun Sâhibul Baiti 'Âmiru Ka'batillâhi Al-musta-ghâthu Ilâ Hadh-ratillâhi Ta'âlâ As-Salâtu Was-salâmu 'alaika Yâ

Rasûlallâhi Al-mustaghâthu Yâ Rasûlallâhi. Al-musta'ânu Yâ Rasûlallâhi. Ash-Shafâ'âtu Yâ Rasûlallâhi. Al-Khalâsu Yâ Rasûlallâhi. Akbarunâ Rasûlun Sâhibul-mi'râji 'âlimun

Ghaniyyullâhi Al-mustaghâthu Ilâ Hadh-ratillâhi Ta'âlâ As-Salâtu Was-Salâmu 'alaika Yâ Rasûlallâhi. Nabiyyun Âkhiriz-zamâni Rasûlun Sâhibul Ijtihâdi Munta-qimum-mukarramul

lâhi. Al-mustaghâthu Ilâ Hadh-ratillâhi Ta'âlâ As-Salâtu Was-salâmu 'alaika Yâ Rasûlallâhi Wafid-dîni Sâdiqunâ Rasûlun Sâhibul qiyâmati Nâtiqum Bil-haqqi Shafi'ullâhi Al-mustaghâthu Ilâ Hadhratillâhi Ta'âlâ As-Salâtu Was-Salâmu 'alaika Yâ Rasûlallâhi. Al-mustaghâthu Yâ Rasûlallâhi Al-musta'ânu Yâ Rasûlal-lâhi. Ash-Shafâ'âtu Yâ Rasûlallâhi. Al-Khalâsu Yâ Rasûlallâhi. Mushaf-fa'ul Ummati

Yu'înunâ Bish-Shafâ'ati Rasûlun Sâhibun-Nubuwwati Muharramun-Nabiy-yullâhi Al-mustaghâthu Ilâ Hadhratillâhi Ta'âlâ As-Salâtu Was-Salâmu 'alaika Yâ Rasûlallâhi Nabiyyur-Rahmati

Sâbiquna Rasûlun Sâhibud-Dâraini Harîsun 'Alat-Tâ'ati Ra'ûfullâhi. Al-mustaghâthu Ilâ Hadhra-tillâhi Ta'âlâ As-Salâtu Was-Salâmu 'Alaika Yâ Rasûlallâhi

Sayyidul-Jinni Wal-Insi Nâhin-Nabiyyunâ Rasûlun Sâhibul-Ummati Wan-Ni'mati Hâshimiyyun Karâmatullâhi Al-musta-ghâthu Ilâ Hadhratillâhi Ta'âlâ As-Salâtu Was-Salâmu

'alaika Yâ Rasûlallâhi. Khâdimul-Haramaini Wa jaddul Hasanaini Wa Sâhibu Qâba Qawsaini Rasûlun Habîbun Qarîbullâhi. Al-mustaghâthu

Ilâ Hadhratillâhi Ta'âlâ As-Salâtu Was-Salâmu 'alaika Yâ Rasûlallâhi. Muqarri-bunâ Rasûlun Ilâ Rahmatillâhi Ta'âlâ Mi'atu Alfi Alfi Salâtinw Wa

Darûd Mustaghâs

سَلَامٌ وَّرَحْمَةٌ وَّبَرَكَةٌ عَلَى أَكْرَمِ الْأَنْبِيَاءِ

sa-lâminw-Wa-rahmatinw-Wa-Barrakatin 'Alââ Akramil-Ambiyâ'i Wal-asfiyâ'i Khâtimi Rusûlillâhi Muham-madin Rasulillâhil-Mustafâ Wa-habîbihil-Murtadhâ Wa-Safiyyihil-

وَالْأَصْفِيَاءِ خَاتَمِ رُسُلِ اللّٰهِ مُحَمَّدٍ رَّسُوْلِ اللّٰهِ الْمُصْطَفٰى وَحَبِيْبِهِ الْمُرْتَضٰى وَصَفِيِّهِ

Mujtabâ Sallallâhu 'Alaihi Wa-âlihî Wasallama Tasliman Kathîran Kathîram Birahmatika Yâ Arhamar-râhimîna Allâhumma Arham Abâ-Bakrinittaqiyya Wa-'Umaran-naqiyya Wa

الْمُجْتَبٰى صَلَّى اللّٰهُ عَلَيْهِ وَاٰلِهٖ وَسَلَّمَ تَسْلِيْمًا كَثِيْرًا كَثِيْرًا بِرَحْمَتِكَ يَا أَرْحَمَ الرَّاحِمِيْنَ اَللّٰهُمَّ ارْحَمْ اَبَابَكْرٍ التَّقِيَّ وَعُمَرَ النَّقِيَّ وَ

'Uthmânaz-Zakiyya Wa 'Aliyya-Nilwafiyya Asadallâhil Murtadhâ Wafâtimataz-Zah-Râ'a Wa-Khadîjatal-Kubrâ Wa-Ummal-Mu'minîna 'Â'ishatas-Siddîqata Radhiyallâhu

عُثْمَانَ الزَّكِيَّ وَعَلِيًّا لْوَفِيَّ اَسَدَ اللّٰهِ الْمُرْتَضٰى وَفَاطِمَةَ الزَّهْرَاءَ وَخَدِيْجَةَ الْكُبْرٰى وَأُمَّ الْمُؤْمِنِيْنَ عَائِشَةَ الصِّدِّيْقَةَ رَضِيَ اللّٰهُ

'Anha Wal-Hasanar-Riza Wal-Husai-nash-shahîdal-Mujtabâ Wash-Shuhadâ'il-Karbalâ Was-Sa'da Was-Sa'îda Wa-Talhata Waz-Zubaira Wa-'abdar-Rahmâni

عَنْهَا وَالْحَسَنَ الرِّضَا وَالْحُسَيْنَ الشَّهِيْدَ الْمُجْتَبٰى وَالشُّهَدَاءَ الْكَرْبَلَا وَالسَّعْدَ وَالسَّعِيْدَ وَطَلْحَةَ وَالزُّبَيْرَ وَعَبْدَ الرَّحْمٰنِ

Ibna-'Aufinw-Wa-abâ-'Ubaidata Binal-Jarrâhi Wal-'Asha-ratal Mubash-sharata Wa-Sâ'iras-Sahâbati Wal-Khulafâ'ar-Râshidîna Wat-Tâbi'îna Min Ahlis-Samâwâti Wa Ahlil-Ardhîna

ابْنَ عَوْفٍ وَّأَبَا عُبَيْدَةَ ابْنَ الْجَرَّاحِ وَالْعَشَرَةَ الْمُبَشَّرَةَ وَسَائِرَ الصَّحَابَةِ وَالْخُلَفَاءِ الرَّاشِدِيْنَ وَالتَّابِعِيْنَ مِنْ أَهْلِ السَّمٰوٰتِ وَأَهْلِ الْأَرَضِيْنَ

Ridhwanullâhi 'alaihim Ajma'îna As-'aluka An Taghfiralî Walijamî'il-Mu'minîna Wal-Mu'minâti

رِضْوَانُ اللّٰهِ عَلَيْهِمْ أَجْمَعِيْنَ أَسْأَلُكَ اَنْ تَغْفِرَلِيْ وَلِجَمِيْعِ الْمُؤْمِنِيْنَ وَالْمُؤْمِنَاتِ

Darûd Kibri-Te-Ahmar

Birahmatika Yâ Arhamar-Râhimîna Allâhummagh-firli Wali-wâlidayya Waliman Tawâlada Warhamhumâ Kamâ Rabbayânî Saghî-ranw-waghfirlijamî'il Mu'minîna Wal-mu'minâti

Wal-muslimîna Wal-muslimâtil Alhyâ'i Minhum Wal-amwâti Innaka Mujîbud-Da'wâti Wa Munaz-zilul Barakâti Warâfi'ud-Darajâti Wasallallâhu 'alâ

Khairi Khalqihî Muhammadinw-Wa-âlihî Wa-ashâbihî Ajma-'îna Birahmatika Yâ Arhamar-Râhimîna, Allâhumma Salli'alâ Say-yidina Muhammadi-Nin-nabiyyil Ummiyyit

Tâhiriz-Zakiyyi Salâtan Tahullu Bihal-'uqadu Watafukku Bihal-karabu Salâtan Takûnu Laka Rizanw-Walihaqqihî Âda-â'anw-Wa'alâ Âlihî Wa sahbihî Wa-bârik Wasallim.

DARÛD KIBRI-TE-AHMAR

Bismillâhir-Rahmânir-Rahîm

Allâhummaj'al Afdhala Salawâtika 'Adadanw Wa Anmâ Barakâtika Sar-Madanw-Wa-azkâ Tahiyyâtika Fadhlanw Wa Madadan

Darûd Kibri-Te-Ahmar

alâ Ashrafil-Haqâ'iqil Insâ-niyyati Wa Ma'danid-Daqâ'-iqil Îmâni-yati Watûrit-Tajalliyâtil-Ihsâniyati Wa-mahbatil-Asrârir-Rahmâniy-yati Wa-wâsatati 'Aqdin-nabiyyîna

Wa Muqaddamati Jaishil-Mur-salîna Wa Afdhalil-Khalâ'iqi Ajma'îna Hâmili Liwâ'il 'Izzil-A'alâ Wa-Mâlikil Azim-matish-Sha-rafil-Asnâ Shâhidi Asrâril Azali Wa-mushâhidi Anwâ-ris-

Sâbiqil-uwali Tarjumâni Lisânil Qidami Wa Mamba'il 'Ilmi Wal-hilmi Wal-hikami Wa-Mazhari Sirril-juwâdil-juzuyyi-Wal-kulliyi Wa-Insâni 'ainil-wujûdil-'ulwiyyi Was-sufliyyi Wa Rûhi Jasadil

Kaunain Wa-'aini Hayâtid-Dârainil Mutakhalliqi Bia'alâ Rutbatil-'abûdiy-yatil-mutahaqqiqi Bi-asrârir-Rabû-biyyati Sâhibil-maqâmâtil Istafâ'iyyati Wal-karâmâtil-

Irtidhâ'iyyati Sayyidil Ashrâfi Wa-jâmi'il Ausâfil Khalîlil A'azami Wal-habîbil Akramil Makh-sûsi Bi-a'alâl Marâtibi Wal-maqâmâti Wal-mu'aiyyadi Bi-audhahil

Barâhîni Wad Dalâlâtil-Mansûri Bir-ru'bi Wal-

Darûd Kibri-Te-Ahmar

mu'jizâti Wal-jawha-rish-Sharîfil Abadiyyi Wan-nûril Qadîmil Muhammadiy-yis-Sarmadiyyi Sayyidina Muha-mmadinil-Mahmudi Fil-Ijâdi Wal-wujûdil-Fâtihi likulli Shâhidinw Wa

mash-hûdinw wa Hadharatil Mashâhidi Wash-Shuhûdi Nûri Kulli Sha'inw Wahudâhu Wasirri Kulli Sirrinw Wa sanâhullazî Shuqqiqat Minhul asrâru Wan-falaqat minhul Anwârus-sirril

Bâtini wan-nûriz-zâhiris-sayyidil Kâmilil Fâtihil Khâ-timil Awwalil Âkhiril Bâtiniz Zâhiril 'Âqibil Hâshirin Nâhil Âmirin Nâsihin Nâsiris Sâbirish-Shâkiril

Qânitiz-Zâkiril Mâhil Mâjidil 'Azîzil Hâmidil Mu'minil 'Âbidil Mutawakkiliz-Zâhidil Qâ'imil Qâ'idir Râki'is-Sâjidit Tâbi'ish Shahîdil Waliyyil Hamîdil

Burhânil hujjatil mutâ'il Mukhtâril Khâdhi'il Khâshi'il Barril Mustansiril Haqqil-Mubîni Tâ-Hâ Yâ-Sîn Al-Muzammilil Mudath-thiri Sayyidil Mursalîna Wa Imâmil Muttaqîna Wa Khâtimin

Nabiyyîna Wa Habîbi Rabbil 'Âlamînan Nabiyyil Mustafâ War Rasûlil Mujtabal Haka-mil 'Adalil-Latîfil Khabîril

Darûd Kibri-Te-Ahmar

Hakîmil 'Alîmil 'Azîzir Ra'ûfir-Rahîmil Ghafûrish Shakûril 'Aliyyil Karîmi Nûrikal Qadîmi Wa sirâtikal Mustaqîmi Muhammadin 'abdika Wa rasûlika Wa safiyyika Wa

Khalîlika Wa Habîbika Wa Waliyyika Wa Nabiyyika Wa Amînika Wa Dalîlika Wa Najîyyika Wa Nukhbatika Wa Zakhîratika Wa-Khiyaratika Wa Imâmil-Khairi Wa Qâ'idil Khairi Wa Rasûlir Rahmatin Nabiyyil

Ummiyyil 'arabiyyil Qarashiyyil Hâshimiyyil Abtahiyyil Makkiyyil Mada-niyyittihâmiyyish Shâhidil Mashhûdil Waliyyil Muqarrabil 'abdil Mas'ûdil Habîbish-Shafî'il Hasîbir-Râfî'il

Malîhil Badî'il Wâ'izil Bashîrin Nazîril 'atûfil Halîmil Jawwâdil-Karîmit Tayyibil Mubârakil Makînis Sâdiqil Masdûqil Amînid Dâ'î Ilaika Bi-iznikas

Sirajil Munîrillazî Adrakal Haqâ'iqa Bijummatiha Wafâza wafâqal Khalâ'iqa Birammatiha Wa-ja'altahû Habîbanw Wa Nâjaitahû Qarîbanw Wa-adnaitahû Raqîbanw Wa Khatamta Bihir-Risâlata Wad-Dlâ-lata Wal-Bashâ-rata Wannazârata Wan-Nubuwwata Wa-nasartahû Bir-Ru'bi

Darûd Kibri-Te-Ahmar

Wa zallaltahû Bis-Suhbi Waradatta lahush Shamsa Wa shaqaqta lahul Qamara Wa antaqta Lahûdh dhabba Waz-Zabya Waz-zi'ba Waljiz'a Waz-zira'a Wal-jamala Wal jabala Wal madara wash-

Shajara Wal Hajara Wa Amba'atta min Asâbi'ihil Mâ'azulâla Wa Anzalta Minal-muzni Bi-da'watihî Fî 'âmil Mahli Waljadbi Wâbilal Ghaithi Wal-matari Fa'ashau shaba

minhul-faqru Was-sakhru Wal-Wâ'aru Was-Sahlu War-Ramlu Wal-Hajaru Wal-Madaru Wa Asraita Bihî Lailam Minalmasjidil Harâmi Ilal Masjidil Aqsâ Ilas Samâwâtil 'Ulâ Ilâ Sidratil

Muntahâ Ilâ Qâba Qawsaini Aw-adnâ Wa araitahul Âyatal Kubrâ Wa Analtahul Ghâyatal Quswâ Wa akramtahû Bil-Mukhâtabati Wal Murâqa-bati Wal Mushâfahati Wal Mushâhadati

Wal-Mu'âya-nati Bil Basari Wa Khassastahû Bil-Wasîlatil 'Uzmâ Wash-Shafâ'atil Kubrâ Yawmal Faza'il Akbari Fil-Mahshari Wa Jama'ta Lahû Jawâmi'al Kalimi Wa jawâhiral Hikami Wa Ja'alta Ummatahû Khairal Umami Wa Ghafarta Lahû Mâtaqad-dama

Darûd Kibri-Te-Ahmar

مِنْ ذَنْبِهٖ وَمَا تَاَخَّرَ الَّذِىْ بَلَّغَ الرِّسَالَةَ وَاَدَّى

Min Zambihı Wamâ Ta-akh-kharallazi Ballaghar Risâlata Wa-addal Amâ-nata Wanasahal Ummata Wakashafal Ghummata Wa Jalaz Zulmata Wajâhada Fî Sabîlillâhi Wa 'Abada Rabbahû Hattâ Âtâhul

الْاَمَانَةَ وَنَصَحَ الْاُمَّةَ وَكَشَفَ الْغُمَّةَ وَجَلَى الظُّلْمَةَ

وَجَاهَدَ فِىْ سَبِيْلِ اللّٰهِ وَعَبَدَ رَبَّهٗ حَتّٰى اَتَاهُ

Yaqînu, Allâhumma Ab'ashu Maqamam Mahmûdany Yaghbituhû Fîhil Awwalûna Wal-âkhirûna Allâhumma 'Az-zimhu Fid-Dunyâ Bi'ilâ'i Zikrihî Wa-izhâri Dînihî Wa Ibqâ'i Sharî'atihî Wa fil

الْيَقِيْنُ. اَللّٰهُمَّ ابْعَثْهُ مَقَامًا مَّحْمُوْدَا يَغْبِطُهٗ فِيْهِ

الْاَوَّلُوْنَ وَالْاٰخِرُوْنَ اَللّٰهُمَّ عَظِّمْهُ فِى الدُّنْيَا

بِاِعْلَاءِ ذِكْرِهٖ وَاِظْهَارِ دِيْنِهٖ وَاِبْقَاءِ شَرِيْعَتِهٖ وَفِى

âkhirati Bi Shafâ'atihî Fî Ummatihî Wa Ajzil Ajrahû Wa mathû'batahû Wa Abdi Fadhlahû Lil Awwalîna Wal-Âkhirîna Bil-maqâmil Mahmûdi Wa Taqdîmihî 'Alâ Kâ-affatil Muqarrabîna Bish-Shuhûdi Allâhumma

الْاٰخِرَةِ بِشَفَاعَتِهٖ فِىْ اُمَّتِهٖ وَاَجْزِلْ اَجْرَهٗ وَمَثُوْبَتَهٗ

وَاَبْدِ فَضْلَكَ لِلْاَوَّلِيْنَ وَالْاٰخِرِيْنَ بِالْمَقَامِ الْمَحْمُوْدِ

وَتَقْدِيْمِهٖ عَلٰى كَآفَّةِ الْمُقَرَّبِيْنَ بِالشُّهُوْدِ اَللّٰهُمَّ

Taqabbal Shafâ'atahul Kubrâ Warâf'e Darajatahul 'Ulyâ wa A'atihî Sû'lahû Fil-âkhirati Wal-U'lâ Kamâ âtaita Ibrâhîma Wa Mûsâ, Allâhummaj'alhû Min Akrami 'Ibâdika 'Alaika

تَقَبَّلْ شَفَاعَتَهُ الْكُبْرٰى وَارْفَعْ دَرَجَتَهُ الْعُلْيَا وَ

اَعْطِهٖ سُؤْلَهٗ فِى الْاٰخِرَةِ وَالْاُوْلٰى كَمَآ اٰتَيْتَ اِبْرَاهِيْمَ

وَمُوْسٰى اَللّٰهُمَّ اجْعَلْهُ مِنْ اَكْرَمِ عِبَادِكَ عَلَيْكَ

Sharafanw Wakarâ-matanw Wamin Arfa'ihim 'Indaka Darajatanw Wa-'azamihim Khataranw Wa Amkanihim 'Indaka Shafâ-'atan Allâhumma 'Âzzim Burhânahû Wa aflij Hujjatahû Wa Abligghû Mâmûlahû Fî Ahli

شَرَفًا وَّكَرَامَةً وَّمِنْ اَرْفَعِهِمْ عِنْدَكَ دَرَجَةً وَّ

اَعْظَمِهِمْ خَطَرًا وَّاَمْكَنِهِمْ عِنْدَكَ شَفَاعَتَهُ اَللّٰهُمَّ

عَظِّمْ بُرْهَانَهٗ وَاَفْلِجْ حُجَّتَهٗ وَاَبْلِغْهُ مَأْمُوْلَهٗ فِىْ اَهْلِ

Darûd Kibri-Te-Ahmar

Baitihî Wa Zurriy-yatihî, Allâhum-ma Atbi'hu Min Zurriy-yatihî Wa Ummatihî Mâ tuqirru Bihî 'Ainuhû Wa Ajzihî 'Annâ Khaira Mâ Jazaita Bihî Nabiyyan 'an Ummatihî Wa Ajzil Ambiyâ'i Kullahum Khairan. Allâhumma Salli Wa

sallim 'alâ Sayyidinâ Muhammadin 'Adada Mâ-shâhadathul Absâru Wa sami'athul âzânu Wasalli Wasallim 'alaihi 'adada man Sallâ 'alaihi Wasalli Wasallim, 'Alaihi 'adada mal Lam Yusalli

'Alaihi Wasalli Wasallim 'Alaihi Kamâ Tuhibbu Watardhâ An Yusallâ 'Alaihi Wasallî Wasallim 'alaihi Kamâ Amartanâ An Nusallia 'Alaihi Wasalli Wasallim 'Alaihi Kamâ Yambaghî An-y-

Yusallâ 'Alaihi Allâhumma Salli Wasallim 'Alaihi Wa 'alâ âlihî 'Adada Na'amâ'illâhi Ta'âlâ Wa Afdhâlihî Allâhumma Salli Wasallim 'Alaihi Wa 'alâ âlihî Wa As-hâbihî Wa Aulâdihî Wa Azwâjihî Wa

Zurriyyatihî Wa Ahli Baitihî Wa 'Itratihî Wa 'Ashîratihî Wa As-hârihî Wa Akhtânihî Wa Ahbâbihî Wa Atbâ'ihî Wa Ashbâ'ihî

Wa Ansârihî Khazanati Asrârihî Wa Ma'âdini Anwârihî Kunûzil Haqâ'iqi Wahudâtil Khalâ-'iqi Wa Nujûmil Ihtidâ'i Limaniq-tadâ Bihim Wasallim Taslîman Kathîran Dâ'iman

Abadanw-Wardha 'An Kullis Sahâbati Ridhan Sarmadan 'Adada Khalqika Wa Zinata 'Arshika Wa Ridhâ Nafsika Wa Midâda Kalimâtika Kullama Zaka-raka Zâkirunw Wa-kullamâ

Sahâ 'an Zikrika Ghâfilun Salâtan Takûnu Laka Ridhanw Wali-haqqihî Adâ-â'anw Walanâ Salâhanw Wa Âtihil Wasîlata Wal-Fadhîlata Waddarajatal 'Âliyatar Rafî'ata

Wab'ath-hul Maqâmal Mahmûda Wal-liwâ'al-ma'qûda Wal-Hawdhal Mawrûda Wasalli Yâ Rabbi 'Alâ Jamî'i Ikhwânihî Minal Ambiyâ'i Wal-mursalîna Wal-Auliyâ'i

Was-Sâlihîna Wash-shuhadâ'i Was-siddîqîna Wa Malâ'ikatikal Muqarrabîna Wa 'alâ Sayyidinash Shaikhi Muhiyyid Dîni Abî Muhammadin 'Abdil-Qâdiril-makînil

Amîni Salawâtul-lâhi 'alaihim Ajma'îna Allâhumma Salli Wasallim 'alâ Sayyidina Muham-madinw Wa 'alâ Âli Sayyidina

Muhammadi-nis-Sâbiqi Lilkhalqi Nûruhur Rahmatu Lil'âlamîna Zahûruhû 'Adada Mâ-madhâ min Khalqika Wa mâ Baqiya Waman Sa'ida Minhum Waman Shaqiya Salâtan

Tastaghriqul 'Adda wa-tuhîtu, Bil Haddi Salâtal Lâghâyata Lahâ Walan-tihâ'a Walâ Amada Lahâ Walanqidhâ'a Salâtakal Lati Sallaita 'alaihi Salâtam Ma'rûdhatan 'Alaihi

Maq-bûlatal Ladaihi Mahbûbatan Ilaihi Salâtan Dâ'imatam Bidawâmika Bâqiyatam Bibaqâ'ika Lâ Muntahâ Lahâdûna 'Ilmika Salâtan Turdhîka Wa turdhîhi Wa tardhâ Bihâ

'Annâ Salâtan Tamlaul Ardha Was-samâ'a (Sajdah One) Salâtan Tastajîbu Bihâ Du'â'-anâ Wa tuzakki Bihâ Nufûsanâ Wa Nuhyiy Bihâ Qulûbanâ Wa tuhillu bihal 'Uqada

Wa tufarriju Bihal Kuraba (Sajdah Two) Wa yajri Bihâ Lutfuka Fî Amrî wa Umûril Muslimîna (Sajdah Three) Wa bârik Lanâ 'alad dawâmi Wa 'âfinâ wa

Ahdinâ Wamdudnâ Waj'alnâ Âminîna Wayassir Lanâ Umûranâ Ma'ar Râhati Liqulûbinâ Wa Abdaninâ Wassalâmati Wal 'âfiyati Fî dîninâ Wa dunyanâ Wa Ajma'nâ Ma'ahû Fil Jannati Min Ghairi 'Azâbin-y-Yasbiqu Binâ Wa Anta Radhin 'Annâ Ghaira Ghadhbân Walâ Tamkur Binâ

Wakhtim Lanâ Minka Bikhairinw Wa 'Âfiyatim Bilâ Mihnatin 'Ajma'îna Subhana Rabbika Rabbil 'Izzati 'Ammâ Yasifûn Wasalâmun 'Alalmursalîna Walhamdu Lillâhi Rabbil-'Âlamîn Birahmatika Yâ Arhamar-Râhimîn.

DARÛD-E-AKBAR

Bismillâhir-Rahmânir-Rahîm

As-salâtu Was-salâmu 'alaika Yâ Rasûlallâh,

As-Salâtu Was-salâmu 'alaika Yâ Nabiy-yallâh,

As-Salâtu Was-salâmu 'alaika Yâ Habîb-allâh,

As-salâtu Was-salâmu 'alaika Yâ Khalîl-allâh,

As-Salâtu Was-salâmu 'alaika Yâ Safiy-yallâh,

As-Salâtu Was-salâmu 'alaika Yâ Khaira Khalqillâh,

As-Salâtu Was-salâmu 'alaika Yâ Makkiy-yallâh, اَلصَّلوٰةُ وَالسَّلَامُ عَلَيْكَ يَا مَكِّيَّ اللّٰهِ

As-salâtu Was-salâmu 'alaika Yâ Qurai-shiy-yallâh, اَلصَّلوٰةُ وَالسَّلَامُ عَلَيْكَ يَا قُرَيْشِيَّ اللّٰهِ

As-Salâtu Was-salâmu 'alaika Yâ Madaniy-yallâh, اَلصَّلوٰةُ وَالسَّلَامُ عَلَيْكَ يَا مَدَنِيَّ اللّٰهِ

As-Salâtu Was-salâmu 'alaika Yâ Manikh-târahul-lâhu, اَلصَّلوٰةُ وَالسَّلَامُ عَلَيْكَ يَا مَنِ اخْتَارَهُ اللّٰهُ

As-Salâtu Was-salâmu 'alaika Yâ Man 'Azzamahul-lâhu, اَلصَّلوٰةُ وَالسَّلَامُ عَلَيْكَ يَا مَنْ عَظَّمَهُ اللّٰهُ

As-Salâtu Was-salâmu 'alaika Yâ Khalîfatal-lâh, اَلصَّلوٰةُ وَالسَّلَامُ عَلَيْكَ يَا خَلِيفَةَ اللّٰهِ

As-Salâtu Was-salâmu 'alaika Yâ Hadhratal-lâh, اَلصَّلوٰةُ وَالسَّلَامُ عَلَيْكَ يَا حَضْرَةَ اللّٰهِ

As-Salâtu Was-salâmu 'alaika Yâ Safwatallâh, اَلصَّلوٰةُ وَالسَّلَامُ عَلَيْكَ يَا صَفْوَةَ اللّٰهِ

As-Salâtu Was-salâmu 'alaika Yâ Hujjatal-lâh, اَلصَّلوٰةُ وَالسَّلَامُ عَلَيْكَ يَا حُجَّةَ اللّٰهِ

As-Salâtu Was-salâmu 'alaika Yâ Rahmatal-lâh, اَلصَّلوٰةُ وَالسَّلَامُ عَلَيْكَ يَا رَحْمَةَ اللّٰهِ

As-Salâtu Was-Salâmu 'alaika Yâ Nûr-allâh, اَلصَّلوٰةُ وَالسَّلَامُ عَلَيْكَ يَا نُورَ اللّٰهِ

As-Salâtu Was-salâmu 'alaika Yâ Muham-madar-Rasûlallâh, اَلصَّلوٰةُ وَالسَّلَامُ عَلَيْكَ يَا مُحَمَّدْ رَسُولَ اللّٰهِ

As-Salâtu Was-salâmu 'alaika Yâ Sâhibat-tâji Wal-mi'râj, اَلصَّلوٰةُ وَالسَّلَامُ عَلَيْكَ يَا صَاحِبَ التَّاجِ وَالْمِعْرَاجِ

As-Salâtu Was-salâmu 'alaika Yâ Sâhibal-haudhil-kauthar, اَلصَّلوٰةُ وَالسَّلَامُ عَلَيْكَ يَا صَاحِبَ الْحَوْضِ الْكَوْثَرِ

As-Salâtu Was-salâmu 'alaika Yâ Sâhibash-Shafâ'at, اَلصَّلوٰةُ وَالسَّلَامُ عَلَيْكَ يَا صَاحِبَ الشَّفَاعَةِ

As-Salâtu Was-salâmu 'alaika Yâ Sahiban-Ni'mati, اَلصَّلٰوةُ وَالسَّلَامُ عَلَيْكَ يَا صَاحِبَ النِّعْمَةِ

As-Salâtu Was-salâmu 'alaika Yâ Khâta-man-nabuwwati War-risâlat, اَلصَّلٰوةُ وَالسَّلَامُ عَلَيْكَ يَا خَاتَمَ النُّبُوَّةِ وَالرِّسَالَةِ

As-Salâtu Was-salâmu 'alaika Yâ-nabiyyal-Madaniyyi, اَلصَّلٰوةُ وَالسَّلَامُ عَلَيْكَ يَا نَبِيَّ الْمَدَنِيِّ

As-Salâtu Was-salâmu 'alaika Yâ-nabiyyal-Haramiyyi, اَلصَّلٰوةُ وَالسَّلَامُ عَلَيْكَ يَا نَبِيَّ الْحَرَمِيِّ

As-Salâtu Was-salâmu 'alaika Yâ-Nabiyyal 'Arabiyyi, اَلصَّلٰوةُ وَالسَّلَامُ عَلَيْكَ يَا نَبِيَّ الْعَرَبِيِّ

As-Salâtu Was-salâmu 'alaika Yâ-nabiyyal Hijâziyyi, اَلصَّلٰوةُ وَالسَّلَامُ عَلَيْكَ يَا نَبِيَّ الْحِجَازِيِّ

As-Salâtu Was-salâmu 'alaika Yâ-nabiyyat tihâmiyyi, اَلصَّلٰوةُ وَالسَّلَامُ عَلَيْكَ يَا نَبِيَّ التِّهَامِيِّ

As-Salâtu Was-salâmu 'alaika Yâ-nabiyyal Hâshimiyyi, اَلصَّلٰوةُ وَالسَّلَامُ عَلَيْكَ يَا نَبِيَّ الْهَاشِمِيِّ

As-Salâtu Was-salâmu 'alaika Yâ-nabiyyaz Zakiyyi, اَلصَّلٰوةُ وَالسَّلَامُ عَلَيْكَ يَا نَبِيَّ الزَّكِيِّ

As-Salâtu Was-salâmu 'alaika Yâ Nabiyyal Ummiyyi, اَلصَّلٰوةُ وَالسَّلَامُ عَلَيْكَ يَا نَبِيَّ الْأُمِّيِّ

Bismillâhir-Rahmânir-Rahîm

Allâhumma Salli 'Alâ Muhammadin Sayyidil Mursalîna, اَللّٰهُمَّ صَلِّ عَلٰى مُحَمَّدٍ سَيِّدِ الْمُرْسَلِيْنَ

Allâhumma Salli 'Alâ Muhammadin Sayyidin Nabiyyîna, اَللّٰهُمَّ صَلِّ عَلٰى مُحَمَّدٍ سَيِّدِ النَّبِيِّيْنَ

Allâhumma Salli 'Alâ Muhammadin Sayyidil Mu'minîna, اَللّٰهُمَّ صَلِّ عَلٰى مُحَمَّدٍ سَيِّدِ الْمُؤْمِنِيْنَ

Allâhumma Salli 'Alâ Muhammadin Saiyyidil Muttaqîna, اَللّٰهُمَّ صَلِّ عَلٰى مُحَمَّدٍ سَيِّدِ الْمُتَّقِيْنَ

Allâhumma Salli 'Alâ Muhammadin Sayyidis Sâlihîna,	اَللّٰهُمَّ صَلِّ عَلٰى مُحَمَّدٍ سَيِّدِ الصَّالِحِينَ
Allâhumma Salli 'Alâ Muhammadin Sayyidil Muslihîna,	اَللّٰهُمَّ صَلِّ عَلٰى مُحَمَّدٍ سَيِّدِ الْمُصْلِحِينَ
Allâhumma Salli 'Alâ Muhammadin Sayyidis Sâdiqîna,	اَللّٰهُمَّ صَلِّ عَلٰى مُحَمَّدٍ سَيِّدِ الصَّادِقِينَ
Allâhumma Salli 'Alâ Muhammadin Sayyidil Mutasaddiqîna,	اَللّٰهُمَّ صَلِّ عَلٰى مُحَمَّدٍ سَيِّدِ الْمُتَصَدِّقِينَ
Allâhumma Salli 'Alâ Muhammadin Sayyidis Sâbirîna,	اَللّٰهُمَّ صَلِّ عَلٰى مُحَمَّدٍ سَيِّدِ الصَّابِرِينَ
Allâhumma Salli 'Alâ Muhammadin Say-yidish Shâhidîna,	اَللّٰهُمَّ صَلِّ عَلٰى مُحَمَّدٍ سَيِّدِ الشَّاهِدِينَ
Allâhumma Salli 'Alâ Muhammadin Sayyidil Mash-hûdîna,	اَللّٰهُمَّ صَلِّ عَلٰى مُحَمَّدٍ سَيِّدِ الْمَشْهُودِينَ
Allâhumma Salli 'Alâ Muhammadin Sayyidil Murâbitîna,	اَللّٰهُمَّ صَلِّ عَلٰى مُحَمَّدٍ سَيِّدِ الْمُرَابِطِينَ
Allâhumma Salli 'Alâ Muhammadin Sayyidil Munaj-jîna,	اَللّٰهُمَّ صَلِّ عَلٰى مُحَمَّدٍ سَيِّدِ الْمُنَجِّينَ
Allâhumma Salli 'Alâ Muhammadin Sayyidil Muflihîna,	اَللّٰهُمَّ صَلِّ عَلٰى مُحَمَّدٍ سَيِّدِ الْمُفْلِحِينَ
Allâhumma Salli 'Alâ Muhammadin Sayyidil Mujîbîna,	اَللّٰهُمَّ صَلِّ عَلٰى مُحَمَّدٍ سَيِّدِ الْمُجِيبِينَ
Allâhumma Salli 'Alâ Muhammadin Sayyidiz Zâhidîna,	اَللّٰهُمَّ صَلِّ عَلٰى مُحَمَّدٍ سَيِّدِ الزَّاهِدِينَ
Allâhumma Salli 'Alâ Muhammadin Sayyidit Tâ'ibîna,	اَللّٰهُمَّ صَلِّ عَلٰى مُحَمَّدٍ سَيِّدِ التَّائِبِينَ
Allâhumma Salli 'Alâ Muhammadin Sayyidil Khâ'ifîna,	اَللّٰهُمَّ صَلِّ عَلٰى مُحَمَّدٍ سَيِّدِ الْخَائِفِينَ
Allâhumma Salli 'Alâ Muhammadin Sayyidil 'Âtifîna,	اَللّٰهُمَّ صَلِّ عَلٰى مُحَمَّدٍ سَيِّدِ الْعَاطِفِينَ
Allâhumma Salli 'Alâ Muhammadin Sayyidil Bâkîna,	اَللّٰهُمَّ صَلِّ عَلٰى مُحَمَّدٍ سَيِّدِ الْبَاكِينَ

Darûd-e-Akbar

Allâhumma Salli 'Alâ Muhammadin Sayyidil Qâ'imîna,	اَللّٰهُمَّ صَلِّ عَلٰى مُحَمَّدٍ سَيِّدِ الْقَائِمِيْنَ
Allâhumma Salli 'Alâ Muhammadin Sayyidir Râki'îna,	اَللّٰهُمَّ صَلِّ عَلٰى مُحَمَّدٍ سَيِّدِ الرَّاكِعِيْنَ
Allâhumma Salli 'Alâ Muhammadin Sayyidis Sâjidîna,	اَللّٰهُمَّ صَلِّ عَلٰى مُحَمَّدٍ سَيِّدِ السَّاجِدِيْنَ
Allâhumma Salli 'Alâ Muhammadin Sayyidil Musallîna,	اَللّٰهُمَّ صَلِّ عَلٰى مُحَمَّدٍ سَيِّدِ الْمُصَلِّيْنَ
Allâhumma Salli 'Alâ Muhammadin Sayyidil Qâri'îna,	اَللّٰهُمَّ صَلِّ عَلٰى مُحَمَّدٍ سَيِّدِ الْقَارِئِيْنَ
Allâhumma Salli 'Alâ Muhammadin Sayyidil Qâ'idîna,	اَللّٰهُمَّ صَلِّ عَلٰى مُحَمَّدٍ سَيِّدِ الْقَاعِدِيْنَ
Allâhumma Salli 'Alâ Muhammadin Sayyidil Azhadîna,	اَللّٰهُمَّ صَلِّ عَلٰى مُحَمَّدٍ سَيِّدِ الزَّاهِدِيْنَ
Allâhumma Salli 'Alâ Muhammadin Sayyidil Mûqinîna,	اَللّٰهُمَّ صَلِّ عَلٰى مُحَمَّدٍ سَيِّدِ الْمُوْقِنِيْنَ
Allâhumma Salli 'Alâ Muhammadin Sayyidil Munâjîna,	اَللّٰهُمَّ صَلِّ عَلٰى مُحَمَّدٍ سَيِّدِ الْمُنَاجِيْنَ
Allâhumma Salli 'Alâ Muhammadin Sayyidil Qâni'îna,	اَللّٰهُمَّ صَلِّ عَلٰى مُحَمَّدٍ سَيِّدِ الْقَانِعِيْنَ
Allâhumma Salli 'Alâ Muhammadin Sayyidil Hâfi_z_îna,	اَللّٰهُمَّ صَلِّ عَلٰى مُحَمَّدٍ سَيِّدِ الْحَافِظِيْنَ
Allâhumma Salli 'Alâ Muhammadin Sayyidil Jâ'i'îna,	اَللّٰهُمَّ صَلِّ عَلٰى مُحَمَّدٍ سَيِّدِ الْجَائِعِيْنَ
Allâhumma Salli 'Alâ Muhammadin Sayyidil Hâmidîna,	اَللّٰهُمَّ صَلِّ عَلٰى مُحَمَّدٍ سَيِّدِ الْحَامِدِيْنَ
Allâhumma Salli 'Alâ Muhammadin Sayyidil Murshidîna,	اَللّٰهُمَّ صَلِّ عَلٰى مُحَمَّدٍ سَيِّدِ الْمُرْشِدِيْنَ
Allâhumma Salli 'Alâ Muhammadin Sayyidin Nâ_z_irîna,	اَللّٰهُمَّ صَلِّ عَلٰى مُحَمَّدٍ سَيِّدِ النَّاظِرِيْنَ

Allâhumma Salli 'Alâ Muhammadin Sayyidil Mubârikîna,	اَللّٰهُمَّ صَلِّ عَلٰى مُحَمَّدٍ سَيِّدِ الْمُبَارَكِيْنَ
Allâhumma Salli 'Alâ Muhammadin Sayyidil Muwahhidîna,	اَللّٰهُمَّ صَلِّ عَلٰى مُحَمَّدٍ سَيِّدِ الْمُوَحِّدِيْنَ
Allâhumma Salli 'Alâ Muhammadin Sayyidil Qâ'ilîna,	اَللّٰهُمَّ صَلِّ عَلٰى مُحَمَّدٍ سَيِّدِ الْقَآئِلِيْنَ
Allâhumma Salli 'Alâ Muhammadin Sayyidil Mansûrîna,	اَللّٰهُمَّ صَلِّ عَلٰى مُحَمَّدٍ سَيِّدِ الْمَنْصُوْرِيْنَ
Allâhumma Salli 'Alâ Muhammadin Sayyidin Nâsirîna,	اَللّٰهُمَّ صَلِّ عَلٰى مُحَمَّدٍ سَيِّدِ النَّاصِرِيْنَ
Allâhumma Salli 'Alâ Muhammadin Sayyidiz Zâfirîna,	اَللّٰهُمَّ صَلِّ عَلٰى مُحَمَّدٍ سَيِّدِ الظَّافِرِيْنَ
Allâhumma Salli 'Alâ Muhammadin Sayyidil Wârithîna,	اَللّٰهُمَّ صَلِّ عَلٰى مُحَمَّدٍ سَيِّدِ الْوَارِثِيْنَ
Allâhumma Salli 'Alâ Muhammadin Sayyidil Muzaffarîna,	اَللّٰهُمَّ صَلِّ عَلٰى مُحَمَّدٍ سَيِّدِ الْمُظَفَّرِيْنَ
Allâhumma Salli 'Alâ Muhammadin Sayyidil Marzûqîna,	اَللّٰهُمَّ صَلِّ عَلٰى مُحَمَّدٍ سَيِّدِ الْمَرْزُوْقِيْنَ
Allâhumma Salli 'Alâ Muhammadin Sayyidir Râghibîna,	اَللّٰهُمَّ صَلِّ عَلٰى مُحَمَّدٍ سَيِّدِ الرَّاغِبِيْنَ
Allâhumma Salli 'Alâ Muhammadin Sayyidil Mushfiqîna,	اَللّٰهُمَّ صَلِّ عَلٰى مُحَمَّدٍ سَيِّدِ الْمُشْفِقِيْنَ
Allâhumma Salli 'Alâ Muhammadin Sayyidis Sâ'ihîna,	اَللّٰهُمَّ صَلِّ عَلٰى مُحَمَّدٍ سَيِّدِ السَّآئِحِيْنَ
Allâhumma Salli 'Alâ Muhammadin Sayyidit Tawwâbîna,	اَللّٰهُمَّ صَلِّ عَلٰى مُحَمَّدٍ سَيِّدِ التَّوَّابِيْنَ
Allâhumma Salli 'Alâ Muhammadin Saiyyidil Munîbîna,	اَللّٰهُمَّ صَلِّ عَلٰى مُحَمَّدٍ سَيِّدِ الْمُنِيْبِيْنَ
Allâhumma Salli 'Alâ Muhammadin Sayyidil 'Âbidîna,	اَللّٰهُمَّ صَلِّ عَلٰى مُحَمَّدٍ سَيِّدِ الْعٰبِدِيْنَ

Allâhumma Salli 'Alâ Muhammadin Sayyidil Masâkîna,	اَللّٰهُمَّ صَلِّ عَلٰى مُحَمَّدٍ سَيِّدِ الْمَسَاكِيْنِ
Allâhumma Salli 'Alâ Muhammadin Sayyidil Muwâfiqîna,	اَللّٰهُمَّ صَلِّ عَلٰى مُحَمَّدٍ سَيِّدِ الْمُوَافِقِيْنَ
Allâhumma Salli 'Alâ Muhammadin Sayyidil Murâfiqîna,	اَللّٰهُمَّ صَلِّ عَلٰى مُحَمَّدٍ سَيِّدِ الْمُرَافِقِيْنَ
Allâhumma Salli 'Alâ Muhammadin Sayyidil Fâ'izîna,	اَللّٰهُمَّ صَلِّ عَلٰى مُحَمَّدٍ سَيِّدِ الْفَائِزِيْنَ
Allâhumma Salli 'Alâ Muhammadin Sayyidil 'Âmilîna,	اَللّٰهُمَّ صَلِّ عَلٰى مُحَمَّدٍ سَيِّدِ الْعَامِلِيْنَ
Allâhumma Salli 'Alâ Muhammadin Sayyidil 'Â'izîna,	اَللّٰهُمَّ صَلِّ عَلٰى مُحَمَّدٍ سَيِّدِ الْعَائِذِيْنَ
Allâhumma Salli 'Alâ Muhammadin Sayyidin Nâjîna,	اَللّٰهُمَّ صَلِّ عَلٰى مُحَمَّدٍ سَيِّدِ النَّاجِيْنَ
Allâhumma Salli 'Alâ Muhammadin Saiyyidit Tâhirîna,	اَللّٰهُمَّ صَلِّ عَلٰى مُحَمَّدٍ سَيِّدِ الطَّاهِرِيْنَ
Allâhumma Salli 'Alâ Muhammadin Sayyidiz Zâhirîna,	اَللّٰهُمَّ صَلِّ عَلٰى مُحَمَّدٍ سَيِّدِ الظَّاهِرِيْنَ
Allâhumma Salli 'Alâ Muhammadin Sayyidit Tâbi'îna,	اَللّٰهُمَّ صَلِّ عَلٰى مُحَمَّدٍ سَيِّدِ التَّابِعِيْنَ
Allâhumma Salli 'Alâ Muhammadin Sayyidil Fâdhilîna,	اَللّٰهُمَّ صَلِّ عَلٰى مُحَمَّدٍ سَيِّدِ الْفَاضِلِيْنَ
Allâhumma Salli 'Alâ Muhammadin Sayyidish Shâkirîna,	اَللّٰهُمَّ صَلِّ عَلٰى مُحَمَّدٍ سَيِّدِ الشَّاكِرِيْنَ
Allâhumma Salli 'Alâ Muhammadin Sayyidil Mutatah-hirîna,	اَللّٰهُمَّ صَلِّ عَلٰى مُحَمَّدٍ سَيِّدِ الْمُتَطَهِّرِيْنَ
Allâhumma Salli 'Alâ Muhammadin Sayyidil Muti'îna,	اَللّٰهُمَّ صَلِّ عَلٰى مُحَمَّدٍ سَيِّدِ الْمُطِيْعِيْنَ
Allâhumma Salli 'Alâ Muhammadin Sayyidil Marhûmîna,	اَللّٰهُمَّ صَلِّ عَلٰى مُحَمَّدٍ سَيِّدِ الْمَرْحُوْمِيْنَ

Allâhumma Salli 'Alâ Muhammadin Sayyidil Maghfûrîna,

Allâhumma Salli 'Alâ Muhammadin Sayyidil Fâdhilîna,

Allâhumma Salli 'Alâ Muhammadin Sayyidit Tâlibîna,

Allâhumma Salli 'Alâ Muhammadin Sayyidil Matlûbîna,

Allâhumma Salli 'Alâ Muhammadin Sayyidil Mutah-hirîna,

Allâhumma Salli 'Alâ Muhammadin Sayyidis Sawwâmîna,

Allâhumma Salli 'Alâ Muhammadin Sayyidil Qawwâmîna,

Allâhumma Salli 'Alâ Muhammadin Sayyidil Awwâbîna,

Allâhumma Salli 'Alâ Muhammadin Sayyidil Wâsilîna,

Allâhumma Salli 'Alâ Muhammadin Sayyidil Muhib-bîna,

Allâhumma Salli 'Alâ Muhammadin Sayyidil Mahbûbîna,

Allâhumma Salli 'Alâ Muhammadin Sayyidil Mawrûdîna,

Allâhumma Salli 'Alâ Muhammadin Saiyyidil Maqbûlîna,

Allâhumma Salli 'Alâ Muhammadin Sayyidil Mushtâqîna,

Allâhumma Salli 'Alâ Muhammadin Sayyidil 'Âshiqîna,

Allâhumma Salli 'Alâ Muhammadin Sayyidil Ma'shûqîna,	اَللّٰهُمَّ صَلِّ عَلٰى مُحَمَّدٍ سَيِّدِ الْمَعْشُوقِينَ
Allâhumma Salli 'Alâ Muhammadin Sayyidil 'Ârifîna,	اَللّٰهُمَّ صَلِّ عَلٰى مُحَمَّدٍ سَيِّدِ الْعَارِفِينَ
Allâhumma Salli 'Alâ Muhammadin Sayyidil Wâ'izîna,	اَللّٰهُمَّ صَلِّ عَلٰى مُحَمَّدٍ سَيِّدِ الْوَاعِظِينَ
Allâhumma Salli 'Alâ Muhammadin Sayyidil Mazkûrîna,	اَللّٰهُمَّ صَلِّ عَلٰى مُحَمَّدٍ سَيِّدِ الْمَذْكُورِينَ
Allâhumma Salli 'Alâ Muhammadin Sayyidil Mun'amîna,	اَللّٰهُمَّ صَلِّ عَلٰى مُحَمَّدٍ سَيِّدِ الْمُنْعَمِينَ
Allâhumma Salli 'Alâ Muhammadin Sayyidil Mu'azzamîna,	اَللّٰهُمَّ صَلِّ عَلٰى مُحَمَّدٍ سَيِّدِ الْمُعَظَّمِينَ
Allâhumma Salli 'Alâ Muhammadin Sayyidil Muballighîna,	اَللّٰهُمَّ صَلِّ عَلٰى مُحَمَّدٍ سَيِّدِ الْمُبَلِّغِينَ
Allâhumma Salli 'Alâ Muhammadin Sayyidil Munâdîna,	اَللّٰهُمَّ صَلِّ عَلٰى مُحَمَّدٍ سَيِّدِ الْمُنَادِينَ
Allâhumma Salli 'Alâ Muhammadin Sayyidil Mu'addibîna,	اَللّٰهُمَّ صَلِّ عَلٰى مُحَمَّدٍ سَيِّدِ الْمُؤَدِّبِينَ
Allâhumma Salli 'Alâ Muhammadin Sayyidil Mu'allimîna,	اَللّٰهُمَّ صَلِّ عَلٰى مُحَمَّدٍ سَيِّدِ الْمُعَلِّمِينَ
Allâhumma Salli 'Alâ Muhammadin Sayyidil Mufassirîna,	اَللّٰهُمَّ صَلِّ عَلٰى مُحَمَّدٍ سَيِّدِ الْمُفَسِّرِينَ
Allâhumma Salli 'Alâ Muhammadin Sayyidil 'Âqilîna,	اَللّٰهُمَّ صَلِّ عَلٰى مُحَمَّدٍ سَيِّدِ الْعَاقِلِينَ
Allâhumma Salli 'Alâ Muhammadin Sayyidil Mubâzilîna,	اَللّٰهُمَّ صَلِّ عَلٰى مُحَمَّدٍ سَيِّدِ الْمُبَاذِلِينَ
Allâhumma Salli 'Alâ Muhammadin Sayyidil Ajwadîna,	اَللّٰهُمَّ صَلِّ عَلٰى مُحَمَّدٍ سَيِّدِ الْأَجْوَدِينَ
Allâhumma Salli 'Alâ Muhammadin Sayyidil Muta'abbidîna,	اَللّٰهُمَّ صَلِّ عَلٰى مُحَمَّدٍ سَيِّدِ الْمُتَعَبِّدِينَ

Allâhumma Salli ʿAlâ Muhammadin Sayyidil Mustamiʿîna,	اَللّٰهُمَّ صَلِّ عَلٰى مُحَمَّدٍ سَيِّدِ الْمُسْتَمِعِيْنَ
Allâhumma Salli ʿAlâ Muhammadin Sayyidil Muqarrabîna,	اَللّٰهُمَّ صَلِّ عَلٰى مُحَمَّدٍ سَيِّدِ الْمُقَرَّبِيْنَ
Allâhumma Salli ʿAlâ Muhammadin Sayyidil Muharridhîna,	اَللّٰهُمَّ صَلِّ عَلٰى مُحَمَّدٍ سَيِّدِ الْمُحَرِّضِيْنَ
Allâhumma Salli ʿAlâ Muhammadin Sayyidil Mufarrihîna,	اَللّٰهُمَّ صَلِّ عَلٰى مُحَمَّدٍ سَيِّدِ الْمُفَرِّحِيْنَ
Allâhumma Salli ʿAlâ Muhammadin Sayyidil Muqtaribîna,	اَللّٰهُمَّ صَلِّ عَلٰى مُحَمَّدٍ سَيِّدِ الْمُقْتَرِبِيْنَ
Allâhumma Salli ʿAlâ Muhammadin Sayyidil Mutaqâbilîna,	اَللّٰهُمَّ صَلِّ عَلٰى مُحَمَّدٍ سَيِّدِ الْمُتَقَابِلِيْنَ
Allâhumma Salli ʿAlâ Muhammadin Sayyidil Musabbihîna,	اَللّٰهُمَّ صَلِّ عَلٰى مُحَمَّدٍ سَيِّدِ الْمُسَبِّحِيْنَ
Allâhumma Salli ʿAlâ Muhammadin Sayyidil Muqaddasîna,	اَللّٰهُمَّ صَلِّ عَلٰى مُحَمَّدٍ سَيِّدِ الْمُقَدَّسِيْنَ
Allâhumma Salli ʿAlâ Muhammadin Sayyidil Murattilîna,	اَللّٰهُمَّ صَلِّ عَلٰى مُحَمَّدٍ سَيِّدِ الْمُرَتِّلِيْنَ
Allâhumma Salli ʿAlâ Muhammadin Sayyidil Mâʾmulîna,	اَللّٰهُمَّ صَلِّ عَلٰى مُحَمَّدٍ سَيِّدِ الْمَأْمُوْلِيْنَ
Allâhumma Salli ʿAlâ Muhammadin Sayyidil Muhaqqiqîna,	اَللّٰهُمَّ صَلِّ عَلٰى مُحَمَّدٍ سَيِّدِ الْمُحَقِّقِيْنَ
Allâhumma Salli ʿAlâ Muhammadin Sayyidil Mudaqqiqîna,	اَللّٰهُمَّ صَلِّ عَلٰى مُحَمَّدٍ سَيِّدِ الْمُدَقِّقِيْنَ
Allâhumma Salli ʿAlâ Muhammadin Sayyidid Dâʿîna,	اَللّٰهُمَّ صَلِّ عَلٰى مُحَمَّدٍ سَيِّدِ الدَّاعِيْنَ
Allâhumma Salli ʿAlâ Muhammadin Sayyidis Sâʾimîna,	اَللّٰهُمَّ صَلِّ عَلٰى مُحَمَّدٍ سَيِّدِ الصَّآئِمِيْنَ
Allâhumma Salli ʿAlâ Muhammadin Sayyidil Muhsinîna,	اَللّٰهُمَّ صَلِّ عَلٰى مُحَمَّدٍ سَيِّدِ الْمُحْسِنِيْنَ

Allâhumma Salli 'Alâ Muhammadin Sayyidiz Zâkîna,
اَللّٰهُمَّ صَلِّ عَلٰى مُحَمَّدٍ سَيِّدِ الزَّاكِيْنَ

Allâhumma Salli 'Alâ Muhammadin Sayyidil Kâmilîna,
اَللّٰهُمَّ صَلِّ عَلٰى مُحَمَّدٍ سَيِّدِ الْكَامِلِيْنَ

Allâhumma Salli 'Alâ Muhammadin Sayyidis Sâbiqîna,
اَللّٰهُمَّ صَلِّ عَلٰى مُحَمَّدٍ سَيِّدِ السَّابِقِيْنَ

Allâhumma Salli 'Alâ Muhammadin Sayyidil Masbûqîna,
اَللّٰهُمَّ صَلِّ عَلٰى مُحَمَّدٍ سَيِّدِ الْمَسْبُوْقِيْنَ

Allâhumma Salli 'Alâ Muhammadin Sayyidil Ma'sûmîna,
اَللّٰهُمَّ صَلِّ عَلٰى مُحَمَّدٍ سَيِّدِ الْمَعْصُوْمِيْنَ

Allâhumma Salli 'Alâ Muhammadin Sayyidil Mahfûzîna,
اَللّٰهُمَّ صَلِّ عَلٰى مُحَمَّدٍ سَيِّدِ الْمَحْفُوْظِيْنَ

Allâhumma Salli 'Alâ Muhammadin Sayyidish Shâfi'îna,
اَللّٰهُمَّ صَلِّ عَلٰى مُحَمَّدٍ سَيِّدِ الشَّفِعِيْنَ

Allâhumma Salli 'Alâ Muhammadin Sayyidil Mushaffa'îna,
اَللّٰهُمَّ صَلِّ عَلٰى مُحَمَّدٍ سَيِّدِ الْمُشَفَّعِيْنَ

Allâhumma Salli 'Alâ Muhammadin Sayyidil Muta'azzimîna,
اَللّٰهُمَّ صَلِّ عَلٰى مُحَمَّدٍ سَيِّدِ الْمُتَعَظِّمِيْنَ

Allâhumma Salli 'Alâ Muhammadin Sayyidil Mu'allifîna,
اَللّٰهُمَّ صَلِّ عَلٰى مُحَمَّدٍ سَيِّدِ الْمُؤَلِّفِيْنَ

Allâhumma Salli 'Alâ Muhammadin Sayyidil Azharîna,
اَللّٰهُمَّ صَلِّ عَلٰى مُحَمَّدٍ سَيِّدِ الْأَظْهَرِيْنَ

Allâhumma Salli 'Alâ Muhammadin Sayyidil Mutasaddiqîna,
اَللّٰهُمَّ صَلِّ عَلٰى مُحَمَّدٍ سَيِّدِ الْمُتَصَدِّقِيْنَ

Allâhumma Salli 'Alâ Muhammadin Sayyidil Muwaffiqîna,
اَللّٰهُمَّ صَلِّ عَلٰى مُحَمَّدٍ سَيِّدِ الْمُوَفِّقِيْنَ

Allâhumma Salli 'Alâ Muhammadin Sayyidil 'Âfîna,
اَللّٰهُمَّ صَلِّ عَلٰى مُحَمَّدٍ سَيِّدِ الْعَافِيْنَ

Allâhumma Salli 'Alâ Muhammadin Sayyidil Maqbûlîna,
اَللّٰهُمَّ صَلِّ عَلٰى مُحَمَّدٍ سَيِّدِ الْمَقْبُوْلِيْنَ

Allâhumma Salli 'Alâ Muhammadin Sayyidil Mahzûnîna,	اَللّٰهُمَّ صَلِّ عَلٰى مُحَمَّدٍ سَيِّدِ الْمَحْزُوْنِيْنَ
Allâhumma Salli 'Alâ Muhammadin Sayyidil Masrûrîna,	اَللّٰهُمَّ صَلِّ عَلٰى مُحَمَّدٍ سَيِّدِ الْمَسْرُوْرِيْنَ
Allâhumma Salli 'Alâ Muhammadin Sayyidil Munazzilîna,	اَللّٰهُمَّ صَلِّ عَلٰى مُحَمَّدٍ سَيِّدِ الْمُنَزِّلِيْنَ
Allâhumma Salli 'Alâ Muhammadin Sayyidil Mutabattilîna,	اَللّٰهُمَّ صَلِّ عَلٰى مُحَمَّدٍ سَيِّدِ الْمُتَبَتِّلِيْنَ
Allâhumma Salli 'Alâ Muhammadin Sayyidil Âminîna,	اَللّٰهُمَّ صَلِّ عَلٰى مُحَمَّدٍ سَيِّدِ الْاٰمِنِيْنَ
Allâhumma Salli 'Alâ Muhammadin Sayyidil Mutawâzi'îna,	اَللّٰهُمَّ صَلِّ عَلٰى مُحَمَّدٍ سَيِّدِ الْمُتَوَاضِعِيْنَ
Allâhumma Salli 'Alâ Muhammadin Sayyidil Mutafakkirîna,	اَللّٰهُمَّ صَلِّ عَلٰى مُحَمَّدٍ سَيِّدِ الْمُتَفَكِّرِيْنَ
Allâhumma Salli 'Alâ Muhammadin Sayyidil Mubajjalîna,	اَللّٰهُمَّ صَلِّ عَلٰى مُحَمَّدٍ سَيِّدِ الْمُبَجَّلِيْنَ
Allâhumma Salli 'Alâ Muhammadin Sayyidil Mumajjadîna,	اَللّٰهُمَّ صَلِّ عَلٰى مُحَمَّدٍ سَيِّدِ الْمُمَجَّدِيْنَ
Allâhumma Salli 'Alâ Muhammadin Sayyidil Mutafâkhirîna,	اَللّٰهُمَّ صَلِّ عَلٰى مُحَمَّدٍ سَيِّدِ الْمُتَفَاخِرِيْنَ
Allâhumma Salli 'Alâ Muhammadin Sayyidil Mutahammilîna,	اَللّٰهُمَّ صَلِّ عَلٰى مُحَمَّدٍ سَيِّدِ الْمُتَحَمِّلِيْنَ
Allâhumma Salli 'Alâ Muhammadin Sayyidil Mutawassimîna,	اَللّٰهُمَّ صَلِّ عَلٰى مُحَمَّدٍ سَيِّدِ الْمُتَوَسِّمِيْنَ
Allâhumma Salli 'Alâ Muhammadin Sayyidil Qâsimîna,	اَللّٰهُمَّ صَلِّ عَلٰى مُحَمَّدٍ سَيِّدِ الْقَاسِمِيْنَ
Allâhumma Salli 'Alâ Muhammadin Sayyidil Muqîmîna,	اَللّٰهُمَّ صَلِّ عَلٰى مُحَمَّدٍ سَيِّدِ الْمُقِيْمِيْنَ
Allâhumma Salli 'Alâ Muhammadin Sayyidil Musâfirîna,	اَللّٰهُمَّ صَلِّ عَلٰى مُحَمَّدٍ سَيِّدِ الْمُسَافِرِيْنَ

Allâhumma Salli 'Alâ Muhammadin Sayyidil Muhâjirîna,	اَللّٰهُمَّ صَلِّ عَلٰى مُحَمَّدٍ سَيِّدِ الْمُهَاجِرِيْنَ
Allâhumma Salli 'Alâ Muhammadin Saiyyidil Muzharîna,	اَللّٰهُمَّ صَلِّ عَلٰى مُحَمَّدٍ سَيِّدِ الْمُظْهَرِيْنَ
Allâhumma Salli 'Alâ Muhammadin Saiyyidil Ghâfirîna,	اَللّٰهُمَّ صَلِّ عَلٰى مُحَمَّدٍ سَيِّدِ الْغَافِرِيْنَ
Allâhumma Salli 'Alâ Muhammadin Saiyyidil Mubarhinîna,	اَللّٰهُمَّ صَلِّ عَلٰى مُحَمَّدٍ سَيِّدِ الْمُبَرْهِنِيْنَ
Allâhumma Salli 'Alâ Muhammadin Saiyyidis Sâbihîna,	اَللّٰهُمَّ صَلِّ عَلٰى مُحَمَّدٍ سَيِّدِ السَّابِحِيْنَ
Allâhumma Salli 'Alâ Muhammadin Saiyyidil 'Âlamîna,	اَللّٰهُمَّ صَلِّ عَلٰى مُحَمَّدٍ سَيِّدِ الْعَالَمِيْنَ
Allâhumma Salli 'Alâ Muhammadin Saiyyidil Qânitîna,	اَللّٰهُمَّ صَلِّ عَلٰى مُحَمَّدٍ سَيِّدِ الْقَانِتِيْنَ
Allâhumma Salli 'Alâ Muhammadin Saiyyidil Munfiqîna,	اَللّٰهُمَّ صَلِّ عَلٰى مُحَمَّدٍ سَيِّدِ الْمُنْفِقِيْنَ
Allâhumma Salli 'Alâ Muhammadin Saiyyidir Râdhîna,	اَللّٰهُمَّ صَلِّ عَلٰى مُحَمَّدٍ سَيِّدِ الرَّاضِيْنَ
Allâhumma Salli 'Alâ Muhammadin Saiyyidir Ra'ufîna,	اَللّٰهُمَّ صَلِّ عَلٰى مُحَمَّدٍ سَيِّدِ الرَّءُوْفِيْنَ
Allâhumma Salli 'Alâ Muhammadin Saiyyidil Mutahajjidîna,	اَللّٰهُمَّ صَلِّ عَلٰى مُحَمَّدٍ سَيِّدِ الْمُتَهَجِّدِيْنَ
Allâhumma Salli 'Alâ Muhammadin Saiyyidil Mustaghfirîna,	اَللّٰهُمَّ صَلِّ عَلٰى مُحَمَّدٍ سَيِّدِ الْمُسْتَغْفِرِيْنَ
Allâhumma Salli 'Alâ Muhammadin Saiyyidil Muta'affifîna,	اَللّٰهُمَّ صَلِّ عَلٰى مُحَمَّدٍ سَيِّدِ الْمُتَعَفِّفِيْنَ
Allâhumma Salli 'Alâ Muhammadin Saiyyidil Hâmilîna,	اَللّٰهُمَّ صَلِّ عَلٰى مُحَمَّدٍ سَيِّدِ الْحَامِلِيْنَ
Allâhumma Salli 'Alâ Muhammadin Saiyyidil Muznibîna,	اَللّٰهُمَّ صَلِّ عَلٰى مُحَمَّدٍ شَفِيْعِ الْمُذْنِبِيْنَ

Allâhumma Salli 'Alâ Muhammadin Saiyyidil Mutadayyinîna,	اَللّٰهُمَّ صَلِّ عَلٰى مُحَمَّدٍ سَيِّدِ الْمُتَدَيِّنِيْنَ
Allâhumma Salli 'Alâ Muhammadin Saiyyidil Murdhîna,	اَللّٰهُمَّ صَلِّ عَلٰى مُحَمَّدٍ سَيِّدِ الْمُرْضِيْنَ
Allâhumma Salli 'Alâ Muhammadin Saiyyidil Mâdihîna,	اَللّٰهُمَّ صَلِّ عَلٰى مُحَمَّدٍ سَيِّدِ الْمَادِحِيْنَ
Allâhumma Salli 'Alâ Muhammadin Saiyyidil Arfa'îna,	اَللّٰهُمَّ صَلِّ عَلٰى مُحَمَّدٍ سَيِّدِ الْاَرْفَعِيْنَ
Allâhumma Salli 'Alâ Muhammadin Saiyyidil Mubashshirîna,	اَللّٰهُمَّ صَلِّ عَلٰى مُحَمَّدٍ سَيِّدِ الْمُبَشِّرِيْنَ
Allâhumma Salli 'Alâ Muhammadin Saiyyidil Munzirîna,	اَللّٰهُمَّ صَلِّ عَلٰى مُحَمَّدٍ سَيِّدِ الْمُنْذِرِيْنَ
Allâhumma Salli 'Alâ Muhammadin Saiyyidil Mutadabbirîna,	اَللّٰهُمَّ صَلِّ عَلٰى مُحَمَّدٍ سَيِّدِ الْمُتَدَبِّرِيْنَ
Allâhumma Salli 'Alâ Muhammadin Sayyidil Munshi'îna,	اَللّٰهُمَّ صَلِّ عَلٰى مُحَمَّدٍ سَيِّدِ الْمُنْشِئِيْنَ
Allâhumma Salli 'Alâ Muhammadin Saiyyidil Mukhlisîna,	اَللّٰهُمَّ صَلِّ عَلٰى مُحَمَّدٍ سَيِّدِ الْمُخْلِصِيْنَ
Allâhumma Salli 'Alâ Muhammadin Saiyyidiz Zâkirîna,	اَللّٰهُمَّ صَلِّ عَلٰى مُحَمَّدٍ سَيِّدِ الذَّاكِرِيْنَ
Allâhumma Salli 'Alâ Muhammadin Saiyyidil Khâdhi'îna,	اَللّٰهُمَّ صَلِّ عَلٰى مُحَمَّدٍ سَيِّدِ الْخَاضِعِيْنَ
Allâhumma Salli 'Alâ Muhammadin Saiyyidil Khâshi'îna,	اَللّٰهُمَّ صَلِّ عَلٰى مُحَمَّدٍ سَيِّدِ الْخَاشِعِيْنَ
Allâhumma Salli 'Alâ Muhammadin Saiyyidir Râjîna,	اَللّٰهُمَّ صَلِّ عَلٰى مُحَمَّدٍ سَيِّدِ الرَّاجِيْنَ
Allâhumma Salli 'Alâ Muhammadin Saiyyidil Mu'ammilîna,	اَللّٰهُمَّ صَلِّ عَلٰى مُحَمَّدٍ سَيِّدِ الْمُؤَمِّلِيْنَ
Allâhumma Salli 'Alâ Muhammadin Saiyyidil Awra'îna,	اَللّٰهُمَّ صَلِّ عَلٰى مُحَمَّدٍ سَيِّدِ الْاَوْرَعِيْنَ

Allâhumma Salli 'Alâ Muhammadin Saiyyidil Khâlisîna,	اَللّٰهُمَّ صَلِّ عَلٰى مُحَمَّدٍ سَيِّدِ الْخَالِصِيْنَ
Allâhumma Salli 'Alâ Muhammadin Saiyyidil Mutawarri'îna,	اَللّٰهُمَّ صَلِّ عَلٰى مُحَمَّدٍ سَيِّدِ الْمُتَوَرِّعِيْنَ
Allâhumma Salli 'Alâ Muhammadin Saiyyidil Atharîna,	اَللّٰهُمَّ صَلِّ عَلٰى مُحَمَّدٍ سَيِّدِ الْاَطْهَرِيْنَ
Allâhumma Salli 'Alâ Muhammadin Saiyyidil Akramîna,	اَللّٰهُمَّ صَلِّ عَلٰى مُحَمَّدٍ سَيِّدِ الْاَكْرَمِيْنَ
Allâhumma Salli 'Alâ Muhammadin Saiyyidil Mukarramîna,	اَللّٰهُمَّ صَلِّ عَلٰى مُحَمَّدٍ سَيِّدِ الْمُكَرَّمِيْنَ
Allâhumma Salli 'Alâ Muhammadin Saiyyidil Anjabîna,	اَللّٰهُمَّ صَلِّ عَلٰى مُحَمَّدٍ سَيِّدِ الْاَنْجَبِيْنَ
Allâhumma Salli 'Alâ Muhammadin Saiyyidil Ashja'îna,	اَللّٰهُمَّ صَلِّ عَلٰى مُحَمَّدٍ سَيِّدِ الْاَشْجَعِيْنَ
Allâhumma Salli 'Alâ Muhammadin Saiyyidil Afḏhalîna,	اَللّٰهُمَّ صَلِّ عَلٰى مُحَمَّدٍ سَيِّدِ الْاَفْضَلِيْنَ
Allâhumma Salli 'Alâ Muhammadin Saiyyidil Anwarîna,	اَللّٰهُمَّ صَلِّ عَلٰى مُحَمَّدٍ سَيِّدِ الْاَنْوَرِيْنَ
Allâhumma Salli 'Alâ Muhammadin Saiyyidil Ma'rûfîna,	اَللّٰهُمَّ صَلِّ عَلٰى مُحَمَّدٍ سَيِّدِ الْمَعْرُوْفِيْنَ
Allâhumma Salli 'Alâ Muhammadin Saiyyidis Sâlikîna,	اَللّٰهُمَّ صَلِّ عَلٰى مُحَمَّدٍ سَيِّدِ السَّالِكِيْنَ
Allâhumma Salli 'Alâ Muhammadin Saiyyidil Mu'âhidîna,	اَللّٰهُمَّ صَلِّ عَلٰى مُحَمَّدٍ سَيِّدِ الْمُعَاهِدِيْنَ
Allâhumma Salli 'Alâ Muhammadin Saiyyidil Hâdîna,	اَللّٰهُمَّ صَلِّ عَلٰى مُحَمَّدٍ سَيِّدِ الْهَادِيْنَ
Allâhumma Salli 'Alâ Muhammadin Saiyyidil Mahdiyyîna,	اَللّٰهُمَّ صَلِّ عَلٰى مُحَمَّدٍ سَيِّدِ الْمَهْدِيِّيْنَ
Allâhumma Salli 'Alâ Muhammadin Saiyyidil Muqtabisîna,	اَللّٰهُمَّ صَلِّ عَلٰى مُحَمَّدٍ سَيِّدِ الْمُقْتَبِسِيْنَ

Allâhumma Salli 'Alâ Muhammadin Saiyyidil Mumakkinîna,	اَللّٰهُمَّ صَلِّ عَلٰى مُحَمَّدٍ سَيِّدِ الْمُمَكِّنِينَ
Allâhumma Salli 'Alâ Muhammadin Saiyyidil Fâ'iqîna,	اَللّٰهُمَّ صَلِّ عَلٰى مُحَمَّدٍ سَيِّدِ الْفَائِقِينَ
Allâhumma Salli 'Alâ Muhammadin Saiyyidil Fâtihîna,	اَللّٰهُمَّ صَلِّ عَلٰى مُحَمَّدٍ سَيِّدِ الْفَاتِحِينَ
Allâhumma Salli 'Alâ Muhammadim Ma'al-ardhi Izâbuddilat,	اَللّٰهُمَّ صَلِّ عَلٰى مُحَمَّدٍ مَعَ الْأَرْضِ إِذَا بُدِّلَتْ
Allâhumma Salli 'Alâ Muhammadim Ma'as-sudûri Izâ Hussilat,	اَللّٰهُمَّ صَلِّ عَلٰى مُحَمَّدٍ مَعَ الصُّدُورِ إِذَا حُصِّلَتْ
Allâhumma Salli 'Alâ Muhammadim Ma'al-hasanâti Izâ Uzhirat,	اَللّٰهُمَّ صَلِّ عَلٰى مُحَمَّدٍ مَعَ الْحَسَنَاتِ إِذَا أُظْهِرَتْ
Allâhumma Salli 'Alâ Muhammadim Ma'as-Say-yiâti Izâ Ubdilat	اَللّٰهُمَّ صَلِّ عَلٰى مُحَمَّدٍ مَعَ السَّيِّئَاتِ إِذَا أُبْدِلَتْ
Allâhumma Salli 'alâ Muhammadim Ma'as-say-yâti Izâ Unzilat	اَللّٰهُمَّ صَلِّ عَلٰى مُحَمَّدٍ مَعَ السَّيِّئَاتِ إِذَا أُنْزِلَتْ
Allâhumma Salli 'Alâ Muhammadim Ma'al Hajâti Izâ Qudhiyat	اَللّٰهُمَّ صَلِّ عَلٰى مُحَمَّدٍ مَعَ الْحَاجَاتِ إِذَا قُضِيَتْ
Allâhumma Salli 'Alâ Muhammadim Ma'al Jannati Izâ Uzlifat	اَللّٰهُمَّ صَلِّ عَلٰى مُحَمَّدٍ مَعَ الْجَنَّةِ إِذَا أُزْلِفَتْ
Allâhumma Salli 'Alâ Muhammadim Ma'an-nufûsi Izâzuwwijat,	اَللّٰهُمَّ صَلِّ عَلٰى مُحَمَّدٍ مَعَ النُّفُوسِ إِذَا زُوِّجَتْ
Allâhumma Salli 'Alâ Muhammadi-nil-Amîni 'Alâ Wahyika Salâtal lâhadda Lahâ walâ muntahâ	اَللّٰهُمَّ صَلِّ عَلٰى مُحَمَّدٍ الْأَمِينِ عَلٰى وَحْيِكَ صَلٰوةً لَا حَدَّ لَهَا وَلَا مُنْتَهٰى

Darûd-e-Akbar

Allâhumma Salli 'alâ Muhammadim Bi'adadi Kulli Ma'alûmil-laka Wa 'alâ Âli Sayyidinâ Muhammadinw Wabârik Wasallim

Allâhumma Salli 'alâ Muhammadin Adh'âfa Mâ Sallâ 'alaihi Jamî'ul Musallîna Minas-sâbiqîna Wal-Mu'akhkharîna Adh'âfam Mu'dhâ-'afatan Alfa Alfi Alfin Fî Alfi Alfi

Alfinw Wasalli Kazâlika 'Alâ Jamî'il Ambiyâ'i Wal-Mursalîna Wa 'Alal Malâ'ikatil Muqarrabîna Wa Ahli Ta'atika Ajma'îna

Allâhumma Salli 'Alâ Muhammdinw Wa 'Alâ Âli Muhammadim Bi'adadi Kulli Sha'in Fid Dunyâ Wal-âkhirati Salawâtullâhi Wamalâ'ikatihî

Wa Ambiyâ'ihî Wa Rusûlihî Wa Jamî'i Khalqihî 'alâ Muhammadin Sayyidil Mursalîna Wa Imamil Muttaqîna Wa Khatamin Nabiyyina Wa Qâ'idilghurril Muhajjalîna Wa Shafî'il Muznibîna Wa Rasûli

Rabbil 'Alamîna Wa 'Alâ Âlihî Wa Ashâbihî Wa Zurriyyâtihî Wa Ahli-baitihî Wa Ahfâdihî Ajma'îna

Allâhumma Salli 'Alâ Jibrîla Wa Mîkâ'îla Wa Isrâfîla Wa 'Izrâ'ila Wa Munkarinw Wa Nakîrinw Wal-malâ'ikatil Muqarrabîna Wa 'Alâ Hamalatil

'Arshi Walkirâmil Kâtibîna

Allâhumma Salli 'Alâ Sayyidinâ Muhammadinw Wa 'Alâ Âli Sayyidinâ Muhammadinw Wa bârik Wa sallim Salâtan Tunajjînâ Bihâ min Jami'il Ahwâli Wal Âfâti Wa Taqdhi Lanâ Bihâ Jamî'al-hâjâti Wa Tutahhirunâ

bihâ Min Jamî'is Sayyiâti Wa tarfa'unâ Bihâ 'Indaka 'Alâd Darjâti Wa tuballighunâ Bihâ Aqsal Ghâyâti Min Jamî'il Khairâti Fil-hayâti Wa ba'adal Mamâti

Allâhumma Salli 'Alâ Muhammadinw Wa 'Alâ Âli Muhammadinw Wa Bârik Wasallim Wa Salli 'Alâ Jami'îl Ambiyâ'i Wal-mursalîna Wa 'Alâ 'Ibâdikas Sâlihîna Wasallim Taslîman Kathîran Kathîran

Allâhumma Innî As'aluka Bihaqqi Hâzihis Salâti An Tukrimani Bir'ûyati Muhammadin Khâtamin Nabiyyîna Fil Manâmi Wa An Taghfirali Waliwâlidayya Waliustâziyya Wa

lijamî'il Mu'minîna Wal-Mu'minâti Wal-Muslimîna Wal-musli-mâti Al-Ahyâ'i Minhum Wal Amwâti Wa Tujirânî min 'Azâbika Wa tûjibali Ridhwânaka Wasallim

DARÛD AKSÎR-E-AZAM

Bismillâhir-Rahmânir-Rahîm

Nahmaduhû Wa Nusalli 'Alâ Rasûlihil Karîmi, Allâhumma Salli 'Alâ Sayyidinâ Wa Nabiyyinâ Muhammadin Salâtan Taqbalu Bihâ Du'â'anâ

Allâhumma Salli 'Alâ Sayyidinâ Wa nabiyyinâ Muhammadin Salâtan Tasma'u Bihâ Istighâ-thatanâ Wanidâ'anâ

Allâhumma Salli 'Alâ Sayyidinâ Wa Nabiyyinâ Muhammadin Salâtan Taslamu Bihâ Îmânanâ

Allâhumma Salli 'Alâ Sayyidinâ Wa Nabiy-yinâ Muhammadin Salâtan Tuqawwi Bihâ Îqânanâ

Allâhumma Salli 'Alâ Sayyidinâ Wa nabiyyinâ Muhammadin Salâtan Taghfiru Bihâ Zunûbanâ

Allâhumma Salli 'Alâ Sayyidinâ Wa Nabiyyinâ Muhammadin Salâtan Tastarbiha 'uyûbanâ,

Taslîman Kathîran Kathîran Birahmatika Yâ Arhamar-râhimîn.

Allâhumma Salli 'Alâ Sayyidinâ Wa Nabiyyinâ Muhammadin Salâtan Tahfazunâ Bihâ Miniktisâbis-Syyi'âti, ۝ اَللّٰهُمَّ صَلِّ عَلٰى سَيِّدِنَا وَنَبِيِّنَا مُحَمَّدٍ صَلٰوةً تَحْفَظُنَا بِهَا مِنَ اكْتِسَابِ السَّيِّئَاتِ ۝

Allâhumma Salli 'Alâ Sayyidinâ Wa Nabiyyinâ Muhammadin Salâtan Tuwaffiqunâ Bihâ Li'amalis Sâlihâti, ۝ اَللّٰهُمَّ صَلِّ عَلٰى سَيِّدِنَا وَنَبِيِّنَا مُحَمَّدٍ صَلٰوةً تُوَفِّقُنَا بِهَا لِلْعَمَلِ الصَّالِحَاتِ ۝

Allâhumma Salli 'Alâ Sayyidinâ Wa Nabiyyinâ Muhammadin Salâtan Tuflihu Bihâ 'Ammâ Yurdinâ, ۝ اَللّٰهُمَّ صَلِّ عَلٰى سَيِّدِنَا وَنَبِيِّنَا مُحَمَّدٍ صَلٰوةً تُفْلِحُ بِهَا عَمَّا يُرْدِيْنَا ۝

Allâhumma Salli 'Alâ Sayyidinâ Wa Nabiyyinâ Muhammadin Salâtan Taksibu Bihâ Mâ Yunjînâ, ۝ اَللّٰهُمَّ صَلِّ عَلٰى سَيِّدِنَا وَنَبِيِّنَا مُحَمَّدٍ صَلٰوةً تَكْسِبُ بِهَا مَا يُنْجِيْنَا ۝

Allâhumma Salli 'Alâ Sayyidinâ Wa Nabiyyinâ Muhammadin Salâtan Tujannibu Bihâ 'Annash Sharra Kullahû, ۝ اَللّٰهُمَّ صَلِّ عَلٰى سَيِّدِنَا وَنَبِيِّنَا مُحَمَّدٍ صَلٰوةً تُجَنِّبُ بِهَا عَنَّا الشَّرَّ كُلَّهُ ۝

Allâhumma Salli 'Alâ Sayyidinâ Wa nabiyyinâ Muhammadin Salâtan Tamnahunâ Bihal Khaira Kullahû, ۝ اَللّٰهُمَّ صَلِّ عَلٰى سَيِّدِنَا وَنَبِيِّنَا مُحَمَّدٍ صَلٰوةً تَمْنَحُنَا بِهَا الْخَيْرَ كُلَّهُ ۝

Allâhumma Salli 'Alâ Sayyidinâ Wa Nabiyyinâ Muhammadin Salâtan Tuhassinu Bihâ Akhlâqanâ, ۝ اَللّٰهُمَّ صَلِّ عَلٰى سَيِّدِنَا وَنَبِيِّنَا مُحَمَّدٍ صَلٰوةً تُحَسِّنُ بِهَا أَخْلَاقَنَا ۝

Allâhumma Salli 'Alâ Sayyidinâ Wa Nabiyyinâ Muhammadin Salâtan Tuslih Bihâ Ahwâlanâ, ۝ اَللّٰهُمَّ صَلِّ عَلٰى سَيِّدِنَا وَنَبِيِّنَا مُحَمَّدٍ صَلٰوةً تُصْلِحُ بِهَا أَحْوَالَنَا ۝

Allâhumma Salli 'Alâ Sayyidinâ Wa Nabiyyinâ Muhammadin Salâtan Ta'simunâ Bihâ 'anil-ma'siyati Wal Ghawâyati,

اَللّٰهُمَّ صَلِّ عَلٰى سَيِّدِنَا وَنَبِيِّنَا مُحَمَّدٍ صَلٰوةً تَعْصِمُنَا بِهَا عَنِ الْمَعْصِيَةِ وَالْغَوَايَةِ ۞

Allâhumma Salli 'Alâ Sayyidinâ Wa Nabiyyinâ Muhammadin Salâtan Tarzuquna Bihâ Ittiba'as Sunnati Wal Jama'ati,

اَللّٰهُمَّ صَلِّ عَلٰى سَيِّدِنَا وَنَبِيِّنَا مُحَمَّدٍ صَلٰوةً تَرْزُقُنَا بِهَا اتِّبَاعَ السُّنَّةِ وَالْجَمَاعَةِ ۞

Allâhumma Salli 'Alâ Sayyidinâ Wa Nabiyyinâ Muhammadin Salâtan Tuba'iddunâ Bihâ Miniqtirânil Âfâti,

اَللّٰهُمَّ صَلِّ عَلٰى سَيِّدِنَا وَنَبِيِّنَا مُحَمَّدٍ صَلٰوةً تُبَعِّدُنَا بِهَا مِنِ اقْتِرَانِ الْاٰفَاتِ ۞

Allâhumma Salli 'Alâ Sayyidinâ Wa Nabiyyinâ Muhammadin Salâtan Takla'unâ Bihâ 'Aniz-Zalâti Walhafawâti,

اَللّٰهُمَّ صَلِّ عَلٰى سَيِّدِنَا وَنَبِيِّنَا مُحَمَّدٍ صَلٰوةً تَكْلَؤُنَا بِهَا عَنِ الزَّلَّاتِ وَالْهَفَوَاتِ ۞

Allâhumma Salli 'Alâ Sayyidinâ Wa Nabiyyinâ Muhammadin Salâtan Tuhassilu Bihâ Âmalanâ,

اَللّٰهُمَّ صَلِّ عَلٰى سَيِّدِنَا وَنَبِيِّنَا مُحَمَّدٍ صَلٰوةً تُحَصِّلُ بِهَا اٰمَالَنَا ۞

Allâhumma Salli 'Alâ Sayyidinâ Wa Nabiyyinâ Muhammadin Salâtan Tukhallisu Bihâlaka Â'amâ-lanâ

اَللّٰهُمَّ صَلِّ عَلٰى سَيِّدِنَا وَنَبِيِّنَا مُحَمَّدٍ صَلٰوةً تُخَلِّصُ بِهَا لَكَ اَعْمَالَنَا ۞

Allâhumma Salli 'Alâ Sayyidinâ Wa Nabiyyinâ Muhammadin Salâtan Taj'alu Bihat Taqwâ Zâdanâ,

اَللّٰهُمَّ صَلِّ عَلٰى سَيِّدِنَا وَنَبِيِّنَا مُحَمَّدٍ صَلٰوةً تَجْعَلُ بِهَا التَّقْوٰى زَادَنَا ۞

Allâhumma Salli 'Alâ Sayyidinâ Wa Nabiyyinâ Muhammadin Salâtan Tazidu Bihâ Fi Dinika-jtihâdanâ,

اَللّٰهُمَّ صَلِّ عَلٰى سَيِّدِنَا وَنَبِيِّنَا مُحَمَّدٍ صَلٰوةً تُزِيْدُ بِهَا فِىْ دِيْنِكَ اجْتِهَادَنَا ۞

Allâhum-ma Salli 'Alâ Sayyidinâ Wa Nabiyyinâ Muhammadin Salâtan Tarzuqunâ Bihal Istiqamata Fi Ta'atika,

اَللّٰهُمَّ صَلِّ عَلٰى سَيِّدِنَا وَنَبِيِّنَا مُحَمَّدٍ صَلٰوةً تَرْزُقُنَا بِهَا الْاِسْتِقَامَةَ فِىْ طَاعَتِكَ ۚ

Allâhumma Salli 'Alâ Sayyidinâ Wa Nabiyyinâ Muhammadin Salâtan Tamnahunâ Bihal Unsa Bi'ibâdatika

اَللّٰهُمَّ صَلِّ عَلٰى سَيِّدِنَا وَنَبِيِّنَا مُحَمَّدٍ صَلٰوةً تَمْنَحُنَا بِهَا الْاُنْسَ بِعِبَادَتِكَ ۚ

Allâhumma Salli 'Alâ Sayyidinâ Wa Nabiyyinâ Muhammadin Salâtan Tuhassinu Bihâ Niyyâtanâ,

اَللّٰهُمَّ صَلِّ عَلٰى سَيِّدِنَا وَنَبِيِّنَا مُحَمَّدٍ صَلٰوةً تُحَسِّنُ بِهَا نِيَّاتِنَا ۚ

Allâhumma Salli 'Alâ Sayyidinâ Wa Nabiyyinâ Muhammadin Salâtan Tamna'u Bihâ Umniyyatanâ,

اَللّٰهُمَّ صَلِّ عَلٰى سَيِّدِنَا وَنَبِيِّنَا مُحَمَّدٍ صَلٰوةً تَمْنَعُ بِهَا أُمْنِيَّتَنَا ۚ

Allâhumma Salli 'Alâ Sayyidinâ Wa Nabiyyinâ Muhammadin Salâtan Tujîrunâ Bihâ Min Sharril Insi Waljânni,

اَللّٰهُمَّ صَلِّ عَلٰى سَيِّدِنَا وَنَبِيِّنَا مُحَمَّدٍ صَلٰوةً تُجِيْرُنَا بِهَا مِنْ شَرِّ الْاِنْسِ وَالْجَانِّ ۚ

Allâhumma Salli 'Alâ Sayyidinâ Wa Nabiyyinâ Muhammadin Salâtan Tu'îzunâ Bihâ Min Sharrin-nafsi Washshaitâni,

اَللّٰهُمَّ صَلِّ عَلٰى سَيِّدِنَا وَنَبِيِّنَا مُحَمَّدٍ صَلٰوةً تُعِيْذُنَا بِهَا مِنْ شَرِّ النَّفْسِ وَالشَّيْطَانِ ۚ

Allâhumma Salli 'Alâ Sayyidinâ Wa Nabiyyinâ Muhammadin Salâtan Tahfazunâ Bihâ Minaz Zillati Wal Qillati,

اَللّٰهُمَّ صَلِّ عَلٰى سَيِّدِنَا وَنَبِيِّنَا مُحَمَّدٍ صَلٰوةً تُحْفِظُنَا بِهَا مِنَ الذِّلَّةِ وَالْقِلَّةِ ۚ

Allâhumma Salli 'Alâ Sayyidinâ Wa Nabiyyinâ Muhammadin Salâtan Tu'îzunâ Bihâ Minal Qaswati Wal Ghaflati

اَللّٰهُمَّ صَلِّ عَلٰى سَيِّدِنَا وَنَبِيِّنَا مُحَمَّدٍ صَلٰوةً تُعِيْذُنَا بِهَا مِنَ الْقَسْوَةِ وَالْغَفْلَةِ ۚ

Allâhumma Salli 'Alâ Sayyidinâ Wa Nabiyyinâ Muhammadin Salâtan Tahfazunâ Bihâ 'Ammâ Yashghulunâ 'Anka	اَللّٰهُمَّ صَلِّ عَلٰى سَيِّدِنَا وَنَبِيِّنَا مُحَمَّدٍ صَلٰوةً تَحْفَظُنَا بِهَا عَمَّا يَشْغَلُنَا عَنْكَ ۞
Allâhumma Salli 'Alâ Sayyidinâ Wa Nabiyyinâ Muhammadin Salâtan Tuwaffiqunâ Bihâ Limâ Tuqarribunâ Minka,	اَللّٰهُمَّ صَلِّ عَلٰى سَيِّدِنَا وَنَبِيِّنَا مُحَمَّدٍ صَلٰوةً تُوَفِّقُنَا بِهَا لِمَا تُقَرِّبُنَا مِنْكَ ۞
Allâhumma Salli 'Alâ Sayyidinâ Wa Nabiyyinâ Muhammadin Salâtan Taj'alu Bihâ Sa'ayanâ Mashkûranw Wa 'Amalunâ Maqbulan,	اَللّٰهُمَّ صَلِّ عَلٰى سَيِّدِنَا وَنَبِيِّنَا مُحَمَّدٍ صَلٰوةً تَجْعَلُ بِهَا سَعْيَنَا مَشْكُوْرًا وَعَمَلَنَا مَقْبُوْلًا ۞
Allâhumma Salli 'Alâ Sayyidina Wa Nabiyyinâ Muhammadin Salâtan Tamnahnâ Bihâ Izzanw Wa Qubulan,	اَللّٰهُمَّ صَلِّ عَلٰى سَيِّدِنَا وَنَبِيِّنَا مُحَمَّدٍ صَلٰوةً تَمْنَحُنَا بِهَا عِزًّا وَقَبُوْلًا ۞
Allâhumma Salli 'Alâ Sayyidinâ Wa Nabiyyinâ Muhammadin Salâtan Taqta'u Bihâ 'Amman Siwâka Ihtiyâjanâ,	اَللّٰهُمَّ صَلِّ عَلٰى سَيِّدِنَا وَنَبِيِّنَا مُحَمَّدٍ صَلٰوةً تَقْطَعُ بِهَا عَمَّنْ سِوَاكَ احْتِيَاجَنَا ۞
Allâhumma Salli 'Alâ Sayyidinâ Wa Nabiyyinâ Muhammadin Salâtan Tudîmu Bihâ Bina'mâ'ika Ibtihâjanâ,	اَللّٰهُمَّ صَلِّ عَلٰى سَيِّدِنَا وَنَبِيِّنَا مُحَمَّدٍ صَلٰوةً تُدِيْمُ بِهَا بِنِعْمَائِكَ ابْتِهَاجَنَا ۞
Allâhumma Salli 'Alâ Sayyidinâ Wa Nabiyyinâ Muhammadin Salâtan Takûnu Bihâ Fi Jami'î Umûrinâ Wakîlan,	اَللّٰهُمَّ صَلِّ عَلٰى سَيِّدِنَا وَنَبِيِّنَا مُحَمَّدٍ صَلٰوةً تَكُوْنُ بِهَا فِىْ جَمِيْعِ اُمُوْرِنَا وَكِيْلًا ۞
Allâhumma Salli 'Alâ Sayyidinâ Wa Nabiyyinâ Muhammadin Salâtan Takûnu Bihâ Liqadhâ'i Hawâ'ijinâ Kafîlan	اَللّٰهُمَّ صَلِّ عَلٰى سَيِّدِنَا وَنَبِيِّنَا مُحَمَّدٍ صَلٰوةً تَكُوْنُ بِهَا لِقَضَاءِ حَوَائِجِنَا كَفِيْلًا ۞

Allâhumma Salli 'Alâ Sayyidinâ Wa Nabiyyinâ Muhammadin Salâtan Tu'îzunâ Bihâ Min Jami'îl Balâyâ,	اَللّٰهُمَّ صَلِّ عَلٰى سَيِّدِنَا وَنَبِيِّنَا مُحَمَّدٍ صَلٰوةً تُعِيْذُنَا بِهَا مِنْ جَمِيْعِ الْبَلَايَا ۞
Allâhumma Salli 'Alâ Sayyidinâ Wa Nabiyyinâ Muhammadin Salâtan Tamnahunâ Bihâ Jazîlal 'Atâyâ,	اَللّٰهُمَّ صَلِّ عَلٰى سَيِّدِنَا وَنَبِيِّنَا مُحَمَّدٍ صَلٰوةً تَمْنَحُنَا بِهَا جَزِيْلَ الْعَطَايَا ۞
Allâhumma Salli 'Alâ Sayyidinâ Wa Nabiyyinâ Muhammadin Salâtan Tarzuqunâ Bihâ 'Aishar Rughadâ'i,	اَللّٰهُمَّ صَلِّ عَلٰى سَيِّدِنَا وَنَبِيِّنَا مُحَمَّدٍ صَلٰوةً تَرْزُقُنَا بِهَا عَيْشَ الرُّغَدَاءِ ۞
Allâhumma Salli 'Alâ Sayyidinâ Wa Nabiyyinâ Muhammadin Salâtan Tamnahunâ Bihâ 'Aishas Su'adâ'i,	اَللّٰهُمَّ صَلِّ عَلٰى سَيِّدِنَا وَنَبِيِّنَا مُحَمَّدٍ صَلٰوةً تَمْنَحُنَا بِهَا عَيْشَ السُّعَدَاءِ ۞
Allâhumma Salli 'Alâ Sayyidinâ Wa Nabiyyinâ Muhammadin Salâtan Tusahhilu Bihâ 'Alainâ Jami'al Umûri,	اَللّٰهُمَّ صَلِّ عَلٰى سَيِّدِنَا وَنَبِيِّنَا مُحَمَّدٍ صَلٰوةً تُسَهِّلُ بِهَا عَلَيْنَا جَمِيْعَ الْأُمُوْرِ ۞
Allâhumma Salli 'Alâ Sayyidinâ Wa Nabiyyinâ Muhammadin Salâtan Tudîmu Bihâ Bardal'aishi Was-Surûri,	اَللّٰهُمَّ صَلِّ عَلٰى سَيِّدِنَا وَنَبِيِّنَا مُحَمَّدٍ صَلٰوةً تُدِيْمُ بِهَا بَرْدَ الْعَيْشِ وَالسُّرُوْرِ ۞
Allâhumma Salli 'Alâ Sayyidinâ Wa Nabiyyinâ Muhammadin Salâtan Tubâriku Bihâ Fîmâ Â'ataitanâ,	اَللّٰهُمَّ صَلِّ عَلٰى سَيِّدِنَا وَنَبِيِّنَا مُحَمَّدٍ صَلٰوةً تُبَارِكُ بِهَا فِيْمَا أَعْطَيْتَنَا ۞
Allâhumma Salli 'Alâ Sayyidinâ Wa Nabiyyinâ Muhammadin Salâtan Tamnahunâ Bihar Radhâ'a Bimâ Âtaitana,	اَللّٰهُمَّ صَلِّ عَلٰى سَيِّدِنَا وَنَبِيِّنَا مُحَمَّدٍ صَلٰوةً تَمْنَحُنَا بِهَا الرِّضَاءَ بِمَا اٰتَيْتَنَا ۞

Darûd Aksîr-e-Azam

Allâhumma Salli 'Alâ Sayyidinâ Wa Nabiyyinâ Muhammadin Salâtan Tuzakki Bihâ 'Anil Hawâ Nufûsanâ,

Allâhumma Salli 'Alâ Sayyidinâ Wa Nabiyyinâ Muhammadin Salâtan Tutahhiru Bihâ 'Amman Siwaka Qulubanâ,

Allâhumma Salli 'Alâ Sayyidinâ Wa Nabiyyinâ Muhammadin Salâtan Tusagghiru Bihad Dunyâ Fi 'Uyûninâ,

Allâhumma Salli 'Alâ Sayyidinâ Wa Nabiyyinâ Muhammadin Salâtan Tu'azzimu Bihâ Jalâlaka Fi Qulûbinâ,

Allâhumma Salli 'Alâ Sayyidinâ Wa Nabiyyinâ Muhammadin Salâtan Turdhînâ Bihâ Biqadhâ'ika

Allâhumma Salli 'Alâ Sayyidinâ Wa Nabiyyinâ Muhammadin Salâtan Tuzi'unâ Bihâ Shukra Na'mâ'ika,

Allâhumma Salli 'Ala Sayyidinâ Wa Nabiyyinâ Muhammadin Salâtan Nusahhihu Bihâ Tuwak-kulanâ Wa i'timâdanâ 'Alaika

Allâhumma Salli 'Alâ Sayyidinâ Wa Nabiyyinâ Salâtan Tuhaqqiqu Bihâ Wuthûqanâ Wal-Tijâ'anâ Ilaika,

Allâhumma Salli 'Alâ Sayyidinâ Wa Nabiyyinâ Muhammadin Salâtan Turdhîka Wa Tardhâhu Wa Tardhâ Bihâ 'Annâ	اَللّٰهُمَّ صَلِّ عَلٰى سَيِّدِنَا وَنَبِيِّنَا مُحَمَّدٍ صَلٰوةً تُرْضِيكَ وَتُرْضَاهُ وَتَرْضٰى بِهَا عَنَّا ۞
Allâhumma Salli 'Alâ Sayyidinâ Wa Nabiyyinâ Muhammadin Salâtan Tujîru Bihâ Mâfâta Minnâ,	اَللّٰهُمَّ صَلِّ عَلٰى سَيِّدِنَا وَنَبِيِّنَا مُحَمَّدٍ صَلٰوةً تُجِيْرُ بِهَا مَا فَاتَ مِنَّا ۞
Allâhumma Salli 'Alâ Sayyidinâ Wa Nabiyyinâ Muhammadin Salâtan Tu'îzunâ Bihâ Minal'ujbi War-riyâ'i,	اَللّٰهُمَّ صَلِّ عَلٰى سَيِّدِنَا وَنَبِيِّنَا مُحَمَّدٍ صَلٰوةً تُعِيْذُنَا بِهَا مِنَ الْعُجْبِ وَالرِّيَآءِ ۞
Allâhumma Salli 'Alâ Sayyidinâ Wa Nabiyyinâ Muhammadin Salâtan Tahfazunâ Bihâ Minal Hasadi Wal-kibri,	اَللّٰهُمَّ صَلِّ عَلٰى سَيِّدِنَا وَنَبِيِّنَا مُحَمَّدٍ صَلٰوةً تَحْفَظُنَا بِهَا مِنَ الْحَسَدِ وَالْكِبْرِ ۞
Allâhumma Salli 'Alâ Sayyidinâ Wa Nabiyyinâ Muhammadin Salâtan Tukassiru Bihâ Shahawâtinâ,	اَللّٰهُمَّ صَلِّ عَلٰى سَيِّدِنَا وَنَبِيِّنَا مُحَمَّدٍ صَلٰوةً تَكْسِرُ بِهَا شَهَوَاتِنَا ۞
Allâhumma Salli 'Alâ Sayyidinâ Wa Nabiyyinâ Muhammadin Salâtan Tuhassinu Bihâ 'Adâtinâ,	اَللّٰهُمَّ صَلِّ عَلٰى سَيِّدِنَا وَنَبِيِّنَا مُحَمَّدٍ صَلٰوةً تُحَسِّنُ بِهَا عَادَاتِنَا ۞
Allâhumma Salli 'Alâ Sayyidinâ Wa Nabiyyinâ Muhammadin Salâtan Tasrifu Bihâ 'Anid-dunyâ Wa lazzâtihâ Qulûbanâ	اَللّٰهُمَّ صَلِّ عَلٰى سَيِّدِنَا وَنَبِيِّنَا مُحَمَّدٍ صَلٰوةً تَصْرِفُ بِهَا عَنِ الدُّنْيَا وَالَّذَاتِهَا قُلُوْبَنَا ۞
Allâhumma Salli 'Alâ Sayyidinâ Wa Nabiyyinâ Muhammadin Salâtan Tajma'u Bihâ Fil Ishtiyâqi Ilaika Humûmanâ,	اَللّٰهُمَّ صَلِّ عَلٰى سَيِّدِنَا وَنَبِيِّنَا مُحَمَّدٍ صَلٰوةً تَجْمَعُ بِهَا فِي الْاِشْتِيَاقِ اِلَيْكَ هُمُوْمَنَا ۞

Allâhumma Salli 'Alâ Sayyidinâ Wa Nabiyyinâ Muhammadin Salâtan Tûhishunâ Bihâ 'Amman Siwâka,

اَللّٰهُمَّ صَلِّ عَلٰى سَيِّدِنَا وَنَبِيِّنَا مُحَمَّدٍ صَلٰوةً تُوْحِشُنَا بِهَا عَمَّنْ سِوَاكَ ۰

Allâhumma Salli 'Alâ Sayyidinâ Wa Nabiyyinâ Muhammadin Salâtan Tûnisunâ Bihâ Biqurbi Walâ'ika,

اَللّٰهُمَّ صَلِّ عَلٰى سَيِّدِنَا وَنَبِيِّنَا مُحَمَّدٍ صَلٰوةً تُؤْنِسُنَا بِهَا بِقُرْبِ وَلَائِكَ ۰

Allâhumma Salli 'Alâ Sayyidinâ Wa Nabiyyinâ Muhammadin Salâtan Tuqirru bihâ Fi Munâjâtika 'Uyunanâ,

اَللّٰهُمَّ صَلِّ عَلٰى سَيِّدِنَا وَنَبِيِّنَا مُحَمَّدٍ صَلٰوةً تُقِرُّ بِهَا فِي مُنَاجَاتِكَ عُيُوْنَنَا ۰

Allâhumma Salli 'Alâ Sayyidinâ Wa Nabiyyinâ Muhammadin Salâtan Tuhassinu Bihâbika Zunûnanâ,

اَللّٰهُمَّ صَلِّ عَلٰى سَيِّدِنَا وَنَبِيِّنَا مُحَمَّدٍ صَلٰوةً تُحَسِّنُ بِهَا بِكَ ظُنُوْنَنَا ۰

Allâhumma Salli 'Alâ Sayyidinâ Wa Nabiyyinâ Muhammadin Salâtan Tashrahu Bihâ Bima-'arifatika Sudûranâ,

اَللّٰهُمَّ صَلِّ عَلٰى سَيِّدِنَا وَنَبِيِّنَا مُحَمَّدٍ صَلٰوةً تَشْرَحُ بِهَا بِمَعْرِفَتِكَ صُدُوْرَنَا ۰

Allâhumma Salli 'Alâ Sayyidinâ Wa Nabiyyinâ Muhammadin Salâtan Tudîmu Bihâ Fi Zikrika Wa Fikrika Surûranâ,

اَللّٰهُمَّ صَلِّ عَلٰى سَيِّدِنَا وَنَبِيِّنَا مُحَمَّدٍ صَلٰوةً تُدِيْمُ بِهَا فِي ذِكْرِكَ وَفِكْرِكَ سُرُوْرَنَا ۰

Allâhumma Salli 'Alâ Sayyidinâ Wa Nabiyyinâ Muhammadin Salâtan Tarfa'u Bihâ 'An Qulûbinal Hajaba Wal Astâra,

اَللّٰهُمَّ صَلِّ عَلٰى سَيِّدِنَا وَنَبِيِّنَا مُحَمَّدٍ صَلٰوةً تَرْفَعُ بِهَا عَنْ قُلُوْبِنَا الْحُجُبَ وَالْاَسْتَارَ ۰

Allâhumma Salli 'Alâ Sayyidinâ Wa Nabiyyinâ Muhammadin Salâtan Tamnahunâ Bihâ Shuhûdaka Fi Jamî'il Âthari,

اَللّٰهُمَّ صَلِّ عَلٰى سَيِّدِنَا وَنَبِيِّنَا مُحَمَّدٍ صَلٰوةً تَمْنَحُنَا بِهَا شُهُوْدَكَ فِي جَمِيْعِ الْاٰثَارِ ۰

Darûd Aksîr-e-Azam

Allâhumma Salli 'Alâ Sayyidinâ Wa Nabiyyinâ Muhammadin Salâtan Taqta'u bihâ Hadîtha Nufûsina Bi 'Ilâmika,	اَللّٰهُمَّ صَلِّ عَلٰى سَيِّدِنَا وَنَبِيِّنَا مُحَمَّدٍ صَلٰوةً تَقْطَعُ بِهَا حَدِيْثَ نُفُوْسِنَا بِاِعْلَامِكَ
Allâhumma Salli 'Alâ Sayyidinâ Wa Nabiyyinâ Muhammadin Salâtan Tubaddilu Bihâ Hawâjisa Qulûbinâ Bi-ilhâmika,	اَللّٰهُمَّ صَلِّ عَلٰى سَيِّدِنَا وَنَبِيِّنَا مُحَمَّدٍ صَلٰوةً تُبَدِّلُ بِهَا هَوَاجِسَ قُلُوْبِنَا بِاِلْهَامِكَ
Allâhumma Salli 'Alâ Sayyidinâ Wa Nabiyyinâ Muhammadin Salâtan Tufîdhu Bihâ 'Alaina Jazabâtika,	اَللّٰهُمَّ صَلِّ عَلٰى سَيِّدِنَا وَنَبِيِّنَا مُحَمَّدٍ صَلٰوةً تُفِيْضُ بِهَا عَلَيْنَا جَذَبَاتِكَ
Allâhumma Salli 'Alâ Sayyidinâ Wa Nabiyyinâ Muhammadin Salâtan Tashmulunâ Bihâ Binafa-hâtika,	اَللّٰهُمَّ صَلِّ عَلٰى سَيِّدِنَا وَنَبِيِّنَا مُحَمَّدٍ صَلٰوةً تَشْمُلُنَا بِهَا بِنَفَحَاتِكَ
Allâhumma Salli 'Alâ Sayyidinâ Wa Nabiyyinâ Muhammadin Salâtan Tuhillunâ Bihâ Manâzilas Sârîna Ilaika,	اَللّٰهُمَّ صَلِّ عَلٰى سَيِّدِنَا وَنَبِيِّنَا مُحَمَّدٍ صَلٰوةً تُحِلُّنَا بِهَا مَنَازِلَ السَّارِيْنَ اِلَيْكَ
Allâhumma Salli 'Alâ Sayyidinâ Wa Nabiyyinâ Muhammadin Salâtan Tarfa'u Bihâ Manzilatanâ Wa Makânatanâ Ladaika	اَللّٰهُمَّ صَلِّ عَلٰى سَيِّدِنَا وَنَبِيِّنَا مُحَمَّدٍ صَلٰوةً تَرْفَعُ بِهَا مَنْزِلَتَنَا وَمَكَانَتَنَا لَدَيْكَ
Allâhumma Salli 'Alâ Sayyidinâ Wa nabiyyinâ Muhammadin Salâtan Tashaqu Bihâ Fî Irâdatika Âmâluna,	اَللّٰهُمَّ صَلِّ عَلٰى سَيِّدِنَا وَنَبِيِّنَا مُحَمَّدٍ صَلٰوةً تَشِقُّ بِهَا فِىْ اِرَادَتِكَ اٰمَالَنَا
Allâhumma Salli 'Alâ Sayyidinâ Wa nabiyyinâ Muhammadin Salâtan Tamhaqu Bihâ Fî Af'âlika Af'âlana,	اَللّٰهُمَّ صَلِّ عَلٰى سَيِّدِنَا وَنَبِيِّنَا مُحَمَّدٍ صَلٰوةً تَمْحَقُ بِهَا فِىْ اَفْعَالِكَ اَفْعَالَنَا

Darûd Aksîr-e-Azam

Allâhumma Salli 'Alâ Sayyidinâ Wa Nabiyyinâ Muhammadin Salâtan Tufni Bihâ Fî Sifâtika Sifâtanâ

Allâhumma Salli 'Alâ Sayyidinâ Wa Nabiyyinâ Muhammadin Salâtan Tamhûbihâ Fî Zâtika Zawâtinâ

Allâhumma Salli 'Alâ Sayyidinâ Wa Nabiyyinâ Muhammadin Salâtan Tuhaqqiqu Bihâ Ilaika Liqâ'anâ,

Allâhumma Sali 'Alâ Sayyidinâ Wa Nabiyyinâ Muhammadin Salâtan Tudîmu Bihâ Bitawâtiri Anwârika Safâ'anâ,

Allâhumma Salli 'Alâ Sayyidinâ Wa Nabiyyinâ Muhammadin Salâtan Taslukunâ Bihâ Maslaka Auliyâ'ika,

Allâhumma Salli 'Alâ Sayyidinâ Wa Nabiyyinâ Muhammadin Salâtan Turwînâ Bihâ Min Sharâbi Asfiyâ'ika,

Allâhumma Salli 'Alâ Sayyidinâ Wa Nabiyyinâ Muhammadin Salâtan Tûsilunâ Bihâ Ilaika,

Allâhumma Salli 'Alâ Sayyidinâ Wa Nabiyyinâ Muhammadin Salâtan Tudîmu Bihâ Hudhûranâ Ilaika

Allâhumma Salli 'Alâ Sayyidinâ Wa Nabiyyinâ Muhammadin Salâtan Tuhawwinu Bihâ 'Alainâ Sakarâtil Mauti Wa Ghamarâtihî,

Allâhumma Salli 'Alâ Sayyidinâ Wa Nabiyyinâ Muhammadin Salâtan Tujîrunâ Bihâ Minw Wahshatil Qabri Wa Kurbatihî,

Allâhumma Salli 'Alâ Sayyidinâ Wa Nabiyyinâ Muhammadin Salâtan Tamlau Bihâ Qubûranâ Bianwârir-rahmati

Allâhumma Salli 'Alâ Sayyidinâ Wa Nabiyyinâ Muhammadin Salâtan Taj'alu Bihâ Qabranâ Raudhatam Min Riyâdhil Jannati,

Allâhumma Salli 'Alâ Sayyidinâ Wa Nabiyyinâ Muhammadin Salâtan Tahshurunâ Bihâ Ma'an Nabiy-yîna Was-Siddiqîna

Allâhumma Salli 'Alâ Sayyidinâ Wa Nabiyyinâ Muhammadin Salâtan Tab'athunâ Bihâ Ma'ash Shuhadâ'i Was-Sâlihîna,

Allâhumma Salli 'Alâ Sayyidinâ Wa Nabiyyinâ Muhammadin Salâtan Tamnahunâ Bihâ Qurbahû Washafâ'atahû,

Allâhumma Salli 'Alâ Sayyidinâ Wa Nabiyyinâ Muhammadin Salâtan Tufîdhu Bihâ 'Alainâ Barakâtihî,

اَللّٰهُمَّ صَلِّ عَلٰى سَيِّدِنَا وَنَبِيِّنَا مُحَمَّدٍ صَلٰوةً تُفِيْضُ بِهَا عَلَيْنَا بَرَكَاتِهٖ ۞

Allâhumma Salli 'Alâ Sayyidinâ Wa Nabiyyinâ Muhammadin Salâtan Tahfazunâ Bihâ Min Kulli Sû'in Yaumal-Qiyâmati,

اَللّٰهُمَّ صَلِّ عَلٰى سَيِّدِنَا وَنَبِيِّنَا مُحَمَّدٍ صَلٰوةً تَحْفَظُنَا بِهَا مِنْ كُلِّ سُوْءٍ يَوْمَ الْقِيَامَةِ ۞

Allâhumma Salli 'Alâ Sayyidinâ Wa Nabiyyinâ Muhammadin Salâtan Tashmulunâ yaumal-jazâ'i Bir-Rahmati Wal-karâmati

اَللّٰهُمَّ صَلِّ عَلٰى سَيِّدِنَا وَنَبِيِّنَا مُحَمَّدٍ صَلٰوةً تَشْمُلُنَا يَوْمَ الْجَزَاءِ بِالرَّحْمَةِ وَالْكَرَامَةِ ۞

Allâhumma Salli 'Alâ Sayyidinâ Wa Nabiyyinâ Muhammadin Salâtan Tuthaqqilu Bihâ Mîzânanâ,

اَللّٰهُمَّ صَلِّ عَلٰى سَيِّدِنَا وَنَبِيِّنَا مُحَمَّدٍ صَلٰوةً تُثَقِّلُ بِهَا مِيْزَانَنَا ۞

Allâhumma Salli 'Alâ Sayyidinâ Wa Nabiyyinâ Muhammadin Salâtan Tuthabbitu Bihâ 'Alas Sirâti Aqdâmanâ,

اَللّٰهُمَّ صَلِّ عَلٰى سَيِّدِنَا وَنَبِيِّنَا مُحَمَّدٍ صَلٰوةً تُثَبِّتُ بِهَا عَلَى الصِّرَاطِ أَقْدَامَنَا ۞

Allâhumma Salli 'Alâ Sayyidinâ Wa Nabiyyinâ Muhammadin Salâtan Tudkhilunâ Bihâ Jannâtin Na'îmi Bilâ Hisâbin,

اَللّٰهُمَّ صَلِّ عَلٰى سَيِّدِنَا وَنَبِيِّنَا مُحَمَّدٍ صَلٰوةً تُدْخِلُنَا بِهَا جَنَّاتِ النَّعِيْمِ بِلَا حِسَابٍ ۞

Allâhumma Salli 'Alâ Sayyidinâ Wa Nabiyyinâ Muhammadin Salâtan Tubîhu Lanâ Bihan Nazara Ilâ Wajhikal Karîmi Ma'al Ahbâbi,

اَللّٰهُمَّ صَلِّ عَلٰى سَيِّدِنَا وَنَبِيِّنَا مُحَمَّدٍ صَلٰوةً تُبِيْحُ لَنَا بِهَا النَّظَرَ اِلٰى وَجْهِكَ الْكَرِيْمِ مَعَ الْأَحْبَابِ

Allâhumma Salli 'Alâ Sayyidinâ Wa Nabiyyinâ Muhammadin Salâtan Tanhalunâ Bihâ Hubba Âlihî Wa Ashâbihî Ajma'în.

اَللّٰهُمَّ صَلِّ عَلٰى سَيِّدِنَا وَنَبِيِّنَا مُحَمَّدٍ صَلٰوةً تَنْحَلُنَا بِهَا حُبَّ الِهٖ وَأَصْحَابِهٖ أَجْمَعِيْنَ

Darûd Aksîr-e-Azam

Allâhumma Innana-natawassalu Ilaika Bisayyidil Mursalîna Wa Shafî'il Muznibîna Nabiyyir Rahmati Wa Shafî'il Ummati,

Allâhumma Bihurmatihî 'Indaka Wa Biqadrihî Ladaika Nas'alukal-fauza 'Indal Qazâ'i Wa Nuzûlash Shuhadâ'i Wa 'Aishassu'adâ'i Wan-nasra 'Alala-a'adâ'i Wamurâfaqatal Ambiyâ'i Wa Nahnu 'Ibadukadh Dhu'afâ'u La Na'abudu Siwâka Walâ Natlubu Izâ Massanadh dhurru Illâ Iyyâka Fa-amin Rau'atinâ Wa-ajib Da'wâtinâ Waqdhi Hâjâtinâ Faghfirzunûbanâ Wastur 'Uyûbanâ, Yâ Rahîmu Yâ Karîmu Yâ Halîmu Warhamnâ Innaka 'Alâ Kulli Shai'in Qadîr Wabil Ijâbati Jadîrun Ni'mal Mawlâ Wa Ni'man Nasîru, Yâ 'Aliyyu Yâ 'Azîmu Yâ 'Alîmu Yâ Hakîmu,

Allâhumma Innâ 'Abîduka Wa Jundum Min Junûdika Muta'alliqûna Bijanâbi Nabiyyika Mushaffi'ûna Ilaika Bihabîbika Yâ Rabbal'alamîna Wayâ Arhamar Râhimîna Wasallallâhu 'Alâ Sayyidina Wa Nabiyyina Muhammadin

Khâtamin Nabiyyina Wa Imâmil-Mursalîna Wardha 'An Âlihî Wa Sahbihî Ajma'îna Subhâna Rabbika Rabbil Izzati 'Amma Yasifûna Wasalâmun 'Alal Mursalîna Wal-hamdulillâhi Rabbil 'Âlamîn

DARÛD TÂJ

Bismillâhir-Rahmânir-Rahîm

Allâhumma Salli 'Alâ Sayyidinâ wa ma'wlânâ Muhammadin Sâhibit-tâji walmi'râji walburâqi wal 'alami, dâfi' il-balâ'i wal-wabâi wal-qahti walmaradhi

wal-alami Ismuhû Maktûbum-marfû-'um-mashfû'um-manqûshun fillawhi wal-qalam, Sayyidil 'Arabi wal-'ajam Jismuhû Muqaddasum-mu'attarum-mutah-harum-

munawwarun filbayti wal-haram, Shamsidh-dhuhâ badriddujâ Sadril-'ulâ nûril-hûdâ kahfil-warâ misbâhiz-zulami jamîlish-shiyam, Shafi'i'l-umam,

Sâhibil-jûdi wal-karami Wallâhu 'Aasimuhû wa Jibri'lu Khâdimuhû wal-burâqu markabhû wal-mi'râju safaruhû wa sidratul-muntahâ maqâmuhû wa qâba